国家电网公司农电工作部
中国电力企业管理杂志社　组织编写

农电收费模式
拓展与应用

张彩庆　郝　睿　王永建 等 编著

中国水利水电出版社

www.waterpub.com.cn

内 容 提 要

本书是关于农村用电收费模式拓展与应用研究的专著。分析了我国农村用电收费管理的现状及存在的问题。在介绍其他行业收费模式的基础上，分析了收费模式选择的影响因素、收费模式对用户用电交费行为的影响以及对农电企业的影响，建立了农村用电收费模式的理论基础。同时，在对我国农村用电收费模式广泛调研的基础上，将其总结归纳为五种收费模式，划分为十四种收费方式，并提出了收费模式及收费方式选择的原则。此外，还分析了各种收费模式及所属收费方式的特点及应注意的问题，提出了完善农电收费管理模式的建议，并建立了五种收费模式下共十四种收费方式的管理规范、工作规范和制度规范，旨在为广大农电企业和农电管理者制定选择收费模式和制订相关制度规范与政策时参考。

图书在版编目（ＣＩＰ）数据

农电收费模式拓展与应用 / 张彩庆等编著；国家电网公司农电工作部，中国电力企业管理杂志社组织编写
. -- 北京 ：中国水利水电出版社，2011.9(2019.6重印)
ISBN 978-7-5084-9028-1

Ⅰ. ①农… Ⅱ. ①张… ②国… ③中… Ⅲ. ①农村－用电管理－费用－研究－中国 Ⅳ. ①F426.6

中国版本图书馆CIP数据核字(2011)第195322号

书　　　名	**农电收费模式拓展与应用**
作　　　者	国家电网公司农电工作部 中国电力企业管理杂志社 组织编写 张彩庆 郝睿 王永建 等 编著
出版发行	中国水利水电出版社 （北京市海淀区玉渊潭南路１号Ｄ座　　100038） 网址：www.waterpub.com.cn E-mail：sales@waterpub.com.cn 电话：（010）68367658（营销中心）
经　　　售	北京科水图书销售中心（零售） 电话：（010）88383994、63202643、68545874 全国各地新华书店和相关出版物销售网点
排　　　版	中国水利水电出版社微机排版中心
印　　　刷	北京瑞斯通印务发展有限公司
规　　　格	145mm×210mm　32开本　12.5印张　336千字
版　　　次	2011年9月第1版　2019年6月第2次印刷
印　　　数	35001—36000册
定　　　价	58.00元

《农电收费模式拓展与应用》
编　委　会

序　言

　　促进农村电气化事业发展、积极服务"三农"，是党中央国务院赋予公司的光荣职责，是国家电网公司认真履行企业社会责任的重要体现。多年来，公司系统各级单位努力实践、不断创新，在农网建设、农电管理和供电服务方面积累了丰富的经验和成果，为国家电网公司农电事业的持续健康发展和农电管理水平的不断提高，做出了积极贡献。

　　近年来，经济社会快速发展，进一步加强经营管理、提升供电服务水平，是努力适应广大客户用电需求和促进农电企业自身发展的必然要求，已经成为农电工作的重中之重。电费收取问题涉及千家万户，关系农电企业生存发展，如何方便农村客户缴费、预防电费收缴风险，是关系到公司行风建设、优质服务和企业利益的重大问题。长期以来，各农电企业结合本地实际，利用现有的社会资源和技术条件，不断丰富和拓展电费收取方式，由单纯的走收、坐收，发展到银行代收、充值卡预存、自助缴费等十余种收费方式，切实方便了客户，保证了电费安全，提高了工作效率和服务质量。

　　公司农电工作部、《中国电力企业管理》杂志社联合组织各有关网省公司和县级供电企业共同开展的"农电收费模式拓展与应用"研究，对公司系统农电企业现有的各种收费方式进行了全面系统的梳理和总结，并在此基础上规范完善了各类收费方式的工作标准、管理制度和流程，这将有益于强化公司农电企业的规范化、标准化管理。

　　"农电收费模式拓展与应用"此次成书，凝结了有关各方的辛勤汗水和聪明才智。书中总结出的各种收费方式，都是公司系统农电企业经过实践检验的有效方法，但在已往的工作中，即使采取同一种收费方式，在不同区域及不同企业，其成效也不尽相同。这里面固然有环境、文化和员工素质差异等方面的因素，但更大程度上是管理方法、流程和工作标准不统一和完善所致。因此，新形势下，有必要在公司系统范围内，建立起统一的农电收费方式的管理方法、流程和工作标准，开展以量化考核为重点的全员绩效考核，推进现代企业管理体系的建立。

本书对各种电费收取方式进行了系统性的总结，分析其特点及适用范围，研究其在新市场环境下存在的问题和改进措施，并结合研究成果和试点经验，制定了不同电费收取方式的管理方法、流程和工作标准，这为普及并规范新的方式奠定了良好基础。

希望以本书的出版发行为契机，公司农电系统进一步贯彻以满足客户需求为导向的经营服务理念，不断完善和优化农电收费方式的制度、标准和流程，促进公司精益化管理水平的全面提升，最终实现客户满意与公司发展的良性互动。

国家电网公司

农电工作部

2011 年 9 月

前　言

　　伴随我国农村经济社会和科学技术的不断发展，农村居民的经济收入和消费水平都呈快速增长的趋势，农村用电收费情况发生了很大变化，表现为：客户类型日益增多，用电量大幅增长，用电服务要求呈现多元化等。经济发展的不平衡性，生活节奏的不同步性，区域分布的地理差异性，使得一种或者几种收费方式无法满足不同类型的客户需求，收费难问题日益突出。

　　农电收费工作既是供电企业经营管理的重要一环，也是服务客户的重要方面。供电服务延伸到千家万户，电费收取就涉及千家万户。电费回收既是不断提升服务质量的重要环节，又是不断提高经营水平的关键节点。切实做好电费回收工作，是供电企业搞好客户服务与加强企业管理的迫切需要。

　　电网经营企业向科学化、精益化转型，特别是积极履行社会责任等服务宗旨的确立与落实，引导县供电企业服务理念的转变，带动了服务水平的提高，农村电力真正成为服务农村经济社会发展、服务现代农业建设、服务农民生活质量提高的基础支撑。单一收费方式已不能满足供电企业管理的需要。从优化资源配置和提升经营水平的角度来说，需要企业结合自身实际情况，综合运用多种收费方式，互为补充，以获得效益的最大化。在实践中，基层供电企业充分利用社会公共资源和新型科技手段，不断探索出了收费新方式，极大地丰富和完善了电费收取机制。

　　解决农电收费难的重要工作在于收费模式的改进与创新。传统的收费方式已经不能适应农村经济社会发展的新形势，而新兴的收费方式还存在各种各样的问题，有技术方面存在的缺陷，也有社会对其的接受程度，还有相关法律规定中的不足，必须对现行的收费模式进行深入的研究，提出解决这些问题的方法和对策。因此，研究农电收费模式的拓展与应用具有重要的理论意义和现实意义。

为此，国家电网公司农电部在 2009 年与中国电力企业管理杂志社共同开展了"拓展农电收费方式"课题的研究工作，并于 2009 年 9 月在山西太谷举行了课题评审会。会上各位专家对课题的研究成果给予了充分肯定，并提出了对研究成果进行完善的建议。会后，国家电网公司农电部决定在研究报告的基础上，根据专家的意见和建议，通过进一步研究，补充和完善，编著《农电收费模式拓展与应用》一书。这便是本书的来源。

在"拓展电费收费模式"课题研究报告的基础上，本书运用消费者行为理论、市场营销理论、电力市场理论和相关政策法规，分析了影响农电收费模式选择的影响因素，以及农电收费模式与用户电力消费行为、农电企业的关系，以及农电企业在农电收费模式选择中应注意的问题，建立了农电收费模式的理论基础。借鉴其他行业收费模式的经验，在对我国农村用电收费模式广泛调研的基础上，将其总结归纳为五种收费模式，并划分为十四种收费方式。此外，还分析了各种收费模式及所属收费方式的特点及应注意的问题，提出了完善农电收费管理模式的建议。

根据五种收费模式下十四种收费方式的特点，制定了相应的管理规范、工作规范和制度规范，旨在为广大农电企业和农电管理者制定选择收费模式和制订相关标准、制度规范和政策时提供参考。在管理规范中详细规定了岗位设置、业务流程、质量考核和资料管理的内容。在工作规范中详细规定了每个岗位的岗位职责、工作权限、组织结构关系、岗位技能、与其他岗位的配合关系、检查与考核等内容。

本书的研究填补了电力营销收费管理理论的空白，尤其是对收费模式影响因素的分析，对收费模式选择与用户电力消费行为、农电企业的关系的分析，为收费模式的选择奠定了理论基础。本书的另一重要贡献是从理论和实践层面研究了国内的收费模式，制定了一套完整的收费模式的管理规范、工作规范和制度规范，对电力系统营销专业做出了贡献。

本书共分八章，参加写作的作者有：华北电力大学王婷（第一章）、华北电力大学张彩庆（第二章、第五章）、国家电网公司郝睿（第三章）、中国电力企业管理杂志社王永建（第四章、第六章）、国家电网公司田峰（第七章）、中国电力企业管理杂志社刘亮（第八章）。

农电收费模式的研究是一个发展中的课题，这些收费模式及收费方式在实际应用中还会出现各种各样的问题。同时，由于时间和水平所限，书中难免有许多不妥之处，敬请专家学者和实际工作者提出宝贵意见。

在本书的编写和审稿过程中得到很多农电管理专家、供电企业领导和管理工作人员的指导、支持和帮助。国家电网公司农电部田峰牵头主持了本书相关规范的研究与编制工作，四川省德阳供电公司黎建新、四川省南溪电力公司杨兵、山东省淄博供电公司张远镇、安徽省芜湖供电公司查力、河北省临漳县供电公司赵立峰、河北易县供电公司马乐等同志提出了宝贵的意见和建议。

河北省电力公司张利民、山东省电力公司李民、青海省电力公司侯建新等课题组同志在研究工作中承担了一定的任务，为形成有价值的研究成果付出了努力和智慧，也为本书的编著奠定了基础。

华北电力大学经济管理系研究生谢萍、马金莉、秦丽娟、曹萌萌、苏警在资料搜集、管理规范和工作规范的编写中做了大量的工作，本书的成稿凝结着他们的辛勤努力和汗水。

在本书收集资料的过程中，还得到了下列同志的支持和帮助：卜永红、王国华、王洪坤、王吉平、孔清华、刘杰、刘昆、刘东晓、刘屹滨、刘蓓荭、刘丽丽、李大鹏、李征光、吴洁、周波、周卫平、郑枫、赵明亚、郝江莉、陆敏、唐伟、潘飞、寇存信、焦广旭等。

在此，谨向他们表示由衷的谢意。

作者
2011 年 9 月

目　　录

第一章 绪 论

第一节 农村用电收费的现状

新中国成立以来，农村电力事业实现了大跨越：发展模式由分割与失衡转向协调与统筹，电网状况从落后与薄弱走向先进与坚强，企业管理也快速向科学化、精益化转型。特别是电网经营企业积极履行社会责任等服务宗旨的确立与落实，直接引导着县供电企业服务理念的转变，带动了服务水平的提高，农村电力真正成为服务农村经济社会发展、服务现代农业建设、服务农民生活质量提高的基础支撑。这些延伸到细节的变化，激发了农村用电客户在电力消费各个环节中产生更多的需求意愿。

国家电网公司系统农电服务的客户已达 2.55 亿户，供电服务已基本覆盖农村的家家户户，成为农民群众生产、生活中不可或缺的组成部分。在经济社会健康发展、生活节奏日益加快的大环境下，农村的生产、生活方式也悄然发生着重大变迁，体现在电力消费环节，是对供电质量更高和交费方式更便捷化的渴望与期待。

供电服务延伸到千家万户，电费收取就涉及千家万户。电费回收既是不断提升服务质量的重要环节，又是不断提高经营水平的关键节点。切实做好电费回收工作，是供电企业搞好客户服务与加强企业管理的迫切需要。

当前，客户类型日益增多，用电量大幅增长，用电服务要求呈现多元化，与之相适应的是收费方式多元化。经济发展的不平衡性，生活节奏的不同步性，区域分布的地理差异性，使得一种或几种收费方式无法满足不同类型的客户需求。如边远山区的农村客户，用电量少，离供电营业网点远，邮政、银行等其他公共服务也没有覆盖，实行村委会（小卖部）代收或者 POS 机收费，比定期去供电营业厅交费就方便得多。即使是同一客户，在不同时段，也会需要不同的收费方式。在家从事农业生产时，会去供电营业厅交费；外出务工，只能选择预交电费或者异地交费。只有时刻把握客户需求动态，不断创新和丰富电费收取方式，才能不断提高客户的满意度，担负起企业社会责任。

随着建设现代供电企业的步伐加快，对于成本与效率的考核是越来越严格，单一收费方式已不能满足企业管理的需要。从优化资源配置和提升经营水平的角度来说，也需要企业结合自身实际情况，综合运用多种收费方式，互为补充，以获取最大的经济效益。在实践中，基层供电企业充分利用社会公共资源和新型科技手段，不断创新收费方式，丰富和完善了电费收取机制。

因此，根据各地经济发展水平、客户分布和地理特性，针对农村用电收费的现状，在一定区域内形成一种模式为主、若干种方式补充的电费收取新机制十分必要，且要尽快制定出各种收费方式的管理制度和标准，使之形成完善的多元化收费体系，以促进电费收取工作水平的不断提升。

一、农村用电收费难问题日益突出

随着我国农村经济社会的不断发展，农村居民收入和用电量水平都呈快速增长的趋势，农村用电收费情况发生了很大变化，收费难问题日益突出。

1. 客户数量剧增，导致收费工作任务量剧增

始于 1998 年的大规模电网改造，有效地提高了电网质量和供电能力，实现了同网同价的目标，实现了抄表到户、开票到户、收费到户、服务到户，也增加了供电企业电费回收的工作量和劳动强度，客户交费难的问题日益凸显。实际工作中，供电企业的电费回收工作也十分繁琐，需要耗费大量的人力进行送票、催费，拖欠、拒缴电费现象时有发生，电费回收周期长、难度大。另外，当由于交费不方便造成用电客户欠费时，供电企业按

规定收取违约金或者断电催费时，客户常抱怨市场需求的繁荣与缴费手段单一落后的不协调，严重影响了供电企业的社会形象。

2. 外出打工的农民越来越多，造成电费回收难

随着农村经济的发展，外出打工的农民越来越多，造成家中无人，或只有老人和孩子，交费困难，可能只有等到外出人员逢年过节返乡补交；即使在家务农，由于从事大棚种植、养殖等农业户明显增加，农村居民不在家的时间越来越多，给电费回收增加了工作量。为完成上级电费收缴任务，有些供电所不得不先垫付电费，日积月累，不堪重负。同时农村电力客户交费习惯传统，即每月的电费每月交，不习惯预存电费，而且一般习惯在电费抄表之后的几天内集中进行交费，造成抄表后的几天内，收费网点十分繁忙，增加了客户缴费等待的时间。

3. 农村金融网点代收电费积极性不高

农村电力客户普遍反映农村金融网点营业人员服务差，由于电费交费期集中，造成农村金融网点存贷款核心业务部分受到影响，加上供电企业支付代收电费手续费比较低，农村金融网点代收电费积极性不高，出现先办理储蓄业务、后办理电费代收业务现象，甚至以种种理由拒收电费，广大电力客户意见很大。

4. 农村金融网点少，缴费时间受限制

随着银电合作方式的应用，也出现了一些新的问题。目前在农村的金融网点一般较多的是农行、邮政储蓄等，而且农村金融网点工作人员稀少、营业柜台少，给农村客户交费增加困难；同时，农村金融网点人为缩短营业时间的现象普遍存在，如农村金融网点有时候下午三点营业，四点收工停止营业，电力客户交费时间被人为限制和缩短。

5. 政府行政干预，陈欠电费催收困难

各地政府为发展经济中，多制定了内容各异的扶持政策，当受扶持的企业经营遇到困难时，电费就成了这些企业的"无偿补贴"。在当地经济扶持政策下所产生的电费拖欠额，往往又是电费拖欠款中的大户，供电部门奈何不得。

6. 县供电企业管理因素影响电费顺利回收

县供电企业自身管理不到位集中体现在以下几个方面：一是事前防范做得不够，没有建立起有效的风险预警机制；二是对电费回收全程应用法律手段予以保障的重要性认识不足；三是电费回收方式方法单一，不能适应电力营销的发展；四是与政府、银行等部门的沟通协调不够；五是未形成系统的电费回收风险管理体系。此外，内部管理制度不健全、合同管理不完善；信息化水平不高，技术手段落后造成客户交费难；员工沟通服务不到位，与客户、政府、银行欠缺沟通；人员素质不高，技能水平、业务素质、法律知识等，都会影响电费回收工作。

农村用电新形势，使电费回收工作面临巨大的压力，传统的收费模式已很难适应，县供电企业须认清电费回收的复杂性，以创新寻找对策。

二、传统的农电收费方式不适应发展要求

电费回收难的重点在于客户交费难。近年来，供电企业通过加强供电营业窗口、银行代收等传统收费模式的建设，实现电费回收率和服务水平的提高，但都存在一定的局限性。

当前供电企业采用的主要收费方式有如下四种。

1. 营业窗口收费

营业窗口收费是供电企业电费回收的重要方式，为广大电力客户所认可。然而，相对电力客户数量，营业窗口数量偏少，覆盖人群有限，成为制约电费回收工作的瓶颈。另外营业窗口收费方式主要用于城市、城镇地区，要服务广大农村的各类用电客户，需要其他的收费模式作为补充。

2. 银行柜台收费

供电企业与银行开展合作，电力客户通过银行营业厅缴纳电费。但近年来银行柜台业务量明显增加，"一户一表"用电客户数量也是成倍增长，带来不小的柜台压力，对银行自身业务也产生比较大的冲击。随着供电企业对电费的集中管理，电费在银行

的沉淀资金减少，银行对柜面现金电费代收工作的积极性降低。经常出现银行柜台对电费缴费不予办理的现象，引起客户不满，降低了客户对电力服务的满意度。

3. 银行批量扣款

供电企业与银行开展合作，电力客户通过银行自动划扣缴纳电费。然而，电力客户更习惯"面对面"的缴费方式，对银行自动扣款存在顾虑。他们希望能够自己实施缴费的过程，而不是通过计算机系统自动实现。另外，银行自动扣款需要客户到银行开户并办理银行自动划拨业务，需要账户里面有预存资金，发票打印困难。银行批量扣款方式客户认可度不高，难以推广。

4. 走收

走收是最传统、最广泛的收费方式。农村电工提前将客户电费发票打印出来，上门收取农村客户的电费。由于没有信息网络的支持，容易发生服务质量事故，存在一定的资金风险和人身安全风险。

由此可见，传统的收费方式存在着一定的局限性和服务缺陷，不仅使供电企业的电费回收效率大大降低，而且降低了广大客户对供电企业的服务满意度，严重影响企业形象。

长期以来，电费回收难的问题一直困扰着供电企业，大量无法收回的陈欠电费已经严重影响公司的资金周转和正常经营，制约了企业的发展。随着供电区域的渐渐扩大和售电量的日益增长，电费回收的困难随之增加，电费回收存在潜在风险。

因此，不断创新农村用电交费新模式，拓展用电客户缴费渠道，为广大电力客户提供方便、快捷、实用化程度高的交费方式，不断满足客户多样性需求，是提高供电企业管理水平、服务质量的必然选择。

三、新的收费方式不断涌现

针对电费回收中的众多问题，供电企业不断探索新的收费方式，去适应电费回收中出现的新的形势，满足电力客户的需要。

科学技术尤其是信息技术及相关产业的发展为电费回收方式的创新提供了有利的条件。在各地实践的收费方式中，有很多安全可靠而又方便、快捷的收费手段。

1. 电费充值卡交费

电费充值卡类似与电信充值卡，卡密码印制在密码区，卡上印制卡号、金额、使用方法、有效截止日期、广告等。客户在购买充值卡后，只需通过拨打电力客户服务热线 95598 或电费专用充值电话号码、短信、网上、终端等方式，根据提示，输入用电号码和充值卡账号、密码，完成自助充值缴费，并可随时查询相关缴费信息电费充值卡缴费方式的出现，实现了电能使用从传统的"先用电，后缴费"方式到新型的"先缴费，后用电"或者"边缴费，边用电"方式的转换。该种方式的出现，实现了客户随时交费的要求，让足不出户交纳电费成为现实。对供电企业来说，充值卡的预先销售可以加速企业电费的回收，规避企业的经营风险。电费充值卡卡面也可以进行营销新业务、社会公益和电力环保等内容的宣传。

电费充值卡的销售点可以设置在营业厅网点、银行网点、报刊亭、夜间超市等地方，给予代理商一定的折扣，提高代理商的代销积极性。由于电费充值卡使用相对复杂，作为一种新兴事务，取得电力客户的信任还需一定的时间。作为电费回收的一种补充方式，不失为一种有益的尝试，也应该是电费回收的发展趋势。

2. 代理商收费

代理商收费模式其实质是借鉴银行代收的模式，在商场、超市、便利店等处安装供电收费终端，终端可通过 PSTN、ADSL、GPRS、CDMA 等多种方式，采用 VPN 技术接入供电公司收费系统。用电客户只需提供用电客户号以及缴费金额，代理商通过对终端的操作就可以完成该客户的电费缴纳，缴费完成后，终端会返回当前客户号的账户余额，并打印出缴费凭证。客户可以获得类似银行代收或营业厅交费的服务，由于其网点设置和收费时间非常灵活，又满足了客户柜面交费的习惯，客户交费可以获得更方便的服务。代理商收费模式充分拓展了供电企业电费回收的渠道，可以将城网中营业厅业务办理服务很好地延伸到镇、乡、村等非发达地区，为电费回收提供依托。由于供电企业难以掌握代理商的信用情况，为保证资金安全，对代理商的选择显得尤为重要，同时要制定相应的管理制度约束代理商的行为。

3. 网上供电营业厅收费

网上供电营业厅是指供电企业利用电子商务技术，通过互联网为客户提供原来需要在营业窗口才能实现的服务，如业务受理、业务查询、咨询、投诉受理、缴费等功能，从而使供电服务突破物理位置的局限。

网上供电营业厅收费采用电子钱包技术。电子钱包是一个与客户浏览器紧密结合的客户端软件，是客户进行网上在线支付的工具。电子钱包具有账户管理功能，客户输入客户名和密码登录后进入电子钱包，选择合适的银行账户，开始支付。当电子钱包接收到支付成功的消息后，退出电子钱包，返回给浏览器支付成功的页面。同时，客户可以通过电子钱包的账户管理、交易管理等功能对客户的账户及历史交易进行管理。

网上供电营业厅收费模式作为网上营业厅的一项附属功能，适应了人们生活节奏加快的趋势，节省了供电企业收费成本，提升了供电企业收费服务的水准。作为一项新兴的模式和技术，其被客户接受的程度还有待时间的考验。在现有网上支付安全措施的基础上，供电企业有必要制定网上支付供电行业的相关规范，以保证客户交费的安全性。

4. 省级联网集中数据库收费

建设省级集中模式电费资金回收与管理系统，是实现集约化、精细化管理的需要，也是建设大集中模式电力营销系统的第一步。随着国家电网公司 SG186 工程的实施，集中管理模式代表了一种趋势，是各级供电企业营销 MIS 建设发展的方向，是更为先进的技术。

集中数据库收费模式实施后，全省的客户就可以在省内乃至国内任何一个地区交费，这样就可以轻松实现异地交费，也会有利于充值卡、网银等交费模式的实施。同时，全省数据大集中的进行，直接给供电企业带来以下收益：一方面数据集中后，收了的电费直接就可以入账，这样就不用再一级一级的往上划拨，有效缩短了资金滞留的时间；另一方面收取的电费直接入账，这样也便于供电企业电费上缴任务的及时完成。

这些新的收费方式，在城市中得到了较好的应用，在农村中推广还存在一定的障碍，随着农村经济的发展和城镇化进程的不断深入，这些新兴的收费模式必将成为农电收费模式中的重要内容。

四、对当前农村电费收取方式的调查分析

为深入进行农电收费模式拓展研究，国家电网公司农电工作部（以下简称农电部）会同中国电力企业管理杂志社（以下简称杂志社）开展了电费收取方式问卷调查工作。

（一）问卷调查总体情况

本次问卷调查工作采用抽样统计的方式进行，参加的省电力公司有山东、河北、河南、福建、吉林、陕西和青海 7 个单位，共计发放客户问卷 6845 份。各省电力公司回收调查问卷后，在有效问卷中随机抽取一定比例的问卷反馈回农电部和杂志社，共反馈回客户问卷 2320 份。

（二）调查问卷特点分析

因各省电力公司反馈回的调查问卷数量不等，以及调查问卷具有开放性的特点，国家电网公司农电部和中国电力企业管理杂志社从各省电力公司反馈回的调查问卷中分别抽查客户问卷 80 份，采用小样本定性分析方法进行统计、分析。

1. 客户满意率方面

12.7％的客户对当前电费缴纳方式不满意，仅有 36.04％和

27.08％的客户选择了满意和较满意。说明当前的电费缴纳方式已经不能满足广大电力客户的需要。

2. 客户选择缴费方式方面

53.75％的客户选择到供电部门缴纳，31.04％的客户选择电工到户收费，7.5％的客户选择采用磁卡缴费，21.28％的客户选择银行代收或代缴。说明在农电电费缴纳方式中，客户到营业窗口缴费和电工走收电费仍是主导方式；另有部分城镇客户选择了银行代收。

3. 客户理想缴费方式方面

29.79％的客户选择银行代收代扣，18.54％的客户选择电工到户收费，17.5％的客户选择到供电部门缴纳，8.33％的客户选择磁卡缴费。说明客户对金融机构服务网点以其服务信誉比较认可，进一步加强和完善银企合作缴费模式是农电缴费方式发展的主导趋势；同时，传统的窗口坐收和电工走收方式仍被多数客户接受，农电缴费方式社会化在一定程度上存在认知盲区；另外，客户已逐步接受磁卡缴费等新的缴费方式。

4. 客户住地缴费便利情况方面

36.04％的客户选择银行网点，22.08％的客户选择农村信用社（农村合作银行），14.17％的客户选择邮局营业点，10.83％的客户选择中小型超市。说明客户住地周围最充分的社会公共资源是金融机构网点（包括邮政储蓄），同时也说明了客户最理想缴费方式是选择银行代收代扣的方式。

5. 客户缴费过程遇到问题方面

53.96％的客户认为缴费最大的问题是营业网点少，缴费不方便；45.42％的客户认为缴费最大的问题是缴费客户多，等待时间长；31.88％的客户则认为缴费最大的问题是缴费方式少，缴费渠道不灵活。说明县供电企业现有的收费场所和渠道远不能满足客户的需要；就行业间对比来说，客户比较认可金融业的服务网点和服务渠道。

第二节　电费回收在供电企业中的作用

电费回收工作在供电企业中占有重要的地位，这是由电费回收工作的重要作用形成的。本节主要从供电企业的主要任务和经营管理工作的主要内容，来分析电费回收工作在供电企业的重要作用。首先，电力营销是供电企业的重要内容；其次，电费管理是电力营销工作的重要组成部分；最后，电费回收是电费管理的核心内容。

一、电力营销是市场经济下供电企业管理的重要内容

20 世纪 90 年代以后，随着我国社会主义特色市场经济建设的不断深入，我国的电力工业也由生产型、生产经营型转为经营型和具有公用性质的企业。市场营销的理论与方法也逐渐应用到电力企业的管理实践中。电力市场营销活动将电能产品作为生产要素和人民生活必需品提供给全社会，解决电能的生产与消费之间存在的各种矛盾，创造出能满足各类电力消费者的消费欲望和实际需要的能力。

电力营销工作承担着直接面向电力市场为广大电力消费者提供服务的功能。在电力营销活动的全过程中，供电企业必须贯彻执行国家在各个时期有关的能源政策，正确实施国家关于电力供应与使用政策和一系列合理用电的措施，使电能得到充分合理的利用；要对不断变化的电力需求和市场环境做出积极的反应，要对社会电力需求包括电力、电量进行有目标的引导、控制和服务；还要向电力消费者提供安全用电知识和技术、优化合理用电方式及降低电费的知识和技能、供用电法律知识、提高供电质量服务并为消费者提供紧急服务、信息服务及社会服务等。因此，电力营销活动具有很强的政策性、社会性和服务性，管理和服务两者密不可分。

电力营销的基本业务可分为业务扩充、变更用电业务、营业

电费管理、电价管理、电能计量管理、供用电合同管理、用电检查与营销稽查。

1. 业务扩充

业务扩充又称报装接电,即为新装和增容电力客户办理各种必需的登记手续和一些业务手续。业务扩充是市场开发的结果,是供电企业向用电客户销售电力商品的受理环节,属售前服务行为。供电企业要改变过去坐等客户上门的工作方式,要主动地、经常地进行市场调查、市场分析,不断地开发电力市场。一方面要在电能的量和质上最大限度地满足客户对电力的需求;另一方面要在供电企业内部协调好规划、计划、生产、基建等部门的工作,使企业在为电力客户服务中不断发展。

2. 电费管理

电费管理是电力营销工作的核心部分,包括抄表、核算、收费管理,是商品交换的最终环节,是资金回笼和流通的至关重要的一道程序,是供电企业经营绩效的最终体现。电费管理工作是否有成效,关系到供电企业的生存与发展。抄、核、收三个环节一一紧扣,缺一不可。

在市场经济条件下,抄表、核算工作质量必须按高标准要求,电费的收取与营业人员行为的规范和优质服务密切相关。如果电费管理工作质量低下可能会引发供、用电争执,甚至引发法律纠纷,严重影响供电企业的经济效益和企业形象。

3. 电价管理

电价对电力商品生产、供应、使用各方面具有不同的作用。电价水平的高低在很大程度上制约着电力工业的发展程度。电价水平过低,电力企业就不能获得扩大再生产需要的资金,甚至不能维持简单再生产,影响电力工业的发展,进而制约国民经济发展;电价水平过高,势必会加大社会经济负担,形成不合理国民收入再分配,也将影响国民经济协调发展。因此,改革电价,建立与市场经济相适应的电价机制,制定科学合理的电价,使电价管理法制化、制度化,才能调节电力供需关系,使电力工业的运行和发展走上良性循环的轨道。

由于电力工业是重要的公用事业，我国现阶段电力的生产和供应具有一定的垄断性，因此，目前我国对电力价格采取政府定价的形式，由价格主管部门负责管理，电力主管部门予以协助。

4．电能计量

电能计量是供电企业生产、经营、科研管理过程中的一个重要基础环节。电力营销必须依靠电能计量的准确数据进行合法经营。电能计量管理是以保证电能计量的准确和可靠为目标的活动，它的对象是电能计量装置，这些计量装置主要是用来作为交易结算数据的来源，或重要的网间结算依据。

电能计量的基本要求是公正，技术数据要求科学、准确、可靠，保证有高度的统一性、合理性、公正性。依法规范电力计量活动和行为，接受政府部门的监督，对社会肩负着公正、诚信的义务和责任，是电能计量和营销工作人员的职责。

电能计量涉及千家万户，计量装置数量很大，其管理水平的高低，直接影响着电力企业的经济效益，也影响着电力企业的形象，严重的计量问题还可能引发法律纠纷。

5．供用电合同管理

供用电合同是供电企业向电力客户供电、电力客户支付电费的合同。将供用电合同单独作为合同的一个类别，与我国社会主义市场经济的逐步建立和完善，以及电作为商品的特殊性是密不可分的。

供用电合同的当事人，供电企业和电力客户（委托转供电时，包括委托转供电客户）签订供用电合同，是供用电双方就各自的权利和义务协商一致所形成的法律文书。供用电合同一经签订立即生效，双方均受到合同的约束。签订供用电合同是我国社会主义市场经济发展的需要，是适应我国法制化治国的需要，也是我国加入 WTO 后，与国际惯例相适应的需要。供用电合同的签订，有利于维护正常的供用电秩序，促进社会经济的正常发展。供电企业应建立和完善供用电合同制度，搞好合同的规范化、制度化管理，促进供用电合同签订质量和管理水平的提高。

6. 用电检查与营销稽查

用电检查是对客户电力使用情况和用电行为进行检查的活动。用电检查工作贯穿于为电力客户服务的全过程，可以说从某一客户申请用电开始就有其职责，直到客户销户终止供电为止，既有对客户的服务工作，同时也担负着维护供电企业合法权益的任务。

营销稽查是对供电企业内部办理用电业务的各个环节进行检查的活动。由于用电业务办理的环节比较多，涉及到的部门也多，为了减少差错，维护供电企业和广大客户的利益，供电企业应制定营销稽查工作办法，开展营销稽查活动。

二、电费管理是电力营销工作的重要组成部分

从电力营销工作的基本内容来看，电费管理是电力营销中最为重要的工作。供电企业把电能销售给各类电力客户，按照商品等价交换的原则，从客户处收回电费。这一过程要通过电费管理部门来实现。因此，电费管理是一项严格的互相牵制的科学管理。受财经制度的约束，它是发、供、用整个生产体系中非常重要的一部分，是电力企业生产全过程的最后环节，也是电力企业经营成果的最终体现。担任电能销售工作的电费管理部门，不仅要有计划、有效地组织 销售电能产品，而且也要及时地回收电费，并做好统计资料的积累，为企业经营活动分析提供准确数据，以便为企业经营决策提供科学依据。电费管理工作的好坏，直接影响到供电企业的经济收入，关系到企业能否及时足额回收电费；企业能否及时足额向国家上缴利税；能否取得企业扩大再生产的积累资金；能否提高和改善企业职工的物质及文化生活水平等。特别是在当前电力体制改革实行"商品化运营、公司化改组、法制化管理"，电力市场由"卖方市场"向"买方市场"的转变过程中，强化电费管理，以市场为导向，不断开拓市场，服务市场，应用现代化技术向全社会电力消费者提供优质、快捷、

方便的电力，实现企业效益和社会效益的最大化具有十分重要的意义。

　　为了使电费管理工作做到准确、及时和高效，一方面要采用先进的技术装备，尽量做到规范化、程序化和自动化；另一方面还要建立严密的组织机构和合理的工作程序流程。电费管理工作流程见图1-1。

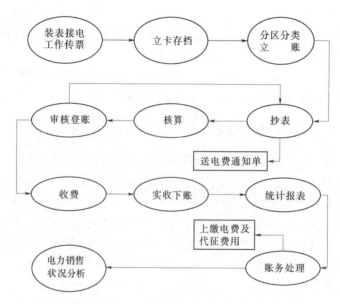

图1-1　电费管理工作流程图

　　根据以上工作流程，电费管理的任务包括立卡存档、定期抄表、核算、回收电费、账务处理与统计以及电力销售状况分析。

　　抄表工作是抄表员对所有计费电能表利用各种抄表方式进行电量的抄录，抄表质量的好坏，直接关系到供电企业的电费能否准确及时地核算与回收上缴。抄表方式主要有远程抄表、手持抄表器抄表、传统的人工手持抄表卡抄表。

　　电费核算是电费管理的中枢。电费能否按照规定及时、准确地收回，账务是否清楚，统计数字是否准确，关键在于电费核算的质量。电费核算必须分清抄见电量、变压器损失电量、线路损失电量以及结算电量，熟悉现行电价政策和电价制度，准确计算电量电费、基本电费、峰谷电费、力调电费及代征费用。

电费回收是电力企业的一项重要经济指标。回收的电费反映电力企业所生产的电力商品的价值及电力企业经营成果的货币表现。收费员必须了解电力客户的交费方式、交费期限，准确计算电费违约金，并加强欠费管理。

电费收入的账务处理是供电企业营销部门进行财务管理与监督的重要组成部分，它以电费收入为主要对象，经过若干个工序和各环节考核后，由专人汇总，以便进行账务的处理和统计分析，并及时上缴电费。根据有关规定，电费管理部门设立总账、明细账、日记账以及银行存款、现金、应收账款、其他应收款、应交税金、其他应付款、其他应交款等科目。

电能销售统计一般是依据国家标准所制定的《国民经济行业用电分类》和电价类别进行。行业用电分类是将复杂的社会用电现象划分为农业、轻工业、重工业和第一产业、第二产业、第三产业以及大工业、非普工业、农业、居民生活照明、非居民照明、商业服务业用电等不同的用电性质，以便在全国范围内各单位和各地区间的统计指标进行比较，并应用总量指标、相对指标和平均数进行统计。

电力销售状况分析，以销售毛利为中心，对其变化从构成要素进行分析，找出主要影响因素的问题所在。其目的是通过分析研究社会各行业、各用电类别用电量、售电售入、售电平均电价、购电量、购电价以及线损率的变化情况，为上级部门制定电力发展规划和电价政策提供依据，为改善供电企业的经营管理、降低生产成本、提高社会经济效益服务。

三、电费回收是电费管理的核心内容

电能作为一种重要的基础能源，与国民经济息息相关，电力发展与经济增长相互作用、彼此影响。供电企业把电能销售给电力客户，并且是作为一种特殊的商品销售给电力客户，应该按照公平等价交换的原则，从客户处收取电费，这是供电企业生产全过程的最后环节，也是供电企业生产经营成果的最后体现。因此，供电企业应有计划地组织销售企业产品——电能，同时还要及时地回收产品的销售收入——电费。

电费回收是供电企业从销售电能到收回电费的全过程，表现在资金流动上，就是流动资金周转到最后阶段收回货币资金的过程。回收的电费既反映供电企业所生产的电力商品的价值及供电企业经营成果的货币表现，也是评价供电企业绩效的一项重要经济指标。

按期回收电费可以为完成供电企业的重要经济指标做好基础工作，也为供电企业上缴税金和利润提供资金，从而保证国家的财政收入，还可为维持供电企业再生产过程中补偿生产资料耗费等开支所需的资金。同时，供电企业在按照规定获得利润的情况下，可为扩大再生产提供建设资金。

供电企业如不能及时、足额地回收电费，将导致供电企业流动资金周转缓慢或停滞，使供电企业生产受阻而影响安全发、供电的正常进行。不仅如此，供电企业还要为客户垫付一大笔流动资金的贷款利息，最终使供电企业的生产经营成果受到很大损失。因此，及时足额回收电费，加速资金周转，是营业电费管理部门的重要考核指标。

电费回收是供电企业电力营销工作的重中之重，为解决"电费回收难"这一电力营销工作的热点和难点。供电企业营销部门应当对电费回收工作的各个环节进行认真分析，寻找其中的有利因素、不利因素及潜在风险，有针对性地采取有效措施，对电费回收实行全过程管理。

电费足额回收不仅仅是供电企业生存和发展的需要，也是供电企业优质服务工作的一种表现。县供电企业营销管理应以为农民生活、农村经济、农业生产服务为宗旨，以经济效益为中心，开拓农村电力市场，建立全过程的营销机制，规范营销管理工作，实现企业经济效益和社会效益双丰收。

电费回收工作是供电企业在销售环节和资金运转中的一道重要工序，是电力企业经营成果的主要组成部分。供电企业加强电费回收管理，有利于为电力企业经营成果和决策提供准确信息，维护电力企业和客户双方的经济效益，对于整个国民经济更有重要意义。

第三节　研究农电收费模式的意义

解决农村电力收费难的重要工作在于收费模式的改进与创新。传统的收费方式已经不能适应农村经济社会发展的新形势，而新兴的收费方式还存在各种各样的问题，有技术方面的缺陷，也有社会对其的接受程度，还有相关法律规定中的不足，必须对现行的收费模式进行深入的研究，提出解决这些问题的方法和对策。因此，研究农电收费模式具有重要的理论意义和现实意义。

一、发现和解决传统模式存在的问题，有利于更好地发挥现行模式的作用

由于农村用电的新形势，传统的收费模式暴露出许多问题，如传统走收方式遇到了客户数量剧增导致的任务重、家中无人、途中的人身安全和资金安全等问题；窗口坐收也因客户数量增长导致的排队等候时间长、客户抱怨、工作时间与客户工作时间冲突、资金过夜的安全隐患等问题；另一些应用较多的金融机构代收模式也存在客户排队等候时间长、营业时间限制，以及电费代收业务对其银行主要业务的冲突。这些问题已经严重影响到了电费回收工作的有效进行，同时由于工作中出现的一些服务态度不好的现象也严重影响了供电企业的社会形象。

尽管传统收费模式存在这样或那样的问题，但就目前来说，这些传统收费模式仍将是农村用电收费的主要模式，充分发现传统模式在新形势下的不足，分析其原因，找出妥善解决办法，是对传统收费模式研究的主要内容。解决好这些问题，将能够充分

发挥这些传统收费模式的长处，有利于促进电费回收工作和增进客户对供电企业的了解，提高客户对企业的满意度。

二、研究新兴模式的不足，有利于不断完善并应用推广

新兴收费模式广泛采用了现代化的信息技术，为电费回收工作提供了效率更高、更为方便、安全的手段，解决了传统收费模式的不足。但由于技术、设计、网络安全、操作方面的原因，经常会出现系统故障。如一些实时交费系统，由于发生故障导致客户交费等待时间长甚至不能完成交费，有时还发生交费错误，出现多交或少交的现象。另外这些自动收费系统的应用，减少了供电企业与客户的直接交流，不利于供电企业和客户双方的相互了解，容易产生误解，影响优质服务工作的进行。这些问题的存在严重影响了电费回收工作的进行，也导致了客户的不满情绪。由此形成很多收费障碍。

对这些新兴的收费模式在使用中的问题做深入地研究，不断从技术、设计以及使用方面提出完善的措施，使其逐渐成熟，才能真正发挥现代化信息技术的优势，真正解决电费收费难的问题。

因此，深入研究这些新兴的收费模式的不足，探寻解决办法，有利于推动电费回收模式的现代化，提高电费回收工作的效率，保证电费的准确、及时回收。

三、研究各种模式的特点及应用条件，有利于针对各地的实际情况选择适用的收费模式

各种收费模式具有不同的特点，适用于不同的地区，如人口密集地区、住户分散地区，不同类型的客户，在应用中需要具备相应的条件。我国农村地域辽阔，各地情况千差万别，必须根据各地的实际情况，选择适用的收费模式及其组合。

因此，必须深入研究各种模式的特点，适用的地区、适用的

人群、适用的条件，认真研究本地区的实际情况，选择适合的收费模式，如营业网点选址、代收点的选择、收费模式的具体实施手段等。

这些研究有利于提高收费模式选择的针对性，更好地发挥各种收费模式的优势，满足不同地区，不同客户的交费习惯，提高供电企业的电费回收率。

四、有利于规范农村用电收费模式，推动收费工作标准化

我国农村用电收费模式是在传统收费模式和城市用电收费模式的基础上，各县供电企业根据自己的地区特点、客户实际情况，为解决电费回收中的问题，在实践中不断摸索，逐渐形成了各种各样的收费模式。虽然在这个过程中，各县供电企业有过不少的交流，但由于地区差异、客户差异，以及县供电企业自身特点，所形成的收费模式仍然存在很大的差异，同时也存在很多不规范的地方。这些差异和不规范之处，使得农村用电收费模式在推广应用中出现不少问题，尤其是不规范的收费模式造成了很多不好的影响。

因此，对收费模式进行研究，认真分析总结农电收费工作的特点和规律，分析各种收费模式的特点及适用条件，分析各种收费模式在应用中出现的问题及原因，找出各地在应用中的成功经验和失败教训，才能不断规范收费模式和收费工作，制订相应的标准和操作规范，从而使农村用电收费工作走上标准化之路。

五、丰富电力营销理论体系

纵观电力营销理论体系，关于电力营销环境分析、营销策略、营销管理的理论与方法的研究理论林立，方法迭出。其中关于收费模式的研究也是一个重要内容，但对于收费模式的研究多集中于定价模式和定价方法的研究，而针对收费工作这一环节的研究几乎是空白。

电力作为一种商品，用电交费理所当然，不交电费则不能消费电力产品。在发达国家，由于其法律完备、制度严谨，以及交费环境良好，这一环节不存在较大问题。而在我国，由于电力产品的特殊性，电力作为一种公用产品，由于它对国民经济和人民生活的重要作用，一直备受关注，政府、客户对电力企业的供电服务具有很高的要求，而多年来一直是先用电、后交费的交费模式。所以，也形成了供电企业收费、催费以及收费难和存在大量欠费的问题。再加上客户数量和电费数额的增长，我国农村以现金为主的交费模式显然已无法满足日益增长的交费需求。这些都要求供电企业提供多种多样的交费模式和交费手段，对电力收费模式的创新提出了更高的要求。

因此，供电企业必须根据各地的特点研究能够满足客户交费需要的收费模式和方法。这一研究过程中必将形成适合于我国农村电力收费模式的有关理论与方法，丰富电力营销理论体系。

第四节　研 究 成 果

本书的研究成果是将国家电网公司供电区域内的用电收费方式总结归纳为五种收费模式，在这五种收费模式下共划分出十四种收费方式。根据这十四种收费方式的特点，制定了相应的管理规范、工作规范和制度规范。

一、五种收费模式及十四种收费方式

本书对当前的各种形式的农村用电收费模式进行了分析，确定了划分原则是不同收费模式之间应有明显的区别，具有本质的特征。对某一具体的收费方式都可以划入到唯一的一种收费模式中。共划分出五种收费模式，分别为供电企业自收（传统自收）模式、委托金融机构（银电合作）模式、委托非金融机构（社会化代收）模式、客户预付电费（预付费）模式、客户借助信息网络平台远程支付（远程缴费）模式，具体见图 1－2。

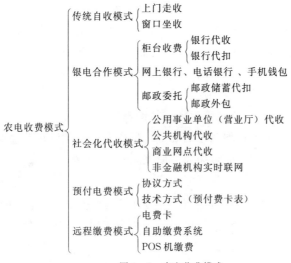

图1-2 农电收费模式

二、农电收费模式管理规范的基本内容与编制原则

(一) 农电收费模式管理规范的基本内容

农电收费模式管理规范的基本内容包括以下几个方面。

1. 岗位设置

岗位设置主要介绍在具体的某种农电收费方式中所涉及的电力部门的岗位,具体来说,从以下几个方面进行描述:岗位的责任、工作权限、组织结构关系、岗位技能、工作内容及要求、与其他岗位的配合工作、工作业绩的检查与考核办法。

2. 业务流程

业务流程主要介绍农电收费方式的标准化业务流程图和标准化业务流程管理要求。

3. 质量考核

(1) 按照所规定的农电收费方式管理职能中(责任、权利、业务分工)管理范围的要求,制定考核内容。管理标准是要注意宏观性,粗线条着手考核项。

(2) 对农电收费方式中管理标准所规定的管理业务及管理事

项等，依据标准所规定的工作目标及管理内容的量化值，做出考核内容、考核方法、考核时间及考核评定结果的方法等规定。

4. 资料管理

资料管理主要介绍对具体某种农电收费方式所涉及的资料管理的内容、流程及资料目录。

（二）农电收费模式管理规范的编制原则

农电收费模式管理规范的制定应依据农电收费管理职能及所涉及的管理事项，并应遵循如下原则。

1. 政策性

制定的各类管理规范应符合国家有关标准化的方针、政策、法律、法规，应注意规范的指导性，规范不应与上级方针、政策相抵触。

2. 目的性

制定每一项管理规范应明确管理目的性，要是管理事项定性和定量相结合，达到任务清、责任明，规范便于执行，收到管理功效。

3. 先进性

借鉴国内外先进管理方法及管理经验，经优化科学合理地界定管理工作的界限，结合企业实际，将其纳入规范。

4. 协调性

制定的管理规范，应与国家的法律、法规及国家标准、行业标准以及各种管理标准之间协调一致，不得互相交叉重复，互相抵触。

5. 相关性

应注意管理事物的互相关联，要使制定的规范互相联系，和谐匹配。

6. 定性化

管理事项的规定应做到定性化，应界定管理事项的宏观性，切忌使用空话、套话、俗语及概念式标语口号性语言。

7. 实用性

制定管理规范应力求实用，力戒内容虚浮，不易操作。

三、农电收费模式工作规范的基本内容与编制原则

（一）农电收费模式工作规范的基本内容

农电收费模式工作规范的基本内容包括以下几个方面。

1. 岗位职责

岗位职责主要介绍某一种具体的收费方式中的某个岗位所担负的职责，明确每个岗位的责任和权限，并与相关岗位的关系。

每个工作岗位都有与其承担的任务相应的职责和权限，职责界定不清，有职无权、责权脱节或者责权不明，都会削弱管理职能，不能有效地发挥在岗人员的工作效能，甚至会抵消或降低工作效率。所以，在制定工作规范时，应注意合理界定划分各个岗位的职责与权限，明确如何与相关岗位的协调配合及岗位应具备的一些客观条件，才会使所编制的工作规范达到规范人的行为，调动爱岗敬业努力工作的积极性。

2. 工作权限

工作权限主要介绍某一种具体的收费方式中的某个岗位在其工作范围内的管理权限以及对该收费流程中其他岗位人员能提出的考核意见。

3. 组织结构关系

组织结构关系主要介绍某一种具体的收费方式中的某个岗位人员的组织结构图。

4. 岗位技能

岗位技能主要介绍某一种具体的收费方式中的某个岗位应具备的文化水平、专业知识、操作水平、管理知识、组织协调能力等。每个岗位都有具体的工作目标和任务，工作目标和任务要由在岗人员完成，故工作人员的素质能否适应岗位的工作要求，对完成岗位工作任务起着关键性的作用。

5．与其他岗位的配合工作

与其他岗位的配合工作也指业务分工与业务联系，收费方式中各工作岗位都应分工明确，但任何岗位都不能独自发挥作用，它与其他任何岗位都有相互分工、相互联系、协作的关系，这种协调互补关系处理的好，就会极大地提高工作效率。在制定农电收费模式工作规范这部分内容时，应合理界定部门业务关系，才能明确规定业务接口程序的工作业务，使业务指令及信息传递程序、报告程序、信息传递程序的媒介、时间、内容等方面达到最优化目的。

6．检查与考核

检查与考核主要从考核内容、考核依据、考核结果和考核办法四个方面考核某一种具体的收费方式中的某个岗位的工作。

（二）农电收费模式工作规范的编制原则

农电收费模式工作规范的制定应依据本岗位的技术标准或管理标准，并应遵循如下原则。

（1）要使每个工作规范都服从于国家电网公司的方针目标，每个岗位的工作目标是经营方针目标的组成部分，因此，为有利于国家电网公司方针目标的实现，就要使每项工作规范都围绕其方针目标，具体地分解确定每个岗位的工作目标，从而，才会使工作标准形成系统的法规管理体系。

（2）每项工作规范都应写明其适用范围，要使岗位职责与工作内容要求与工作方法、检查考核相对应，规范所规定的内容应系统协调，各项规范应确保各个岗位相互衔接，有机相连，互为保证，才能实现互相协调理顺工作过程关系。

（3）工作规范牵涉面广，故要有层次性地突出定性和定量的原则，环环相扣，文字应简练、具体、明确，系统性要强，以便于考核，从而确保达到工作规范编制所追求的可操作性和可考核性。工作规范无考核内容，不与经济奖罚挂钩，标准内容再多，也将失去实际操作意义。

（4）工作规范的编写要从实际出发，认真总结实践经验，本着讲实效的原则，分析以往的工作方法和管理经验，不能是实际工作的简单重复，要对过去成功的管理经验进行分析优化，将先进的具有指导作用的工作方法编入工作规范。工作规范应突出实用性、协调性、先进性，要符合生产、经营的实际，要使工作规范便于贯彻执行。

（5）工作规范制定也应具有一定的超前性，以保证其能相对稳定地执行，工作规范的内容不易频繁变化，要充分吸纳国内同行的先进管理经验，以完善规范的内容。

（6）对工作规范制定、修订工作，企业各级领导要予以足够的支持，对涉及多部门的工作，领导应主持协调，使工作尽早落实。

四、农电收费模式制度规范

制度规范是组织管理过程中借以约束全体组织成员行为，确定办事方法，规定工作程序的各种规章、条例、守则、规程、程序、标准、办法等的总称。

电网企业是结构复杂、自动化程度高、内部各个环节相互依存制约的社会生产大系统，重视和强化制度建设更是必然选择。农电收费模式制度规范用以规范农电收费模式，有利于加强农电收费管理，推进依法治企和贯彻科学发展观。

本书在编制农电收费模式制度规范中立足农电收费工作实际，把制度规范选择范围的重点放在国家电网公司层面上，吸收了有关电力工作的一些法规，从而详细地制定了各供电企业在采取具体的某种收费方式时的规范。由于电费管理涉及的内容十分广泛，政策性强，随着企业改革深化和电网发展，农电收费的具体政策和规定必然也会不断地丰富和发展。

第二章　电力收费模式的理论基础

第一节　典型行业收费模式与收费方式

一、高速公路收费方式

高速公路收费方式是指征收车辆通行费过程中的一系列操作活动。通俗地讲，就是车辆通行费征收的手段，一般涉及车型的划分、通行券（卡）、付款方式、通行费的计算方式、停车或不停车缴费等因素。

一般而言，高速公路收费方式大体上分三种：人工收费、半自动收费和全自动收费。

（一）人工收费方式

人工收费方式不需要或基本不使用电子和机械设备，收费过程由人工完成，即人工判断车型，人工套用收费标准，人工收钱、找零、给发票。这种方式需要较多的收费人员与单调繁琐的程序，采用人监督人的方式。人工收费方式使用纸质通行券，完全依靠人工对通行车辆进行判断、计算通行费和相关操作，其工作流程如下。

（1）入口收费站：人工判断车型——询问出口站——收费车辆通行费现金——发放定额通行费票据（纸券）——车辆驶入。

（2）出口收费站：人工核对车型——回收副券——核实收费情况——车辆放行（或补票后放行车辆）。

在封闭式收费系统中，在入口处由收费员判断车辆的车型，发放具有入口信息的事先印刷好的通行券；在出口处，由驾驶员将通行券交给收费员，收费员再次判断车型，根据所行驶的里程和费率收取通行费，开收据，然后放行；在封闭式收费系统中，因为采取了入口发券，出口验券收费，采用进出口票据核对的方式，可以在一定程度上防止收费过程中的一些作弊现象。

人工收费方式的特点是除基本的土建费以外，不需要其他的收费设施和管理设备，投资较少，造价低，可迅速建成并实施收费，在处理各种异常情况时有很大的灵活性，但同时也容易产生误差和作弊行为。由于收费全过程为人工处理，不仅大大增加了收费人员的数量和工作量，而且增加了车辆在收费车道上的延误，影响交通流畅。另外，在车辆行驶里程计算和车型分类上难免会出现差错，造成争吵和漏收，也很难防止作弊现象的发生。这不但给收费管理工作带来很大麻烦，而且也会造成收费收入的巨大损失。如何防止漏收、冲卡和作弊贪污现象的发生，已成为人工收费管理工作一大突出难题。

对开通初期交通量不大的高速公路，通过对收费人员加强教育和规范财务制度，采用人工收费方式作为过渡时期的收费方式是可行的。但随着收费人员的业务日益成熟，人工收费方式的漏洞就很容易被利用。所以在收费公路开通后，应尽快采取先进的收费方式取代人工收费方式。

（二）半自动收费方式

如果使用磁票、磁卡、条码券或 IC 卡等可存储一定车辆通行信息（如入口时间、入口收费站、车道号、车型等）的通行券，就可依靠计算机系统进行计算和统计收费数据，并打印相应的发票，但仍由人工收取通行费现金，这种收费模式即半自动收费方式。

半自动收费方式是指收费过程由电子机械设备和人工共同完成的收费方式，它通过使用计算机、电子收费设备、交通控制和显示设施代替人工收费方式操作的一部分工作。目前我国的收费站，绝大部分使用此种收费方式，同时增加闭路电视监控系统，形成独具特色的"人工收费、计算机管理、电视监控"的半自动收费模式，使这种收费方式更趋于严密和成熟。

与人工收费方式相比，半自动收费方式具有简化收费操作，提高车道通行能力，减轻收费工作量，提高数据统计效率的优点。其主要工作流程如下。

（1）入口收费站：人工核对车型——发放通行券（其中载有入口车辆有关信息）——车辆驶入。

（2）出口收费站：回收通行券并放入计算机设备——二次确认车型——计算机统计出费额——人工收取现金计算机打印票据——车辆放行。

半自动化收费的自动化程度也有所不同，主要表现在判断车型是自动判断还是人工判断上。由于我国的车型分类方式尚没有一个全国统一的科学的区分标准，同时技术的发展造成了汽车车型种类多、变化大，计算机自动判断车型技术可靠性尚不高，因此，自动判断车型还没有形成规模。

半自动收费方式的特点是使用了一些设备代替人工操作，降低了收费员的劳动强度，将人工审计核算、人工财务统计报表转变为计算机数据管理，极大地减轻了收费管理人员的劳动强度，使收费道路的收费管理系统化和科学化，通行费流失大大减少，漏洞得到一定程度的控制，但投资比较大，造价比较高。

（三）全自动收费方式

全自动收费方式是指电子收费系统或不停车收费系统，它是利用计算机与通信技术，完成收费、统计和监控工作，使驾驶员不需停车就可缴付通行费的系统。

电子收费系统的主要特点是不需停车、无人工操作和无现金交易。它适用于开放式和封闭式两种收费制式，避免了半自动收费过程中的弊端；由于不需要停车等候，当交通量较大时，避免了收费站前的车辆排队等候现象，减少了车辆延误；由于无需人工参与和没有现金交易，可以避免收费过程中的舞弊和贪污行为，同时也能减轻由于交通堵塞引起的能源消耗和环境污染等问题。

电子收费系统 20 世纪 90 年代以来在国外被广泛使用于开放式收费站，国内目前部分省市的高速公路也已开始实施。随着交通量的上升，主线收费站车辆堵塞现象越来越严重，成为高速公路的瓶颈。增加收费车道虽可减少拥挤，但增加收费车道所能解决拥挤问题的能力有限，同时，也不是所有收费站都有空地用于增加新车道。而采用电子收费系统的全自动化收费方式基本取消了人工收费，它一般采用车载标签作为通行券。客户在高速公路经营公司购买专用的标签（内含该车有关信息），并向银行预缴一笔通行费，便具有高速公路行驶的权力。每条高速公路的出入口均设有无线侦测计算机系统，当持有标签的车辆进入和驶出高速公路时，无须在收费站停车，可以高速通过，计算机自动侦测到车载标签中的信息，入口和出口信息相验证，算出应缴通行费，通过网络在该车银行户头中扣除。自动化收费由银行代收通行费和打印票据，其方式与现在应用较普遍的银行代收水电费相类似。在车辆前装有作为通行券使用的电子标签（也称为标识卡），它与装在车道上空的收发通信器进行微波通信（交互读、写）验证通行权，判别车辆类型自动核算记录通行费额，车辆无需停车，可直接高速通过收费站，然后凭借收费数据记录，实现事后无人自动收费。

电子收费系统代表着当今最先进的收费技术，也是未来发展的方向，有着广阔的发展前景。

（四）付款方式

付款方式是指支付车辆通行费的方式，是影响收费结构和功能的一个重要因素，它还影响收费车道的通过率。常见的付款方式有现金支付、预付款、后付款、电子钱包、银行转账等多种形式，一般使用最多的是现金方式。下面介绍几种常见的付款方式。

1. 现金

现金支付路费是最常用的一种付款手段。当车辆经过收费站时需要将车停在收费亭前，将现金交给收费人员，收费人员找零和给收据或发票。收费人员下班后需进行当班结算，由财务人员核查现金与收费过程记录数据是否一致。收费道路营运部门（或银行派押款车）每天需将现款押解至银行结账。整个资金流动均为现金。

现金支付方式的特点是操作简单，收费车道所需配备的设备少，建设周期短；对临时使用的客户，如长途运输的外省车辆缴费方便。从实际情况来看，即使高度自动化收费系统普遍使用后，现金支付仍会占有一定比例。

现金支付的最大缺点是需各收费亭准备足够的零钱以提供交易所需，付现找零延长了服务时间，降低了车道通行能力，它是引起收费站车辆排队、交通拥挤的主要因素。大量的小数额现金给清点、核查带来繁杂的工作，为此还需配备大量的人员。现金交易容易造成费额人为流失，给资金管理带来困难。

2. 预付款

预付款方式是城市开放式收费道路中一种常用的付费方式。客户在收费道路管理部门预先支付一定数量的金额（无利息），购买使用收费道路一段时间内的权力或一定次数的次数票，例如月票、季票或年票，也可是使用多少次的次数票。该通行票证一般印有使用收费道路的名称、使用的期限、使用车型、车牌号等一些必要信息，这样车辆经过收费站时不必缴现金，只需验证月票、季票或年票的有效性，或收缴次数票，对于定线的公共汽车，也可直接根据公共汽车的车牌（或路线牌）作为通行券。这样就免去了驾驶员携带现金的麻烦，减少了收费服务时间，又提高了收费车道的通过率；收费人员省去了收纳现金和找零操作，方便了资金管理，同时收费公司提前获得了资金。

一般来说，对于长期客户，购买月票或次数票无论是从使用它所带来的方便性，所节约的时间，还是从资金节约方面来看，这种付款方式是有吸引力的，同时也提高了收费车道的通行能力，因此这种付款方式会长期存在下去。但是，这种方式也有缺陷，例如有些拥有月票的客户使用收费道路少一些，有一些可能用得很多，这样就出现了客户之间收费的不公平性，收费公路管理部门无法控制拥有月票客户的使用次数和行驶里程，影响了收费道路公司的收入，而次数票付款方式就合理一些。另外，月票易于仿造，次数票回收管理工作量大，收费人员容易利用月票或次数票作弊，因而需要一套较完善的监督机制。

3. 预付卡

这种卡在使用之前，客户需在收费公路管理单位支付一定数量的金额，收费公路管理部门发给客户一张含有该值的预付卡（一般卡为非接触 IC 卡或电子标签），可挂失但无利息。持有者的车辆经过收费站不必缴现金，只需从预付卡中扣除路费，非常类似预付电话磁卡、IC 卡。该付款方式的优点是收费部门在卡卖出时就可得到资金，也就能使用那部分资金，不会出现赖账等情况；其二是大大缩短了付款时间，提高了收费车道的通过能力；更为突出的是完全可以省去收纳现金的操作，可减少人为贪污作弊的可能性，免除了假钞的麻烦；大额现金交易放在后台，免除了汇总、结账、押钞以及零散资金的积压，提高了管理效率。

预付卡付费可以脱线进行，不必为核算占用的通信线路付款，交易不需任何外部审核就可以进行。唯一需要检验的是卡是否有效和是否有足够的金额进行交易，而这两个检验过程都可由读卡机本身完成，减少了交易时间。

为增加预付卡付费系统的可靠性、安全性、方便性以及实现一卡多用，吸引大量持卡者，预付卡在停车收费系统中应采用非接触式 IC 卡，兼有通行券功能、数据记录功能；不停车收费系统中采用两块或三块系统的电子标签，预付卡应采用接触式或（和）非接触式 IC 卡，同时也应有通行券功能和数据记录功能；预付卡应能由多个公路收费单位或由银行统一发行，便于充值，可在多个收费道路中使用，进一步还可用于乘坐公共汽车、地铁、轮渡等各种交通工具上的付款，这样会极大地方便客户，大大增加持卡者的数量。

从客户角度来看，预付方式或预付卡方式能方便客户付费，节约了付款时间，免除带现金的麻烦，提高了资金使用的安全性，但需预交资金（占用资金），需花时间去办理有关手续，因而他们必然会权衡所得所失。所以，在采用预付或预付卡方式的收费单位，客户必须能快速方便交纳预付金、办理有关手续以及查账，应能给这些客户的通行费打折，尽量减少或避免他们在收费站的延误，最好能一票或一卡在多个收费道路单位使用。通常采用预付或预付卡方式付费的客户是那些长期客户。

4. 电子钱包

电子钱包是由银行发行的，具有存款、提款、转账消费功能的卡。持卡人预先在卡中存入一定金额，消费或提款时逐渐扣款，具有预付卡的功能，但比预付卡更为方便，可以通过圈存随时追加资金。电子钱包通常用于小额款项的无现金支付，客户不用随身携带较多的零钱就能方便地消费、结算。由于卡中金额较少，即使遗失也不会带来很大的损失，因而一般不挂失。另为减轻银行计算机网络系统投资，采用脱机方式使用。为防止伪造，一般电子钱包采用带有 CPU 的 IC 卡。

由于电子钱包的特点，因而此种付款方式深受客户的欢迎。为使电子钱包能方便使用，必须满足下列条件：

（1）顾客购买电子钱包或对电子钱包充值（含空卡重新赋值）必须尽可能方便。

（2）必须有足够多的特约网点，以方便持卡人进行多种消费。

（3）具有完善的分批结算功能，使得客户从电子钱包上支付的资金能及时准确地转入商业经销部门的银行账户，并能在一定条件下方便进行查账管理。

电子钱包已在不同国家得到应用，1994 年新加坡已开始全面推广使用。它由新加坡电子转账公司和七家成员银行联合设计开发并统一发行，它是一种全面性的多行业的无钞票服务。新加坡国立大学 2 万多名学生利用电子钱包可在校园内 IC 卡具有购买饮料、打公共电话、支付各种账目，以及向图书馆借书等。该系统的功能强、存储容量大的特点，还可实现一卡多用。

目前新加坡的公用电话、公路、停车场等多个行业均已开始采用电子钱包付费，并将大规模发行电子钱包，逐步减少现金交易，跨入无现金社会。

电子钱包的大规模使用，将会使其成为公路收费系统的一种最主要的付款工具，它为实现大规模公路通行费征收电子化提供了必要条件。

5. 银行转账

客户在指定银行建立专用账号，购买专用通行券（类似标签），车辆通过收费区域，收费系统自动读取车辆信息，经确认后路费直接从银行专用账号扣除，统一转账至收费单位账号下。收费无人工界面，避免了现金多次交易的繁琐过程。高速公路管理单位可将征收的路费纳入公共事业服务网，通过银行实行一个账号多种服务，扩大客户范围。银行还可允许少量善意透支，方便客户资金周转。这种支付方式适用于半自动、全自动收费系统。它要求系统具有较强的（实时）监督功能和人工审计界面，对客户、银行、收费公路营运管理部门三方面都要有较强的透明度。

6. 后付款

收费公路单位对长期或定期客户可采用一种先使用记账后付款的优惠方式，如对长途汽车公司、公共汽车公司和其他一些信誉良好的长期客户等可使用此种方式，这样会吸引交通量，而且增加了收费收入。

客户持有记账卡，在收费站收费处将记账卡交收费人员验证或收费设备直接自动验证，由收费设备或人工将车辆行驶信息记录在记账卡上和收费站计算机内，客户定期（一般为每月）到收费公路单位按记账卡记录的信息，或根据收费管理中心数据库结算总通行费。

后付款方式的优点是：非直接货币交易，减少了收费服务时间，提高了收费车道通过率，也缩短了客户的行车时间。在经营上，后付款也是一种优惠办法，方便了客户资金周转。采用此方式时，在收费系统设计中要考虑收费设备对此方式的操作功能和数据统计功能，在管理上也要采取针对性措施，要尽量防止赖账情况的出现。记账卡主要起身份证明的作用，也应具有数据记忆功能，一般采用 IC 或电子标签。

二、电信行业收费模式

目前电信行业的收费方式，总结起来有以下几种：

（1）营业厅缴费。这个是传统的收费方式，从邮电局开始到现在都一直存在，目前，只有在固话网络运营商那里，营业厅缴费方式还能占据一定的份额。

（2）银行代收。这是继营业厅缴费之后发展出来的，最初是邮电刚分家后，邮政代收农村边远地区的电信电话客户费用，后来逐渐发展，与其他各银行陆续签订代收协议，一般来说，现在提供代收服务的银行已经涵盖了大多数的国有银行、本地区的银行、邮政储蓄等。但是这种方式客户认可度并不高，银行的服务态度、排队长度也不见得比电信行业强。再加上其他一些由于代收这个中间环节造成的一些不便和误解，银行代收方式大概已经名存实亡。

（3）缴费卡。这最初应该是移动运营商（特别是中国移动）大力推动的，由于自有营业厅有限，随着客户的发展，服务需求的提高，缴费卡成为收费的最佳选择，尤其是借助于越来越广泛的合作营业厅和代理商，缴费卡在移动业务的缴费中成为绝对的主力。而中国移动在推出了全国统一充值中心后，更是大大增加了缴费的方便性。

（4）其他途径。比如农村的固定电话仍可能存在的地域性包收话费、固定电话运营商的社区人员上门卖卡、催缴等。

从各个运营商角度来看，前三种主要收费途径基本上都存在，只是在固网运营商与移动运营商之间比重略有不同：移动运营商普遍以缴费卡为绝对主要的收费途径，营业厅缴费、代收都只是微不足道的辅助途径；而固网运营商则是营业厅缴费（目前也都以缴费卡方式为主，营业员代客户充值）和缴费卡两种方式基本并重，代收途径为辅。这种现象的存在有其客观原因存在。

（1）消费群体的差异。手机业务私密性较强，基本上每人手中一部，甚至两部、三部也不奇怪，主要使用群体是中青年以及青少年，老年群体在使用人数和使用频率方面要明显小于前者；而固定电话业务目前除了企事业单位的工作使用外，家庭中使用的群体逐渐向老年人群过渡。老年人对于新生事物的接受能力要弱得多，对于较繁琐的话机操作也难以应付，同时退休的老人还有空闲时间，因而选择传统营业厅缴费的，绝大多数都是已经退休或赋闲在家的老人。

（2）终端的差异。乍看起来，终端与缴费无关。固话终端的问题一直没能很好地解决，一方面是由于话机市场的问题，另一方面是由于固定电话终端"共用性"的存在。固话终端引发的问题是与固话相关的一些增值业务无法或很难直接通过终端定制、取消，多数都需要到营业厅办理，也间接导致很多人选择在办理业务的同时到营业厅缴费，当然也有很多由于欠费无法办理业务而导致的在营业厅现场缴费。

（3）业务差异。移动业务目前还基本都是围绕着手机开展的，一部手机的充值基本上就可以解决所有的其他业务的缴费，但是固话运营商的业务太过繁杂，很多业务（特别是新生业务）收费还不能通过缴费卡解决，除非费用托收到固定电话上。比如视频监控、数据业务、网元出租等等。

当然，客观原因的存在仍然掩盖不了主观管理上的问题，在业务管理、宣传、支撑平台等方面的不足，还是很明显的：比如固网缴费卡的代理销售点要明显少于移动业务缴费卡代售点，比如很多固网业务还无法通过缴费卡直接缴费，除非通过固定电话托收。

三、有线电视收费模式

有线电视数字化过程中的全国有线收视维护费收取方式一般

分为以下几种方式。

1. 有线电视网络公司营业厅收取方式

这种方式基本上是有线电视客户可以直接去各个有线电视网络公司设立的营业厅办理交费及其他业务;

2. 银行代收、代扣收取方式

这种方式基本上是各地有线网络公司会指定某几个商业银行,有线电视客户要在规定范围内的银行内设立与其有线电视收视费相关联的自己的账户,在确保客户银行账户资金充足的状态下,每月的有线电视收视维护费会自动从客户账户扣除。

3. 充值卡收取方式

这种方式基本上模仿了通信行业固定电话、移动电话充值的模式。由于该模式在通信行业已应用多年,加之通信行业客户与有线电视客户有着很高的复合度,客户对于充值卡的使用习惯早已养成并认可该交费模式;除此之外,原有的通信行业发达、便利的充值卡销售渠道也极具开发价值,这一方便、快捷的充值卡销售渠道也足以使各地有线电视网络公司的客户交费体系得以快速切入,因此,各地有线网络公司对于这一交费方式较为认可。

但目前各地有线网络公司对于这种收费体系仍处于一种系统的调试期,真正投入试运营的有线电视网络公司仍是凤毛麟角,也只有少数几个大中城市(如重庆市)会在最近一两年真正实现试商用。

4. 手机支付收取方式

这种方式具体优势则在于中国六亿多手机客户都有可能为一个付费频道、付费节目而方便地进行预定、支付等。这种功效与充值卡几乎相近。而在这个合作过程中,移动公司只赚取他应该拿到的利润,各地有线网络公司的利益并没有受到相应的削减。

客户可以方便快捷实时的开通、使用、结算付费频道业务;有线网络公司可以及时了解并开通客户需要的业务,在此基础上,还增加了新的收费渠道;移动公司又多一项可以向客户收取服务费的理由,是一种一举多得的收费方式。

5. 遥控器刷卡收取方式

这种方式基本上是采取在遥控器背部固化一个 POS 机方式，客户需要消费时，只需按照日常刷 POS 机的方式即可。但这种方式还仅仅在全国一两个中等城市的有线电视网络公司当中试运营。

第二节　电力收费模式选择的影响因素分析

收费模式的选择对于提高电费回收工作的效率具有重要的作用。选择合适的收费模式是供电企业做好电费回收工作的关键。影响供电企业收费模式选择的因素主要包括以下几个方面：电力收费的政策法规、信息技术因素、所在地区社会人文因素、各种收费模式的特点、供电企业的实际情况、电力客户的特点、合作单位情况。

一、电力收费的政策法规

政策法规是电力企业收费的依据，同时也是电力企业必须遵守的准则和规定。收费模式的选择必须符合国家关于电费回收的政策法规的要求。

1. 电力法对供电企业收费的规定

《中华人民共和国电力法》（以下简称《电力法》）第三十三规定：供电企业应当按照国家核准的电价和用电计量装置的记录，向客户计收电费。第三十一条规定：客户使用的电力电量，以计量检定机构依法认可的用电计量装置的记录为准。这两条规定了电力客户先用电，后交费。供电企业只能在客户使用电力电量后，根据抄表所得数据，再去收费。

这一规定对电力收费模式的选择具有重要的影响。从电力产品的自然属性上看，不能储存，发、输、配、供、用过程同时完成，且电力消费和计量的连续性，使得客户不可能在用电后立即交费，供电企业也不可能在客户用电后立即去收费，这就形成了传统的先用电后交费电力收费模式。

如果供电企业要推行的新收费模式与这一规定不符，则会遇到来自法律方面的障碍。这就必须在客户自愿的情况下才能采用这些收费模式。如在南方一些城市推行的预付费模式，客户先行购买一定数量的电量，然后再用电。这种在实行过程中就遇到了客户的阻碍，客户提供的理由就是《电力法》中的这一规定。

2.《电力法》对电力客户交费的规定

当前《电力法》中没有对客户不按时交费的处理办法，影响着相关收费模式的采用。

在《电力法》第三十三条中规定了客户应当按照国家核准的电价和用电计量装置的记录，按时交纳电费。

这条规定虽然要求客户按时交纳电费，但对客户不按时交纳电费，甚至是欠费的问题如何处理，却没有相应的条文说明。在这种情况下，供电企业对客户的约束较少，客户缺乏交纳电费的主动性，很容易形成欠费。

为了及时收费，减少欠费，一些供电企业提出了一些新的电费回收方式，如预付电费、购电卡等，试图改变先用电后交费的传统做法，推行"先购电、后用电"的购销方式。但在使用中出现了较多的问题，被认为是强制交易、不正当竞争等。而另外一些为确保电费如期回收的措施，如采取质押、抵押、定金等方式签订供用电合同时，也屡屡遭到客户抵制。依法采取停电措施，受到重重阻挠，造成"想停不敢停、要停停不了"的被动局面等。因此，有必要对相关法律问题进行研究，理清思路，提出对策，为电费的有效回收提供法律保障。

这就要求在选择电费回收模式时，要为客户提供方便快捷而又成本低廉的交费方式，尽可能让客户主动交费，减少迟交和欠费的发生。

3.《中华人民共和国合同法》对供用电合同的规定

1999 年颁布的《中华人民共和国合同法》（以下简称《合同法》）第十章对于供用电合同有了明确的规定。第一百七十六条规定了供用电合同是供电人向用电人供电，用电人支付电费的合同。第一百七十七条规定了供用电合同的内容包括：供电的方式、质量、时间，用电容量、地址、性质，计量方式，电价、电费的结算方式，供用电设施的维护责任等条款。第一百八十二条规定了用电人应当按照国家有关规定和当事人的约定及时交付电费。用电人逾期不交付电费的，应当按照约定支付违约金。经催告用电人在合理期限内仍不交付电费和违约金的，供电人可以按照国家规定的程序中止供电。

这些条款的制定说明了供用电关系的市场化、合同化、法制化的发展趋势，使以往带有浓厚行政色彩的供用电双方主体关系定位为平等的合同主体关系。从某种意义上来说，体现了供用电关系法治化、市场化的《合同法》，在立法理念要比《电力法》更为先进一些，也更符合供用电关系的实际情况和发展趋势。

电费的产生是基于双方签订的供用电合同，它是关于供电人向用电人供电和用电人支付电费的合同，或者说，是指供电企业与客户根据客户需要和供电企业可供电的能力，明确相互间权利和义务关系的协议。本质上，供用电合同是供电方将电力转移给用电方，用电方取得电力所有权并按规定支付电费的一种买卖合同。

虽然这些条款没有规定供电企业收取电费的方式，但较《电力法》中的规定有了很大的进步，供电企业可以和客户就供电合同内容进行协商，其中包括电费收费方式。这当中可以对一些新的收费模式与客户进行沟通，在对方同意的情况下，可以采用一些电费回收风险较小的收费模式，如预付费模式、抵押或担保模式、收取电费违约金等。这在一定程度中增加了收费模式选择的可能性。

二、信息技术因素

信息技术的发展，尤其是以计算机技术和网络技术的发展促进了各种现代电力收费模式和收费方式的应用，为电力收费提供了多种现代化的手段，为电力收费模式增加了更多的选择性。

　　如今网络、信息、数字化在媒体中频频出现，在普通百姓中频繁使用，通信技术、计算机技术、网络技术日益结合，逐渐应用到电力收费模式中，出现了很多信息化技术支持的新收费模式，这些便捷高效的交费方式，如流动营业厅缴费、"一卡通"缴费、网站自助交费、ATM 自助缴费、电话银行交费、手机短信交费，人们可根据自己的喜好，随心所欲选择交费。这些交费模式操作简单，省时省力，足不出户，片刻之间就可以完成。当前，这类自助交费业务已在全国各地不同程度地开展，交费业务量和比重日益增长，这代表了未来一种发展方向和趋势。作为供电企业信息化进程中的一个重要组成部分，银电联网电费缴纳系统充分利用联网银行营业网点分布广的优势，依靠先进的计算机网络数据交换和安全技术，采用实时联机处理的方式，由联网银行实施电费代收划拨等业务，为客户提供安全便捷的电费支付方式，为供电企业提供一个实时电费回收和账务结算平台，提高供电企业与联网银行的社会和经济双重效益，是供电企业提高客户服务质量、加快电费回收、缩短资金在途时间的有力保障。

　　新型的信息化电力收费模式不仅满足了人们对多层次、多形式的电力缴费渠道的需求，加快了供电企业资金回收，提高了电力行业的服务质量和社会形象，而且节省了供用电双方的缴费成本。这些优势吸引了电力部门、金融行业、IT 企业等纷纷加入信息化电力收费模式的创新开发队伍中，提出的电力收费模式解决方案较有效地弥补了当前收费模式中的不足。

　　以阳光电力服务站的应用改革为例，这种收费模式主要是农村和小区居民到已经开通的超市（商场）、供电社区、农村街道（村组）阳光电力服务站，通过小店内固定的 POS 机，通过现金，由店主代为操作完成缴费工作。电力缴费直通车系统，为完善阳光电力服务站的功能开阔了应用前景。这是一个支持全通道接入方式的系统，覆盖了有线、无线、INTERNET 的多种接入方式，提供银行接口实现方式，为电力客户、电力企业提供全方位的技术支持和保证。在保留了原先由固定电话网络支持的POS 机收费工作模式以外，还能实现以下扩展的工作模式。

（1）支持 GPRS/CDMA，以及短信的承载方式进行电力费用收缴工作。

（2）支持 INTERNET 方式下的 PC 接入系统进行电力费用收缴工作。

（3）提供与银行的接口，支持刷卡缴费功能。

信息技术的发展为收费模式的创新提供了有力的支持，大大提高了供电企业的收费效率，为客户交费提供了多种选择，节省了客户的交费时间。但这些技术手段在应用中也会出现一些问题，如技术和设备故障导致排队。

然而，信息技术对电费回收的影响是两个方面的：一方面是提高收费效率，减轻收费的工作量，节省时间，使客户交费更方便；另一方面也会给电费回收带来一些新的问题。这是因为信息技术是在不断发展中的，必然会存在各种各样的问题，如系统稳定性、通信安全性、资金安全性等，一旦出现问题，会给收费人员和客户交费带来不便和麻烦。如当系统出现故障时，会带来等待时间长、误操作等问题；同样信息安全和资金安全问题也会给县供电企业和客户带来较大的损失。

所以在收费模式选择中应考虑技术的成熟度，系统出现故障时的替代措施等。

三、社会人文因素

社会因素包括社会文化、社会习俗、社会道德观念、社会公众的价值观念以及人口统计特征等。变化中的社会因素影响社会对企业产品或劳务的需要，也能改变企业的战略选择。

社会文化是人们的价值观、思想、态度、社会行为等的综合体。文化因素强烈地影响着人们的购买决策和企业的经营行为，自然也影响着电力客户对不同收费模式的认知态度和选择，也会影响着供电企业对收费模式的选择。不同的地区有着不同的主导文化传统，也有着不同的亚文化群、不同的社会习俗和道德观念，从而会影响人们的消费方式和购买偏好，进而影响着企业的经营方式。因此企业必须了解社会行为准则、社会习俗、社会道德观念等文化因素的变化对收费模式选择的影响，制定出适合各类客户的收费模式。同样由于不同的社会文化也影响到电力企业的职工，影响到电力收费模式和收费方式的选择，员工的价值观、习俗、道德观念影响着其工作态度，从而也影响各种收费模式或方式的使用效果。

在不同地区推行收费模式或方式时必须注意这些社会人文因素的影响，采取相应的措施，保证电费回收工作的有效进行。

人口统计特征是社会环境中的另一重要因素，它包括人口数量、人口密度、年龄结构的分布及其增长、地区分布、民族构成、宗教信仰、家庭规模、家庭寿命周期的构成及发展趋势、收入水平、教育程度等。人口规模制约着个人或家庭的电力消费方式和电量的多少。人口的地理分布决定电力客户的地区分布。消费者地区分布密度越大，消费者的嗜好也越多样化，对收费模式的选择性也越大，这就意味着出现多种多样的市场机会。年龄分布对收费模式的选择也有着重要影响，通常年轻人容易接受新生事物，也就容易接受新的收费模式，尤其是新技术带来的收费模式。同样，受教育程度高的人群也容易接受新生事物，对一些应用新技术的收费模式较容易接受。

在推行新的收费模式或方式时，应注意针对不同地区、不同人群制定相应的营销策略。

四、收费模式或收费方式自身的特点

不同的收费模式及其收费方式具有不同的特点，影响着客户对收费模式的选择，也影响着县供电企业对收费模式的选择。收费模式的以下特点是影响选择的主要因素。

(一) 可靠性

1. 可靠性的概念

可靠性的概念首先是针对某一产品提出的。产品的可靠性是指：产品在规定的条件下、在规定的时间内完成规定功能的能力。可靠性越高就越好。可靠性高的产品，可以长时间正常工作（这正是所有消费者需要得到的）；从专业术语上来说，就是产品的可靠性越高，产品可以无故障工作的时间就越长。

对于电力收费模式而言，电力收费模式的可靠性就是指该收费模式在规定的条件下、在规定的时间内完成电费回收功能的能力，包括两个方面：一是使客户能够完成交费，二是县供电企业能够收到电费。

2. 可靠性指标

衡量可靠性水平有好几种标准，有定量的，也有定性的。下面给出度量一种收费模式的可靠性的几个指标。

(1) 可靠度 $R(t)$：它是收费模式在规定条件和规定时间内完成规定收费功能的概率。每种收费模式完成一次交费通常需要一定的时间和一定的条件，该收费模式的可靠度就是在每次交费中能够在规定条件和规定时间完成交费的概率。随着收费模式使用时间的推移，其可靠度也会发生变化。通常用 $R(t)$ 表示收费模式在任意时刻 t 的可靠度。

(2) 可靠寿命 t_r：它与一般理解的寿命有不同含义，概念也不同，设收费模式的可靠度为 $R(t)$，使可靠度等于规定值 r 时的时间 t_r，即被定义为可靠寿命。

(3) 失效率（故障率）$\lambda(t)$：它是指某收费模式工作到时间 t 之后，在单位时间 Δt 内发生失效的概率。

(4) 有效寿命与平均寿命：有效寿命一般是指收费模式投入使用后至达到某规定失效率水平之前的一段工作时间。而平均寿命 MTTF 是指在整个使用阶段和除维修时间之后的各段有效工作时间的平均值。

(5) 平均无故障工作时间 $MTBF$：是指相邻两次故障之间

的平均工作时间，也称为平均故障间隔。

（二）方便性

方便与快捷是客户在交费时考虑的重要因素之一。所谓方便，对于客户来说，能够随时随地交费是最理想的，当然这对于县供电企业来说很难做到，但应尽量增加收费时间和场所。所谓快捷，则是指客户在交费时不须等待较长的时间，时间越短越好。对于上班族来说，由于工作时间限制，不能把过多的时间用于排队和繁琐的交费程序，同时也应该希望尽量能够在工作之外的时间交费。因此，收费点和营业时间尤为重要。对于农户来说，这一点可能更为重要。由于近年来外出打工人员增多，家中留守的多为老人和儿童，方便快捷的收费方式更是其所希望的。在农忙时节，农民时间紧张，再加上多数农民居民地地理位置较偏，同样需要为其提供方便的收费模式。因此，选择收费模式要考虑面对的客户群，选择其方便的收费模式。这也意味着在一个县供电企业的供电范围内可能需要有多种收费模式来满足不同人群的交费需要。

（三）经济性

这里包括两个经济性，一个是客户交费行为的经济性；二是县供电企业收费行为的经济性。交费行为的经济性影响着客户的交费行为，而收费行为的经济性影响着县供电企业对收费模式或方式的选择。

对于客户交费行为来说，其经济性体现在交费行为所付出的代价，包括资金、时间、误工费、精力以及心理压力等。

客户在交费时需要花费一定的时间，包括客户到收费点的途中时间、排队时间和交费操作时间。

客户交费时支付的资金包括交通费、通信费等，这里不包括电费支出。

如果交费时间较长，需要请假，则客户为了交费要支出误工费。

另外，交费需要付出一定的精力，而客户如果经常担心忘记交费导致滞纳金、被停电、误工等，也会产生一定的心理压力。

对于县供电企业来说，则体现在投入的人力、物力、财力方面。具体包括收费人员工资福利、交通费、通信费、收费设备与设施投资、收费系统的投资、与运行维修费等。

客户总是希望采用经济性好的收费模式，县供电企业也希望选择采用对企业经济好的收费模式，但这通常存在一定的矛盾。

（四）安全性

这里所说的安全性包括资金安全和人身安全。

在传统收费方式下，由于主要是走收和窗口坐收，对于客户来说，由于电费金额较少，通常不存在资金的安全问题。但在新的收费模式下，由于大量采用预付款、电费储蓄、磁卡、银行转账、柜员机、手机交费等方式，则由于技术方面的原因可能会出现资金风险。客户卡上或账上的资金被转走、取走或减少，多交费等情况时有发生。这种安全问题的发生会影响客户对收费方式的选择，通常客户会选择他们信得过的收费方式。人身安全主要体现在供电企业收费员工的人身安全。如在走收方式下，收费员随身携带过多的现金会遇到抢劫的危险，轻则现金被抢，重则人身安全受到威胁。即使是窗口或柜台收费也存在着柜台资金被抢或人员受伤害的风险。以上这些安全问题无论是对客户还是对县供电企业都越来越对收费方式的选择产生着更重大的影响。

（五）先进性

先进性也是吸引客户或县供电企业选择的一个重要因素。采用新的计算机和通信技术手段的新的收费模式对于追求时尚的年轻人具有较大的吸引力。

对于县供电企业来说，基于市场需求和优质服务的需要，会对一些新的收费模式有较高的兴趣，同时由于这些新的收费模式确实有很多的优点，也使县供电企业倾向于采用这些新的模式。

对于客户来说，先进的收费模式有新鲜感，同时由于采用新技术和现代化的手段，使得客户有一种时尚感和自豪感，在使用这些收费模式的同时获得心理上的满足。

五、县供电企业自身条件

每种收费模式的采用都需要县供电企业具备相应的条件。即使是最传统的走收模式，也需要县供电企业具有足够的有较高素质的收费人员、必备的交通工具等。对于新兴的收费模式，由于其具有较高的信息化特征，需要县供电企业具有较完善的信息系统、信息网络和各种信息化设备与设施。这些系统与设备设施的建设与使用都需要县供电企业付出较大的投资，包括对系统和人力资源方面的投资。这取决于县供电企业所具有的资金情况和人员素质。因此在收费模式选择时，应考虑县供电企业所具备的条件。

六、合作单位

除传统收费模式外，其他各种模式都需要相关行业的合作。因此，合作单位是否愿意参与电费回收工作及相关活动，以及从事这些活动的能力成为收费模式选择的重要影响因素。这些因素包括合作单位的合作意愿、服务设施、服务网点分布、服务质量以及电力客户对这些单位的认识程度。在银电合作模式下，依赖于金融机构营业网点的分布、服务设施的状况、服务水平、服务质量、合作态度等。在社会化代收中，代收点也应具备一定条件，如办公环境、人员素质、信用、在当地的知名度、店主的期望等。

1. 合作单位的合作意愿

合作意愿是指合作单位对电力收费工作及相关活动的兴趣或愿望。合作单位的合作意愿是其合作行为的基础，合作意愿的形成归根到底取决于合作带来的利益，当合作单位认为合作能够给企业带来较好的利益时，则会表现出较强烈的合作意愿；相反，当其认为合作不能带来利益或者是带来负面影响时，则不会表现出合作意愿。

2. 服务设施情况

开展电力收费工作，需要具备一定的服务设施，如营业场所、设备、设施等。合作单位的服务设施需要在从事本单位业务的同时，有能力从事电费回收工作，既不能耽误本身的业务，又不能影响电力客户交费。

3. 营业网点分布

农电客户住处比较分散且偏僻，因此，营业网点的分布对于农电客户交费的方便性影响较大。如果营业网点多且分布广，有利于农电客户就近交费，省时省力，则客户交费的主动性较高，反之则会影响到客户交费的积极性。但合作单位的营业网点设置已经确定，不可能因此而增设网点，所以在选择合作单位时，要考虑到其营业网点分布能否满足客户交费的需要。同时考虑到各合作单位的营业网点分布不同，可选择多个合作单位，使其互相补充，达到最好的效果。

4. 服务质量

服务质量是指服务能够满足规定和潜在需求的特征和特性的总和，是指服务工作能够满足被服务者需求的程度。服务质量的高低是决定客户对该收费模式是否满意的重要因素，从而影响着收费模式的选择。

服务质量主要取决于服务人员的素质，包括服务人员的服务意识和服务技能。对于合作单位来说，由于电费回收不是其主要业务，业务人员对于其原业务比较熟悉，但对于电力收费政策和规定，以及电力客户的交费习惯不了解，在收费过程中不能很好地与客户沟通，客户的咨询或疑问不能得到很好地解释，可能会形成误解，以致对电力收费工作出现不满的情况甚至发生纠纷。

尽管如此，合作单位在原业务上的服务质量仍是评价其服务质量的重要依据。虽然电费回收业务与其原业务有较大不同，但服务意识和部分服务技能是能够转移到新的业务中来，在新的业务中形成较高的服务质量。

5. 电力客户对合作单位的认识程度

电力客户对合作单位的认识程度和接受程度是决定客户是否选择到该单位交费的重要因素。如果合作单位是客户非常熟悉的单位，并在客户心目中树立了很好的形象，则客户较容易接受到这个单位交纳电费或完成交费的操作。

由于各种金融机构，尤其是农业银行、工商银行等几大银行长期服务于农村客户，有较高的知名度的较好的企业形象，因此，与其合作电费回收业务成为较普遍的作法。对于社会化代收中的超市、小卖部等则要对其从事电费代收的环境、设施、信用、能力等进行认真的审核，尤其是当地群众中的影响是考核的重要因素。

第三节　收费模式对客户用电交费行为的影响

电力客户的特点在一定程度上影响着县供电企业收费模式的选择，同样，收费模式对客户的交费行为甚至是用电行为产生着影响。交费成本、方便性、可靠性以及服务质量都影响着客户对收费方式的选择。客户总是选择他们认为成本低、方便、可靠且服务好的收费模式。如果客户觉得满意，不仅会对其主动交费行为产生较好的影响，也会对用电行为产生影响。

一、人的行为动力结构

人的行为动力结构是指人的行为的要素组成，以及组成的方式。

在一般的情况下，人的行为是由人的需要、动机、目标、行为和结果这些要素所组成的一个行为链（见图 2-1）。

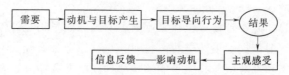

图 2-1　需要-动机-目标-行为-结果关系图

1. 需要

需要是行为的原动力。需要是指人体自身或社会生活中所必要的事物在人脑中的反映。在人的行为链中，需要是行为发生的最初的源泉。人们会产生不同的需要，这些不同的需要会使得人们产生不同的欲望，希望以某种方式来满足自己的这些需要。人们的需要包括自然需要和社会需要。

所谓自然需要是人们与生俱来的一种基本需要。这种基本需要包括人们生存所必需的生理需要和安全需要。

人们为了维持个体的生存，必须设法满足自身的衣、食、住、行，这些基本的物质需要，必须保证自身的安全，包括生命的安全和职业的安全。

人的社会性极强，社会需要也同样是人们的一种基本需要。人的社会需要包括与人交往，参加社会活动的需要、友情的需要、社会尊重的需要。尽管这些社会性的需要的缺乏不会危及人们的生存，但是却会影响人们的情绪，降低人们的工作效率。

2. 动机

动机是引起个体行为、维护该行为，并将行为导向某一目标的内在驱动力。动机是人们行为产生的起点。动机产生的原因是由于人们的需要。为了满足人们的自身需要，人们就会产生相应的行为动机。动机必然指向一定的具体目标，与一定的具体目标相联系。人们正是力图通过目标的实现来满足自身的需要的。

动机形成的原因有两个：内在条件（需要）和外部条件（刺激）。

3. 行为

行为是在动机基础上产生的。为了满足某一需要，达成某一目标，在某一动机的驱使之下，人们通过计划、准备和实施将动机转化为人们的行动。一般来讲，不同的动机会产生不同的行为。但是需要强调的是，动机与行为之间并不存在一一对应的关系。同样的动机，可以导致不同的行为，而不同的动机在一定的条件下，也可能会产生相同的行为。因此，我们不能简单地以行为来判断动机。

4. 感受与反馈

当行为的结果产生的时候，人们可能对这个结果感到满意，也可能对这个结果感到不满意。人们对自己的行为结果产生的主观感受会直接影响人们之后的行为动机。一般的来讲，满意的感受会通过反馈机制强化人们后来的相同的行为动机，而不满意的感受则会通过反馈机制弱化人们后来的相同的行为动机。

二、客户用电交费行为的产生

客户用电交费行为的产生也是由于客户有了交费需要，在此需要的作用下，产生交费的动机，在交费动机的驱动下，产生交费行为。在交费行业产生后，客户会对整个交费行为过程做出评价，这一评价结果会对客户今后的交费行为产生影响，会强化或弱化对某一收费模式的选择动机。

1. 交费需要

客户的交费需要是伴随着客户的用电行为的发生而产生的。客户在用电行为发生时，就清楚用电需要交费，但真正产生交费需要是在接到电费通知单或抄表收费人员上门收费时产生的。在一些新兴的收费模式下，如预付费、购电制的收费模式下，交费需要由是在用电之前产生的。其实，客户在用电之前就已经存在着潜在的交费需要，只是由于长期以来的先用电、后交费的模式，使得在用电时不需交费，而是在用电发生后一段时间，才需要交费，因此，客户的交费需要与用电存在一定的滞后性。当接到电费通知单后，客户的交费需要就成为现实的交费需要，必须在一定时间内满足交费需要（即完成交费），才能继续用电，否则将不能保证用电需要的满足。

2. 交费动机

交费需要产生以后，还不能马上形成交费动机，还取决于交费环境和客户的交费意识。

交费环境是指影响客户交费行为的所有因素，包括交费方式、交费场所、交费系统、电力收费相关政策法规等。

交费意识是客户对交费、交费环境、自身的交费需要等方面的心理反应。客户对交费及交费环境的态度可以理解为客户对交费及交费环境作何种评价，是肯定的还是否定的，这是决定客户是否产生某种交费行为的关键。如果客户的交费意识淡薄，则不易形成交费动机；如果客户对收费模式的评价结果是不满意，则会影响其交费动机的形成。

客户的交费动机是在交费需要、交费环境和交费意识的作用下产生的。客户一旦形成了交费动机，就会在有关因素的作用下产生交费行为。

3. 客户交费行为

客户在交费动机的驱动下，通过选择收费模式和收费方式，按照该收费模式的流程完成交费的活动。

4. 对收费模式的评价

客户交费行为结束后，会对交费的过程进行评价，该评价的结论会对其今后的交费行为产生重大影响。如果客户对该收费模式或方式不满意，则下次可能会选择其他的收费模式，如果没有其满意的收费模式，则会影响其交费的积极性。

三、收费模式不当对客户交费行为影响的几种情况

当收费模式能满足客户的交费需要时，客户通常能够按时足额的交费。但当收费模式不能满足客户的交费需要或客户对收费模式不满时，则会影响到客户的交费行为，其表现形式如下。

1. 交费，但产生对供电企业的不满情绪

虽然客户对收费模式不满，如感到不方便、路途远、需要请假、排除时间长等，但是一般情况下，多数客户还是能够克服这些困难，按时交费。然而，这种不满情绪会如果持续下去，不能得到有效解决，会影响到客户对供电企业的满意度，甚至会影响到客户的用电行为，一旦其减少用电，而转去使用替代能源，则会影响到供电企业的售电量。

2. 迟交电费

虽然多数客户能够按时交费，但一旦遇到特殊情况，比如工作忙、出差在外、农忙时节等情况，则会发生迟交电费的现象。在这种情况下，不是客户缺少交费的意识，而是缺少交费的条件，是收费模式不能满足客户的交费需要，从而影响到客户的交费行为。当然也会有少数客户以不方便、没时间等理由故意迟交电费，这是由于收费模式不能满足客户的交费需要为客户迟交电费找到了借口。这种情况出现将导致供电企业多次催收电费，增加了收费人员工作量。在这种情况下，由于客户对收费模式不满，多次催费不果，收费人员心中也可能会有一定的情绪，在收费过程中就有可能因态度、语言等小事而发生不愉快的事情，进而加剧客户对县供电企业的不满。

3. 欠费

由于客户长年在外，又没有合适的收费模式，则可能会造成在交费期限内不能完成交电费的情况，形成欠费。主要是外出打工，家中无人，或探亲访友，出国等。当然也有极少数客户，主要是企业客户，由于经营状况不好，出现财务危机，无力交费，形成欠费，也有更少数客户故意欠费等。这种情况的发生同样与收费模式有关，主要原因是由于收费模式中对这些客户没有制约能力。对这样的客户，应该根据其信用水平，预先交部分抵押款或要求其提供担保。

4. 引起投诉

在上述情况下，由于客户迟交电费、欠费，收费人员多次催收电费仍不能使电费回收，在工作中可能会产生各种纠纷，严重时就可能导致客户对电力企业进行投诉。轻者是向电力企业投诉收费人员，重者则可能对供电企业进行投诉，这会给供电企业带来非常不好的影响。在处理欠费时，由于法律欠缺，当县供电企业做出停电处理等措施时，也经常会接到客户的投诉。

在一些收费模式中，由于信息不畅，也可能出现纠纷，导致投诉。如客户欠费，供电企业发出停电通知，这时客户去交费，由于交费信息没能及时传递到供电企业相关部门，仍有可能发生停电，或没有及时恢复供电，这时客户就会产生强烈不满，导致投诉的发生。

另外，由于收费模式安全可靠性差，导致客户钱款被多扣或由于信息不对称，客户对收费产生误解，也经常会引起投诉的发生。

5. 引发诉讼

在上述迟交电费和欠费处理中，如果处理不当，引起客户强烈不满，或给客户造成较大损失时，如果客户具有较强的法律意识，则可能会引发法律诉讼，客户有可能将县供电企业告上法庭。这时，由于在电力法中缺少对客户欠费处理的相关条款，县供电企业往往会败诉。

第四节　收费模式对供电企业的影响

收费模式的选择受县供电企业自身条件的影响，同时，收费模式的选择也会对县供电企业的经营管理产生重大影响。各种收费模式都有其各自的特点，在使用中会对县供电企业产生影响。由于客户交费行为的差异性，为满足各类客户的交费需要，解决当前以及今后农村电费回收中的问题，通常需要设计若干种收费方式的组合，方便客户交费，有利于提高电费回收率，但也会产生一些问题，如电费管理工作变得复杂，增加投资，收费成本增加，对收费人员及管理人员素质要求提高等。如果解决不好，会使电费回收工作受到很大的影响。在这一节将讨论收费模式选择对县供电企业的影响。

多种收费模式并存，意味着县供电企业需要根据所在地区客户和企业的实际情况，增加新的收费模式。合理增加新的收费模式有利于解决电费回收问题，但也会产生一些新的问题。

一、县供电企业拓展收费模式的益处

1. 提高电费回收率

增加新的收费模式，最直接的利益就是提高电费回收率。这也是我们研究农电收费模式的主要目的之一。

多种收费模式的存在，各种方便可靠的收费模式，可以使客户能够随时随地完成交费，大大方便了客户的交费行为，减少了客户由于工作忙、路途远、等待时间长或收费人员少、营业网点少等问题带来的迟交、欠费等问题，自然会提高电费回收的及时性和回收率。

2. 更好地满足各类客户的交费需要，提高客户满意度

县供电企业增设新的收费模式是为了满足不同客户的交费需要。由于客户的交费动机受收费模式的影响，也受自身情况的支配。客户会根据自己的情况选择适合他们的收费模式来完成交费，因此，根据客户特点增设满足各类客户交费需要的电费回收模式，会增加客户选择的机会，使其容易选择到满足的收费模式，从而完成交费，并对该种收费模式较为满意，在以后的交费行为中往往会继续选择这种模式，并能够按照县供电企业的要求按时如数的完成交费。

从客户对电力收费工作的意见来看，多数是由于等待时间长、路途远、误工等不方便的原因造成，因此，增加新的收费模式，在方便客户交费的同时，减少了客户对收费工作的牢骚、抱怨等不满情绪，减少因对收费工作的不满产生的投诉等事件，提出客户对收费工作乃至对整个县供电企业的满意度。

3. 减轻收费人员的劳动强度，提高收费工作的安全性

以传统走收和营业厅为主的收费模式，收费人员劳动强度大。传统走收中，收费人员走家串户，非常辛苦，且存在人身安全和现金安全等方面的问题。营业厅收费中，客户排队时间长是其一个主要问题。这个问题不仅使客户耽误时间，产生不满情绪，同时也反映出收费人员的劳动强度很高。在高强度的收费劳

动中，很难保证收费人员的情绪不受影响，从而影响服务质量，造成客户的不满，这也是营业中经常出现的问题。在营业厅收费中也存在着现金保管问题，当营业时间与银行工作时间不相适应时，收到的现金不能及时存到银行，不得不在营业厅保管，这时存在较大的资金危险。增加新的收费模式，尤其是借助信息化手段实现电费回收，可以大大减轻收费人员的劳动强度，同时也提高了收费工作的安全性。

4. 提高县供电企业信息化水平

很多收费模式是建立在较高的信息技术应用水平基础之上的，推行这些收费模式或收费方式可在大大提高县供电企业收费信息化水平。由于收费工作是电费管理工作的一个环节，电费管理工作是营销工作的重要组成部分，因此，电费回收信息化水平的提高不仅仅是这一环节信息化水平提高，必然会使与其相关的工作信息化水平相应提高，可以说，电费回收信息化为其他相关工作信息化创造了条件的同时，也促使这些工作实现信息化。

5. 提高服务质量

多种收费模式，方便了客户交费，为客户交费提供了很好的交费环境，提高了电费回收的工作质量和服务质量。同时，由于一些收费工作是与合作单位，如金融机构、社会化代收等模式，由于选择合作单位时，考虑了合作单位的网点设置、服务设施、服务水平、商誉等条件，这些单位较高的服务能力和服务质量必然转移到电费回收工作中，提高了电力回收的服务质量。又由于这些合作单位的特点，可以更好地为客户交费服务，让客户更满意。

二、县供电企业拓展收费模式的风险

拓展收费模式，在给县供电企业带来上述利益的同时，也存在着一定的风险，需要引起县供电企业的注意。

1. 使收费管理流程复杂化，增加了管理的难度

多种收费模式并存，必然使企业的管理变得复杂。每种收费

模式都有各自的收费流程。在收费中采用不同的技术，不同的手段，针对不同的客户，在不同的场所等，这些都使得各种收费模式或方式的收费流程呈现很大的差异。各种收费模式都有其优点，也都其不可避免的缺点和容易出现的问题，当多个收费模式和收费方式被采用时，这些问题就变得非常复杂，给企业的管理带来不少问题。

2. 增加收费工作的投资

各种收费模式都需要使用一定的设备与设施，增加新的收费模式需要投资建设收费设备与设施。

3. 信息化带来的安全问题

信息化水平的提高给电费回收工作带来很大的方便，提高了收费的效率，方便了客户交费。但信息化在给人们带来利益的同时，也存在着较大的安全问题，尤其是网络安全问题。

4. 与合作单位的沟通

在涉及合作单位的收费模式中，双方的配合是成功的重要方面。合作单位对电力收费政策的认识，客户电费信息和交费信息的交流，等需要双方对相关信息实现共享。

客户的交费信息必须及时传递给县供电企业。影响到县供电企业对客户的措施，如因催交电费、欠费停电和恢复供电等都需要客户的交费信息。客户没有交费，则应继续催交或采取相应措施。但如已交，而由于县供电企业没有掌握该信息，继续催交，则会引起客户的不满，更为严重的是如因此停电，客户必然会强烈不满，甚至发生投诉或法律诉讼，造成恶劣的影响。

电费资金也必须及时转到县供电企业账户，实现企业利益的最大化。

5. 合作单位服务质量带来的问题

尽管在选择合作单位时，服务质量是一项重要的考核指标，但在收费工作中也难免会出现这样那样的服务质量问题。这些问题虽然是合作单位造成的，但客户会认为是电力企业的问题。

三、县供电企业应对收费模式风险的措施

收费模式的选择对于县供电企业提高电费回收率，保证企业经济效益具有重要的意义。但收费模式选择正确与否，收费模式能否正确的运用，并发挥出其效果，对于满足客户交费需要，提高电费回收率，保证县供电企业的利益，减少风险造成的损失是至关重要的。为了保证县供电企业的利益，防范收费模式的风险，需要做好以下工作。

（一）科学决策，合理确定收费模式组合

各种收费模式及收费方式都有其各自的特点，适用于不同的客户群体及分布特点。在实施过程中也受到县供电企业、相关合作单位条件的制约。因此，需要根据县供电企业、客户和所在地区金融机构、商业网点、社区管理机构的实际情况，通过科学决策，确定合理的收费模式。通常包括以下步骤。

1. 调查

调查内容包括如下内容。

（1）电费回收情况：电费回收率、走收实收率、坐收的排队时间、其他收费模式情况、欠费客户情况及欠费原因等。

（2）客户对收费模式或收费方式的意见：客户对收费模式是否满意，客户对收费模式的期望是什么，客户对收费服务质量是否满意。

（3）收费人员对收费工作的意见及工作中的问题。

（4）合作单位情况的调查包括：所在区域内的金融机构、商业网点、社区管理机构等潜在合作单位的情况，是否有合作意愿，收费设施、收费人员、工作环境、信誉、网点分布等。

（5）客户调查：包括客户数量、用电量、经济收入、受教育程度、家庭结构、风俗习惯、道德观念、价值观、法律意识、交费意识、受他人影响程度等。

2. 预测

对今后一定时期内客户数量、用电量、电费的增长趋做出预

测，对所在地区城镇化发展进程、客户地理分布变化、客户交费行为的变化做出分析和预测，以此分析预测电费回收的工作量，确定收费网点规划。

3. 收费模式评价

在上述调查和预测的基础上，根据各种收费模式的特点及合作单位的情况，提出拟采用的备选收费模式方案，并对其进行评价。在评价的基础，确定收费模式的组合。

在对收费模式的评价中主要考虑的指标包括可近性、易用性、安全性、可靠性、经济性、先进性。这些指标在前面已经介绍，在此不再赘述。

通过评价从备选方案中选出最为满意的收费模式组合方案。

4. 实施

将上述选出的收费模式进行实施，在实施中还要制定相关的决策，以保证收费模式得到有效的实施。

5. 反馈

科学决策的最后一步是反馈。在实施过程中，不断根据实施的情况，对收费模式做出修正，或为今后的决策提供帮助。

（1）将实施后的实际结果与期望的结果进行比较。

（2）分析为什么有些决策期望没有实现。

（3）认真总结经验和教训，为今后收费模式决策提供指导意见。

（二）建立科学管理流程

选定了收费模式及收费方式，还需为每一种收费模式建立科学的管理流程。由于是多种收费模式并存，客户可以选择多种模式完成交费，所以这些收费模式的流程中是有一定交叉的。

1. 流程的定义

简单地说，流程是做事情的程序或者是工作的程序。无论我们做任何事情或工作，都有一个流程。流程可以用流程图表现出来，流程图是利用具有特定含义的符号和文字说明，形象而具体地描述在完成某项事情或工作的活动过程中各部门的关系。

2. 流程的基本要求

所有的流程都是事情和工作活动的过程，在这些活动的过程中，对流程提出了基本的要求，流程应满足这些基本的要求。这些基本要求如下。

（1）效率性，又称反应速度，指从开始投入到完成产出转换一个流程花费的时间是否最少，环节是否最少和路径是否最短。它是从顾客提出需求开始到组织做出响应，以至满足顾客需求的时间。

（2）经济性，指一个流程所发生的各项费用总和。

（3）质量，指流程对事情和工作的保证能力。它包括流程的准确性（空间上的精确和固定），设计的一致性以及流程的可信任性和可维护性。

（4）目标性，指流程具有明确的输出目标。这个目标可以是一次满意的顾客服务，也可以是一项工作的结果等。

（5）整体性，指流程是由至少两个以上可以相互独立的事情或工作组成，这些可以相互独立的事情或工作相互关联成为一个整体，这些可以相互独立的事情或工作组成了一个新的事情或工作。

（6）动态性，指流程是按照一定的时序关系从一个独立的事情或工作到另一个独立事情或工作"流转"的过程。流程可能是在几个部门间"流转"完成的，一个部门的流程的输出是另一部门的输入，部门流程相互影响形成一个动态的"流转"。

（7）层次性，指将流程中的若干事情或工作活动进行细划分，将这些若干事情或工作看做是一个流程的"子流程"，从而使流程成为多层次的流程，将一个大的工作流程划分为若干小的工作流程来完成。

（8）结构性，指流程的结构可以有多种表现形式，如各项事情或工作活动的串联、并联形式、流程信息的反馈等。往往，这些表现形式的不同，给流程输出效果带来很大的影响。

（9）增值性，指流程的增值情况如何，为谁创造了怎样的价值。

（10）满意度，指顾客对流程结果的满意程度，它也是顾客对其需求的满足程度。

（11）可重复性，指该流程是一个可重复的、可例行的活动过程。

以上是对流程的基本要求。在现实中，选择什么样的流程是一个决策选择问题，流程满足上述基本要求是相对的，我们只能满足于一个"足够好"的可接受流程，也就是得到一个"满意"的流程，而不能得到一个面面俱到、不存在目标冲突的最优流程。

（三）流程管理

1. 流程管理的定义

流程是计划规范、管理标准、管理系统，是过程管理和结果管理的结合。组织活动中流程无所不在，那么在管理上就存在着流程管理。流程管理（process management），是一种以规范、优化的流程为对象，以持续的提高组织业务绩效为目的的系统化设计。流程管理是这样的一种管理体系，它从流程的层面切入，关注流程是否增值，形成一套"认识流程，建立流程，运作流程，优化流程"的体系，并在此基础上，开始一个"再认识流程"的新的循环。

2. 流程管理过程

流程管理的目的是通过设计和再设计不断地优化流程，以便使这些流程的增值内容最大化，从而获得组织绩效改善。流程管理过程既适用于单独一个流程，也适用于整个组织的流程。

流程管理一般要经过三个阶段：第一阶段规范化流程设计，第二阶段优化流程再设计，第三阶段流程再造。第一阶段是流程建立和规范阶段，它是流程管理的初始阶段。这一阶段的任务是：建立规范化的流程，使流程例行化，并减少不增值的活动。流程管理要保证流程是以顾客为中心的流程，这种流程中的活动都应该是顾客和组织的增值活动，并且流程规范后，人们就要把它作为一个例行工作去执行。第二阶段是优化流程阶段。这一阶段的任务是：在现有流程的基础上优化流程，提高流程的运作效率，降低流程成本，提高流程价值。当一个流程规范化地成为一个例行流程后，管理者还要对它再设计，并且这种再设计要不断地持续下去。第三阶段是流程再造阶段，也称企业再造，它是战略转型阶段。这一阶段的任务是：全面评估流程，根据战略调整和组织变革的要求，重新设计和整合流程。由于战略的调整和组织的变革，就要重新对流程进行设计，流程重组阶段是重新建立流程和规范流程的阶段。

（三）建立严格的规章制度

严格的规章制度是保证收费模式和管理流程得以有效实施和发挥作用的关键，包括以下内容：

（1）收费人员行为规范。

（2）营业网点布置标准化制度。

（3）现金与票据管理制度。

（4）设备设施管理制度。

（5）信息系统运行与维护管理制度。

（6）网络安全规章制度。

这些规章制度不仅在县供电企业内部执行，也要与合作单位协商，在合作单位的收费过程中也执行同样的规章制度。

（四）与合作单位保持良好的沟通

在有合作单位参与的收费模式中，要保持与合作单位的沟通。

（1）要对合作单位的收费人员进行培训，使其了解电费回收工作的重要性和电费回收的相关政策法规和规章制度，在收费过程中能够遵守相关规章制度，并能够为客户解答相关的疑惑或咨询。

（2）与合作单位的信息交流要及时。客户的电费信息要及时传递到合作单位，让合作单位按及时收费；客户的交费信息也要及时传递到县供电企业，这样可以避免客户已交费仍按欠费处理情况的发生。这需要双方的信息系统建立良好的共享机制。

（五）加强对收费模式及电费政策的宣传

客户对收费模式和电费政策的认识，影响着客户的交费行为。因此，要加强对收费模式及电费回收政策的宣传，让客户了解电费回收工作的意义及各种收费模式的特点。这样才能让客户充分了解各种收费模式，正确选择和使用这些收费模式主动交费，从而减少催费和欠费情况发生。

尤其是对于预付费和预购制的收费模式，由于其与《电力法》要求不一致，不宜强行推广，要加强对这些模式的宣传，让客户了解其优点，给客户带来的各种方便等，让客户自愿、主动选择。这样既可以发挥这些收费模式的优势，让客户感受到县供电企业为客户提供的优质服务，同时，又有利于电费回收工作的顺利进行。一旦这些模式得到客户的认可，慢慢形成先交费后用电的习惯，则《电力法》中有关条款的修改也就减少了阻力。

第三章　我国农电收费模式类型

第一节　农电收费模式的发展

我国农村电力收费模式经历了走收、坐收、银行代收代扣、邮政储蓄代收、再到新兴的收费模式，纵观我国农村用电收费模式的发展，可分为以下几个阶段。

一、抄表、核算、收费合一的阶段

20 世纪 50 年代初期由于用电户数不多，电费收缴采取抄表、核算、收费合一的方式。

这时抄表员、核算员和收费员由一人担任，在抄表的同时，完成核算与收费任务，回来后上报用电量信息和上交所收电费。

这种方式在客户数量不多且电费较少时，比较适用，节省人力和时间，但也存在一定的问题。在这个过程中由于缺少监督，容易产生错抄、漏抄、估抄以及人情电、关系电等问题，也可能产生收费员侵吞电费的问题。

但由于这种方式比较简单易行，又是传统的收费方式，所以在一些住户较分散、用电量较少的地区仍保留了这种收费方式。

二、抄核收分开，走收为主的阶段

20 世纪 60 年代以后，由于客户逐步增多，也为了堵塞收费工作中的漏洞，打破了抄核收合一的方式，改为抄表、核算电费、收取电费分人管理的方式。

对居民生活用电和小客户用电，有两种方式：第一种是由抄表人员抄表后，把电量书面交给客户，由客户到用电营业部门交纳电费，即采取"坐收"的方式；第二种是由收费员到客户处收取电费的方式，即"走收"。

由于用电营业厅收费点少和多数客户缺少主要到用电营业厅交纳电费的主动性，后来多数地区先后全部改为"走收"，这种收费方式一直延续到"文革"结束。

三、坐收为主的阶段

1976 年以后，由于客户的增加，电费额逐渐增多，收费人员走收电费时身带大量现金，很不安全，因此，各供电企业增加了营业收费点的建设，并在每月收费期间增设临时收费点，相继把走收改回了坐收。

1997 年以后曾经一度推行预付电费的卡式电能表，实行先交费、后用电的购电制，不但方便了客户交费，也促进了电费及时回收。但由于卡式电能表存在技术上的问题，易受外界电磁干扰，很快停止推行，但有些供电局仍对部分易欠电费的大客户安装卡式电能表（不做计费表，电费的最终结算以另外安装的电能表为准），对避免客户故意拖欠电费，及时回收电费起到积极作用。

四、金融机构代收模式的出现

1998 年以后，随着城网一户一表改造，客户户数突增，对收费工作造成很大压力，各供电局先后与当地工商银行、商业银行等签订开办电费代收与电费储蓄业务，方便了客户交费，也提高了收费效率。很多供电企业开发了营销计算机信息网，与各银行进行联网，使电费收缴工作实现了自动化。

五、社会化代收模式的出现

随着农村社会经济的发展，农村居民外出打工和农民的务农活动日益增加，对交费方式提出了更高的要求，供电企业和金融机构的工作时间限制，使农民日益感到交费不便，需要更方便、营业时间更长、更为灵活的收费模式，于是，分布在村庄、小区中的商店、小卖部等成为代收电费的最佳场所，社会化代收模式由此诞生。

这种模式方便了客户，打破了交费时间的限制，也不受交通条件的限制，客户随时随地可以交纳电费，同时也给这些商店提供了商机，成为一种受到各方普遍欢迎的收费模式。

六、远程收费模式的出现

近年来，由于信息技术的飞速发展，利用信息技术手段而出现的新的收费模式更是为电费回收创造了有利条件，如电子银行、手机钱包、远程付费等。随着我国农村社会经济的发展，这些收费模式也逐渐走进了农村。

第二节　收费模式与收费方式的概念

一、模式的概念

模式（pattern），有很多种解释，但都大同小异，反映了模式的不同方面。

（1）所谓模式就是人们针对一个具体类型的问题而获得的经过实践检验有效的解决方案和经验总结，一旦遇到类似的问题，人们就可以直接运用这个方案去解决。

（2）模式是前人积累的经验的抽象和升华。简单地说，就是从不断重复出现的事件中发现和抽象出的规律，是解决问题的经验的总结。只要是一再重复出现的事物，就可能存在某种模式。

（3）模式是经过无数次的实践和失败总结出来的，解决特定场景下的特定问题的解决方案和最佳实践。

（4）模式其实就是解决某一类问题的方法论。把解决某类问题的方法总结归纳到理论高度，那就是模式。

二、农村用电收费模式

根据上面对模式的解释，我们对农村用电收费模式定义如下。

农村用电收费模式是指各地县供电企业在长期的农村用电收费工作中，经过实践检验有效的，被普遍认可的，总结形成的标准的解决方案，包括对这些方案的定义、体系、内涵、外延及表现形式都有高度统一的认识。

为了对农村用电收费模式进行分类，我们对当前的各种形式的农村用电收费模式进行了分析，确定了划分原则是不同收费模式之间应有明显的区别，具有本质的特征。对某一具体的收费方式都可以划入到唯一的一种收费模式中。

据此，我们共划分出五种收费模式，分别为供电企业自收（传统自收）模式、委托金融机构（银电合作）模式、委托非金融机构（社会化代收）模式、客户预付电费（预付费）模式、客户借助信息网络平台远程支付（远程缴费）模式。

在这五种收费模式中，都具有各自的特点。

供电企业自收模式是最传统的收费模式，其特点是由供电企业自己来完成收费工作，可以是供电企业派人到客户处去收费，也可以是客户到供电企业营业厅来交费。

委托金融机构模式，是随着客户数量增多，以及现金安全方面的原因，出现的一种借助金融机构，如银行、邮政储蓄等机构来实现的收费，其特点是客户到金融机构交费，再由金融机构将电费划拨供电企业，借助了金融机构的营业场所和设施。

委托非金融机构，也叫社会化代收模式，则是在金融机构代收受网点少、工作时间限制和其自身主业业务日益繁重后，出现的另一种新的收费形式，其特点是利用社会上一些营业时间长、分布广、客户交费方便的商业点、物业、公共事业单位等实现电费收费的形式。

预付费模式其最显著的特点是打破了传统的先用电、后交费的收费模式，是从根本上消除电费欠费的收费模式。

远程支付模式则是一种利用远程通信技术和远程支付技术实现的客户不用到现场即可完成交费的模式，极大地方便了客户交费，同时也避免了交费等待时间长、排长队现象。

这五种收费模式各有其不同的特点，使得当前采用的各种具体收费的方式方法都能够根据其上述特征归入到这五种模式中，且可以唯一的归入到一种模式中。

三、农村用电收费方式

农村用电收费方式是指在某种收费模式下的具体的实施手段。

收费模式是标准的，收费方式则存在区域差异。不同区域或不同条件下，一种收费方式会有不同的实施思路和渠道，又会产生不同的实施效果。以 POS 机收费方式为例，可分为固定 POS 机和移动 POS 机收费两种，各地根据实际管理需要，又分置于供电企业的营业厅、商业网点、村委会等不同地方，也有用于供电企业员工上门收费的。如果根据刷卡内容区分，有些供电企业在 POS 机完成了客户应交电费划转过程，有些供电企业则只通过 POS 机向客户提供当月用电信息，此处 POS 机只发挥着移动数据库的作用。

在研究过程中，对国家电网公司供电区域内的用电收费方式进行总结归纳，在五种农村用电收费模式下划分出 14 种收费方式。为解决各种模式之间的交叉和各种方式混合使用、无法清晰划分的问题，在划分 14 种方式时，坚持了唯一性与相近性原则，即以收费方式的最鲜明特点为划分依据，单独列出或划入相近类模式（方式）。比如柜台收取方式，在供电企业的营业厅交费则应归入传统自收模式，在银行网点收取则应归入银电合作模式。又比如邮政储蓄代收电费，其本质与银电合作模式下的银行代收、代扣没有区别，但因为邮政储蓄的服务网络在一些地区具有其他金融机构无可比拟的农村特点，更适合与供电企业在用电收费项目中的合作，因此也单独作为一种方式列出。

第三节　现行农村用电收费模式及收费方式

根据第二节中划分农村用电收费模式及收费方式的思路，对国家电网公司供电区域内的用电收费模式和收费方式进行了划分。

一、现行农村用电收费模式

我国农村现行用电收费模式主要有五种：传统自收模式、银电合作模式、社会化代收模式、预付电费模式、远程缴费模式。

1. 传统自收模式

传统自收模式是完全依靠供电企业自身的人员力量、收费平台，以窗口坐收、上门走收等方式独自实现电费收取的全过程。传统自收模式是供电企业长期坚持的、目前仍在普遍使用的收费形式。根据"电费收取方式问卷调查结果"显示，有84.79%的农村客户和83%的供电企业员工选择传统收费模式，表明传统收费模式在农村用电收费管理中的主渠道作用和社会公众的接受程度。但是，从社会发展进程和农村电力事业发展趋势分析，传统自收模式必将被更先进实用的收费模式所取代，或因为传统收费方式引入科技手段而被赋予新的内涵。

2. 银电合作模式

委托金融机构代收模式通称银（行）电（力）合作，是除传统自收模式外，应用时间较长、范围较广的另一种收费模式。银电合作模式是指供电企业与银行、邮政储蓄等金融机构签订合作协议，利用其人员、技术和营业网点回收电费，并按协议约定支付手续费。银电合作的背景是农村社会经济进入快速发展阶段后，金融业的蓬勃兴起、营业网点迅速增加，各银行机构为扩大市场份额，希望能借合作之机，争取县供电企业这一优质客户；

县供电企业则由于农村用电形势发生变化，大电量客户不断增加、中小客户数量急剧膨胀，传统自收模式产生了无法回避的新问题，希望借助金融机构的优势和渠道解决这些管理问题。因此，银电合作模式一经提出，迅速为各地县供电企业接受和应用，并由初期的大客户电费代缴代扣向中小客户、特别是城镇居民客户电费的代收业务延伸。但是，当供电企业电费回收时间缩短后，电费在各银行的占用时间相应缩短，各银行对银电合作的积极性降低，特别是对城镇居民电费代收部分的业务产生一定影响，出现了新的管理问题。

银电合作在各地表现形式不同，合作的金融机构涉及工商银行、建设银行、农村信用社和邮政储蓄等多家机构，因区域和地理特点而不同。但主要方式包括：柜台收取（代收和代扣）、网上银行（电话银行、手机钱包）和邮政委托（储蓄代扣和外包）三种。尽管邮政委托方式中的某些合作内容与其他银电合作中的其他方式有相同之处，但因为邮政委托更适合广大农村，特别是边远农村，且具有邮政委托特色的合作内容，所以作为银电合作模式中的一种方式单独列出。

3. 社会化代收模式

社会化代收是指供电企业借助社会化组织或个人的力量回收电费，即供电企业以债权出让的方式，与社会化组织或个人签订代收电费协议，按每份发票一定的金额或按一定比例付给代收方手续费。社会化代收是最近几年出现的收费模式，合作形式千差万别，各地在尝试应用，还没成为县供电企业的收费主渠道。银电合作模式虽然也具有用电收费管理社会化的性质，但因为更具有典型的金融服务特性，因此，社会化代收模式仅指供电企业与非金融机构合作，将电费收缴业务委托外包的基本形式。随着电费社会化代收业务量的扩大，这种收费模式正在趋于规范化，科技手段应用也日趋广泛。社会化代收不受形式、组织、区域等因素的影响，具有很大的发展空间，也存在着较其他收费模式更大的潜在风险，需要更规范的管理办法。

　　根据合作对象的性质，社会化代收模式中的代收单位主要有公用事业单位（营业厅）代收（包括自来水公司、燃气公司、通信公司等）、公用机构代收（包括村委会、居委会、小区物业等）、商业网点代收（包括报刊亭、小卖部、超市、彩票销售点等）。社会化代收模式还包括非金融机构实时联网这种特殊方式。

　　4. 预付电费模式

　　预付电费模式是指客户根据自身用电需要，以某种双方认可的方式提前交纳部分费用的一种模式。预付电费的实质是客户先交钱、后用电，降低了供电企业的经营风险，缓解了经营压力。但是，预付电费模式改变了传统的先用电、后交钱的用电交易结算方式，当供电企业单纯从经营角度考虑要求客户首选这种结算方式时，容易引发社会误解和争议，个别地方也因此产生法律纠纷。相关法律法规的缺失，既无法给予预付费模式的合法保护，也不能保证这种收费模式的规范操作，造成这种收费模式难以普遍应用的尴尬局面。随着预付费电度表技术的突破，用电预付费结算方式逐渐由面向企业向居民客户发展。

　　5. 远程缴费模式

　　远程缴费模式是指供电企业依托电力营销信息系统的高新技术，以现代营销系统为载体，通过银行网络、缴费机或充值卡等设备，回收电费的一种模式。用电交费方式便捷化是供电企业和客户的共同追求，科技进步把追求变为了现实。在借助移动通信充值卡方式的基础上，供电企业也尝试电费充值卡方式，并随着信息技术平台的不断完善，推出了多种新型电费缴缴方式。

　　远程缴费模式具有明显的信息化特征，并在一定程度上改变了用电客户的现金交纳电费习惯。远程缴费模式是信息化社会快速发展的产物，受客户接受程度和技术安全可靠性影响，尚未大范围应用，其交费方式也各有不同，并在不断创新。

二、现行农村用电收费方式

我国农村现行用电收费方式主要有十四种，分别属于上述的五种收费模式，分别是传统自收模式下的上门走收和窗口坐收，银电合作模式下的柜台收取、网上银行和邮政储蓄，社会化代收模式下的公用事业单位（营业厅）代收、公共机构代收、商业网点代收和非金融机构实时联网，预付电费模式下的协议方式和技术方式（预付费电表），远程支付模式下的电费卡、自助缴费系统和 POS 机缴费。

1. 走收

走收是供电企业收费人员带着电费发票，到客户家中收取电费。收费结束后，收费人员将所收电费存入指定银行，并将相关票据整理上交。

2. 坐收

坐收是供电企业所有收费模式中最基础、最成熟的收费方式，通过客户与供电企业员工在固定地点进行一对一的、一手交钱一手给票的形式完成收费全过程。

3. 柜台收费

柜台收费是指银行工作人员在营业窗口为客户办理电费交纳业务。根据电费交纳方式的不同，又可分为银行代收和银行代扣两种方式。

4. 网上银行

网上银行指电费代收业务的电子银行和自助终端等多种实时缴费模式，客户足不出户通过电子银行就可轻松缴纳电费，既方便客户、提高服务效率，又减轻了电力系统和现金缴纳电费的柜面压力。手机钱包是指供电企业与电信企业、银行建立三方联网系统，客户通过发送手机短信的方式进行电费查询、交费等相关业务。电费资金从客户的银行账户或者手机余额中直接支付。电话银行是电子银行的一种服务方式，具有 3 项功能：一是账户管理，为客户提供电费账户及信息查询；二是转账汇款，同账户间转账电费汇款的业务；三是缴费支付，为客户提供网上进行在线支付电费的业务。

5. 邮政委托

邮政委托指供电企业本着客户自主、自愿的原则，根据客户每月用电量的大小，在县城、各乡镇邮政储蓄网点为客户开具活期存折，客户以存款的形式提前存入部分资金，存款金额根据客户每月用电量而定，由储蓄所按照供电所每月提供的电费金额在此账户扣划电费，反映客户每月用电量的电费单据由邮政报送员按时送到客户的手中。邮政委托包括邮政储蓄代扣和邮政外包两种。

6. 公用事业单位（营业厅）代收

公用事业单位（营业厅）代收指供电企业借助公用事业单位的收费网点回收电费，即供电企业与公用事业单位签订代收电费协议，按每份发票一定的金额或按一定比例付给代收方手续费。公用事业单位包括自来水公司、燃气公司、电信公司等。

7. 公共机构代收

公共机构代收指供电企业借助公共机构的力量回收电费，即供电企业与公用事业单位签订代收电费协议，按每份发票一定的金额或按一定比例付给代收方手续费。公共机构包括社区居委会、村委会、小区物业公司等。

8. 商业网点代收

商业网点代收指供电企业借助商业网点的力量回收电费，即供电企业以债权出让的方式，与商业网点签订代收电费协议，按每份发票一定的金额或按一定比例付给代收方手续费。商业网点包括连锁超市、农村小卖部、邮政报刊亭、彩票销售点等多种方式。

9. 非金融机构实时联网

非金融机构实时联网指供电企业与专门开展代收费业务的公司联网合作，借助其力量实时收取电费。这些公司多为民营机构，他们通过搭建代收费技术支持平台，采取交纳一定数额保证金加盟的方式迅速拓展代收费网点，开展一些原本只有银行才可开展的中间业务，如代收手机话费、天然气费、水费等。

10. 协议方式

协议方式是指供电企业与用电客户经双方协商，签订先交费后用电的供用电合同，所形成的一种新型电费缴交方式。

11. 预付费卡表

预付费卡表是指客户根据自身用电情况去银行或邮政储蓄交纳所需电力使用费，然后持缴费回单并携带电表磁卡到相关的供电所及营销部充值，电能表读取所充电量值后客户即可使用。

12. 电费卡

电费卡是供电企业借鉴银行信用卡、移动通信运营商交费充值卡、公交 IC 卡的成功业务模式，结合供电业务特点，面向居民客户及一般中小客户制作发放、用于交纳电费的专用卡。电费卡包括用电客户信息充值卡和电费充值卡。

13. 自助缴费系统

自助缴费系统（自助缴费机）是新兴起的数字终端设备系统，它以计算机为运行平台，可以直接与供电企业内部的数据库相连接。将自助交纳电费、预付费电表卡自助充值、自助历史记录查询、多媒体业务宣传查询、自助打印的功能合为一体，为用电客户提供轻松、方便、快捷、安全、可靠的缴费环境。

14. POS 机缴费

POS 是英文 point of sales 的缩写，意为销售点终端。POS机缴费指销售点终端通过网络与主机系统连接，工作时，将信用卡在 POS 机上刷卡并输入有关业务信息（交易种类、交易金额、密码等），由 POS 机将获得的信息通过网络送给主机进行相应处理后，向 POS 机返回处理结果，从而完成一笔交易。

综上所述，农村现行的用电收费模式与收费方式如表 3 - 1所示。

表 3 - 1　　　　　　现行农村用电收费模式与收费方式一览表

模　式	定　　　义	方　　　式
传统自收	完全依靠供电企业自身的人员力量、收费平台，以窗口坐收、上门走收等方式独自实现电费收取的全过程	（1）上门走收（又包括员工上门走收和移动收费车走收两种情况） （2）窗口坐收（包括营业窗口坐收和集市设点坐收两种情况）
银电合作	供电企业与银行、邮政储蓄等金融机构签订合作协议，利用其人员、技术和营业网点回收电费，并按协议约定支付手续费	（3）柜台收取（包括代收和代扣两种情况） （4）网上银行、电话银行、手机钱包 （5）邮政储蓄（包括储蓄代扣和外包两种情况）
社会化代收（非金融机构）	供电企业借助社会化组织或个人的力量回收电费，即供电企业以债权出让的方式，与社会化组织或个人签订代电费协议，按每份发票一定的金额或按一定比例付给代收方手续费	（6）公用事业单位（营业厅）代收（包括自来水公司、燃气公司、通信公司等） （7）公共机构代收（包括居委会、村委会、小区物业等） （8）商业网点代收（非实时，包括报刊亭、小卖部、超市、彩票销售点） （9）非金融机构实时联网
预付费	客户根据自身用电情况去银行或邮政储蓄交纳所需电力使用费，然后持缴费回单并携带电表磁卡到相关的供电所或营销部充值，电能表读取所充电量值后客户即可使用	（10）协议方式 （11）技术方式（预付费电表）
远程支付电费	供电企业依托电力营销信息系统的高新技术，以现代营销系统为载体，通过银行网络、缴费机或充值卡等设备，回收电费	（12）电费卡（包括电费客户信息充值卡和电费充值卡两种情况） （13）自助缴费系统 （14）POS机（包括固定POS机和移动POS机两种情况）

第四节 收费模式与收费方式设计原则

在第三节中总结了我国当前农村用电收费的五种收费模式，在这五种收费模式下，每种模式又有若干种收费方式在实际应用，大致有十四种收费方式在各地成熟运用，有的是广泛应用，有的是局部应用。

尽管这些收费模式和收费方式在实际应用中发挥了很好地作用，但也存在着一定的不足，需要对其进行改进和完善。当前，农村用电市场日益繁荣，农村用电客户类型增多，农村用电量大幅增长，用电服务要求呈现多元化。同时，农村社会服务体系日臻完善，农村电网科技进步加快，农电管理技术手段日渐丰富。所有这些因素，促进了农村用电收费模式的创新与变革。目前，农村用电收费方式由单一性向多样性发展，收费模式也日趋完善。根据各地经济发展、客户分布和地理特性，在一定区域内形成一种模式为主，多种方式补充的农村用电收费新机制已十分必要。

在对收费模式和收费方式进行改进和完善，以及收费模式和方式的选择时应本着以下原则。

一、可近性原则

可近性是客户选择交费方式的一个最重要的因素，也是客户对供电企业收费方式是否满意的一个重要指标。可近性表明了客户对交费方式的可接近程度，包括物理的和心理的可近性。客户几乎总是选择最便于接近的交费点进行交费。如果，交费点较远或者由于该种交费方式与客户在心理上有一定距离，则会影响客户交费的主观积极性。

根据这些原则，在设计收费模式时，应尽量将收费点选择在离客户较近或心理上较近的位置，这可能在客观上需要增加收费网点，随着客户对信息技术和金融工具了解的加深，一些电子收费或远程收费方式将会被大量采用。

二、易用性原则

易用性反映的是客户在交费时的容易程度。如果客户在交费时需要严格按程序进行、密码难记或输入指令过多等，都会影响到收费模式或方式的易用性。当客户感到操作难度大、程序繁琐，则会对这种收费模式产生畏惧心理或抵触情绪，影响这种收费方式的使用，从而可能会影响到电费回收工作的效果。易用性是可近性原则的延伸结果，是由交费系统本身是否方便使用所决定的。易用性和可近性对于客户的交费行为具有普遍的意义。没有易用性，可近性就失去了效率；没有可近性，易用性就失去了公平，也就没有真正的易用性。可近性与易用性相辅相成，成为供电企业选择收费模式的重要因素。

这一原则要求在设计收费系统时要尽量做到人机界面友好，操作简便。

三、可靠性原则

可靠性是指产品在规定的条件下和规定的时间内，完成规定功能的能力。这里的产品指的是新版 ISO9000 中定义的硬件和流程性材料等有形产品以及软件等无形产品。它可以大到一个系统或设备，也可以小至一个零件。在农村用电收费模式或收费方式中，产品就是某收费模式或收费方式，如各种收费管理系统，也包括人工收费系统。可靠性则是指在该收费模式或方式在规定的条件下和规定的时间内，正确实现客户交费功能的能力。"规定条件"包括使用时的环境条件和工作条件。产品的可靠性和它所处的条件关系极为密切，同一收费方式在不同条件下工作表现出不同的可靠性水平。"规定时间"和可靠性关系也极为密切。可靠性定义中的时间是广义的，除时间外，还可以是里程、次数等。"规定的功能"指的是该收费模式或收费方式规定的正常工作的性能指标。在规定可靠性指标要求时一定要对规定条件、规定时间和规定功能给予详细具体的说明。

收费模式或收费方式的可靠性可分为固有可靠性和使用可靠性。固有可靠性是该模式或方式在设计、制作中赋予的，是一种固有特性，是设计者可以控制的。而使用可靠性则是该收费模式或方式在实际使用过程中表现出的一种性能的保持能力的特性，它除了考虑固有可靠性的影响因素之外，还要考虑其在系统安装、操作使用和维修保障等方面因素的影响。

可靠性还可分为基本可靠性和任务可靠性。基本可靠性是在规定条件下无故障的持续时间或概率，它反映产品对维修人力的要求。因此在评定收费模式或方式的基本可靠性时应统计其所有寿命单位和所有故障，而不局限于发生在任务期间的故障，也不局限于是否危及任务成功的故障。任务可靠性是在规定的任务剖面（在完成规定任务这段时间内所经历的事件和环境的时序描述）内完成规定功能的能力。评定任务可靠性时仅考虑在任务期间发生的影响完成任务的故障。因此要明确任务故障的判据。提高任务可靠性可采用冗余或代替工作模式，不过这将增加产品的复杂性，从而降低基本可靠性。因此设计时要在两者之间进行权衡。

总之，可靠性是在收费模式或方式选择时的又一重要原则，可靠性的高低影响着供电企业能否正确完成收费工作的能力。

四、安全性原则

收费模式的安全性包括以下几个方面：收费人员的人身安全、电费资金安全、电力客户的资金安全。

（1）收费人员的人身安全问题是指在有些收费方式中存在一定的收费人员人身安全问题，如走收方式中存在收费人员的交通安全、由于携带资金可能招致遭劫而产生的人身伤害，以及其他意外伤害等。

（2）电费资金安全，包括资金丢失、收到假币、收费人员截留或携款出逃等。

（3）客户资金安全，指在客户交费过程中出现的客户资金被盗等问题。如营业厅交费中可能出现被盗；在采用网上银行方式时等电子手段时存在的安全威胁即以各种网络诈骗、网络钓鱼等手段引诱客户将网上银行账户信息拱手让给网络犯罪分子。通过木马、恶意插件、后门程序等恶意程序或黑客技术窃取客户账号和密码等信息。这些都有可能造成客户资金的损失。

因此，在设计与选择收费模式与方式时，应确保这些安全问题得到有效的解决。

五、及时性原则

电费的及时回收对于供电企业来说是至关重要的。因此，采用的收费模式与收费方式应能保证电费得到及时回收。

另外，及时性还不仅指供电企业及时收到电费，还包括客户能否及时得到交费信息，客户能够及时完成交费，客户的交费信息能够及时传递到供电企业，传递到用电服务的各个相关部门。

在供电企业的电费管理中制定了一系列收费管理制度，包括交费与催费通知、欠费后的各种规定与制度，客户如不能及时得到交费通知和催费通知，就会延误交费，造成欠费及欠费的停电处理等惩罚措施，而客户是在不知情的情况下受到惩罚，必然会生产各种误会，甚至产生纠纷。客户交费后的信息如不能及时传递到有关部门，则会影响及时恢复供电，同样会产生上述问题。

因此，在选择收费模式与方式时应注意交费信息的及时性是否得到了保证。

六、经济性原则

经济性是指组织经营活动过程中获得一定数量和质量的产品和服务及其他成果时所耗费的资源最少。经济性主要关注的是资源投入和使用过程中成本节约的水平和程度及资源使用的合理性。

不管哪种用电收费模式或收费方式都需要投入一定的资源，

包括人力、物力和财力。其这些资源投入和使用的合理性取决于这些收费模式或方式应用的效果。不同的收费模式通常具有不同的经济性，同一种收费方式在不同的地区、不同的环境下也会呈现出不同的经济性。在选择收费模式或方式时应对其经济性做出正确地评价。

第四章　传统自收模式

传统自收模式是供电企业人员独自完成收费全过程的通俗定义。传统自收模式是县供电企业长期坚持的、目前仍在普遍使用的收费形式。根据"电费收取方式问卷调查结果"显示，有 84.79％的农村客户和 83％的供电企业员工选择传统收费模式，表明传统收费模式在农村用电收费管理中的主渠道作用和社会公众的接受程度。传统自收模式主要由两种方式构成：走收方式和窗口坐收。

第一节　走　收　方　式

一、业务简介

走收是供电企业收费人员携带电费通知单和电费发票，到客户家中收取电费，收费结束后，收费人员将所收电费存入指定银行，并将相关票据整理上交的收费方式。在多数情况下，收费人员根据区域分工，借助自行车、摩托车等交通工具，一个人完成若干户的收费任务。近年来，也有供电企业增添了移动收费车，到各村定时收费，也是走收的一种形式。走收是供电企业最早采用的一种收费方式，时间跨度大，应用范围广，已在用电客户中形成不易改变的印象。在农村用电量不断增长的新形势下，各地还存在的上门走收方式，主要是针对边远农村用电量小、居住分散的中小客户，特别是农村社会中的弱势群体。走收也是供电企业解决农村一些没有主动交费意识的居民用电户的一种上门催交电费的形式。

二、应用分析

（一）走收的优缺点

走收虽然是最原始的电费收取方式，也是当前农村用电收费的主要方式之一，具有很多优点。但在新形势下表现出了许多不适应的地方，特别是与管理体制、管理方式的不适应，即使作为特色服务内容而存在，也需要不断改进，满足供电企业加强管理和为客户提供优势服务的需要。

1. 走收的优点

（1）走收直接与客户打交道，便于与客户交流现行电费收取过程中存在哪些优点和不足，通过与客户的交流分析出一些客户在电费收取迟交可能的原因，属于供电部门收费方面的能及时作出修补改进，如果属于客户本身的要怎样进一步做好客户的用电收费的宣传，并对于客户在交费中存在的误区和盲点做好解释工作，服务和收费可以同时进行，能实现定期与客户的交流沟通，及时了解客户用电需求，供电企业能掌握电费收缴时间进度，能保证服务水平。

近年来，供电企业出于优质服务工作的需要，将一些行动不便的客户列入特殊服务对象，特别是方便了一些特殊客户群体，如农村行动不便的老人及白天在外干活的农户。能对那些弱势群体提供特色服务，履行社会责任，树立了供电企业良好的社会形象，得到社会各界的广泛赞扬。

（2）各项收费环节都在供电企业的管理下开展，实现了收费流程的可控在控，可有效推进精益化管理；能得到社会大众的高度认可，得到中小客户、特别是用电量很小的农村居民客户的高度认可。

2. 走收的缺点

（1）走收作为最传统的一种收费办法，这种收费办法的缺陷在于收费工作效率低，电费工作人员直接接触现金，如果管理不严格，容易发生挪用电费和账目不清的情况，走收电费的前提是需要先打印出电费发票，如果上门找不到客户或客户缴不上电费，那么供电企业则蒙受损失；一般此类特殊客户多数用电量较小，供电企业投入如此大的人力、资源和时间成本，投入和收益不匹配。

（2）供电企业需要投入大量的资源，成本较高，在电量小、客户少的边远地区更为突出；有时去一趟并不能解决问题，多次上门才能足额收回电费的情况并不少见，增加了收费人员的劳动强度，也增加了企业成本；收费过程中潜在着许多风险，只能由供电企业承担，缺少"防火墙"；收费人员素质不高时，直接影响到供电企业的服务水平和社会形象。

（3）部分客户交费意识淡薄，导致电费回收率低。部分用电客户对电力企业实行被动的走收电费模式存在模糊的思想认识，没有形成自觉、按时交费的良好思想认识。有时客户不在家，工作人员要反复、多次跑路催收；有时碰到"钉子户"无理纠缠，拒不交费。加之责任区电工实行了异地交叉抄表、收费，人地两生，收费困难较大，甚至出现因收费而被打的现象。这样，一则大大增加了工作量，增强了劳动负荷；二则导致工作效率低下；三则助长了部分客户的错误交费思想，心情不好了不愿交费，让责任区电工跑上三五次，供电所还不敢轻易停电。一个责任区电工管理几百户左右，在有限的三五天收费期限内，难以100%回收电费。随着电力企业对电费回收考核力度的进一步加大，责任区电工自己垫资现象较为普遍，供电所挪用其他费用上解电费现象也时有发生，导致形成隐性欠费，进而致使电力企业不能更好地及时掌握客户特别是一些乡镇企业、个体企业等的实际交费情况，一旦企业倒闭或濒临破产，人去楼空，最终使隐性欠费变成呆账、死账，责任区电工也只好一走了之。

（4）个别责任区电工思想素质差，携款潜逃现象已日渐增多。近年来，因携带当月电费不辞而别的责任区电工已不下数人，截留、挪用电费的现象也时有发生。上述人员，有的虽然承认他的所作所为，但暂时无力偿还；有的外出，杳无音信，家属也无能为力。

（5）存在一定的安全风险。较大的责任区平均每天要收几万元，小一些的责任区每天少则也有几千元。特别是一些偏远地区，责任区电工单人走收电费，常年行走在乡间小路，遭劫或遗失也成为可能。

（6）收费人员的人身安全问题，包括交通安全、防外伤、防劫财等。资金安全问题，包括假币、丢失、截留等。与客户的纠纷问题，包括欠费、冲突等。

（二）走收应注意的问题

（1）收费人员应穿着整洁的标志服，佩带胸章；到达客户现场后，核对客户的户名、地址，进屋时先招呼一声"收电费"，并告知电费金额。点算金额时，注意票面是否完整；对有拼接的票面，查看拼接是否符合规定，票面是否符合印版版样，防止颜色相仿而小额充大额（此条亦适用于坐收电费时注意事项）。零票及硬币应在收费包内分别存放，纸币和支票应略分面值用票夹夹放，不能与电费收据混杂。

（2）收费包应随身携带，不得托他人照看或背、带。如果客户当日确实无钱付费，应将电费金额、缴款期限、缴款地点告诉客户，并整理好收据带回。必须注意当天留有一定时间返回县农电局（或营业点）整理和自核当日所收回的电费，及时入行，严禁将所收取的电费带回家中过夜。

（3）当日对外收费工作结束后，应及时整理当天收费情况，核对应收、实收、末收，发现当日收回金额与收费存根不符，或已收电费、应收未收电费与当日交收任务数不符时，应及时分区（段）清点收据及已收存根，分析、清查其他差错原因，并将情况向有关领导汇报。当日收取的各项费用（现金、支票），需当日填写交款单，一并送交银行上账（注意取得银行进账凭证）；当日确实无法入行的现金必须存入保险柜内，并必须在第二天入行。各项费用收据、存根、凭证、回单结算清楚后，填写当日实收电费日报表、滞纳金收入明细表和各种杂项业务费收入明细表整理各种票、据、单、表，送交审核人员，同时在票据领发明细表，注销并办理第二天应领的收费票据。

（4）加强素质培训，规范收费行为。严格管理制度，做到电费月清月结。配备必要的工器具，防范收费危险点。健全考核体系，提高收费人员的责任意识。

（5）加大依法交费的宣传力度。各供电所进一步采用办板报、喷刷标语、悬挂横幅、印发宣传单、电视广播宣传等多种形式，开展"用电是权利，交费是义务"的宣传活动，并将之经常化、制度化。同时，在给用电客户发放的《安全用电手册》上，也加入自觉交纳电费的内容，全方位、多角度地给客户灌输自觉交费的思想意识。

（6）针对不同的用电客户，实施多元化收费方式。例如，与客户签订电费收缴协议，明确交费时间、交费方式和违约责任，用合同约束和督促客户自觉按时交纳电费；试行预购电制度。

（7）实行经营风险抵押金制。按照所承担责任的大小，相关责任人年初分别交纳风险抵押金。

三、管理规范

（一）岗位设置

（1）抄表班长：主要负责组织日常抄表工作。

（2）抄表员：主要负责责任范围内的抄表工作。

（3）收费员：主要负责走收电费、违约金及相关收费报表上报；负责保管票据、凭证等单据和印鉴。

（4）电费审核员：主要负责责任范围内客户电量、电费计算的准确性；负责责任范围内客户计费信息、日报数据的准确性；负责责任范围内电费回收情况的统计和考核。

（5）电费结算员：主要负责审核收费员转来的实收原始凭证、电费收据存根和银行回单；负责审核电费应收凭证的真实性、准确性；有权对收费员的收费情况、票据使用情况进行检查。

（6）资料管理员：主要负责相关资料、台账的收集、整理、归档、借阅管理等工作；负责相关资料、台账的安全和保密工作。

（7）县供电企业电费会计：主要负责电费账务管理工作；负

责填制并上报有关电费账务管理的相关报表；负责保管各种收费
票据、银行印鉴，并对保管资料的安全性和真实性负责。

（二）业务流程

1. 走收电费业务流程图

走收电费业务流程图如图 4-1 所示。

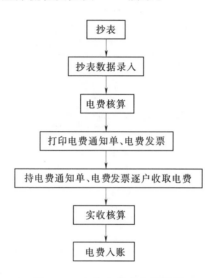

图 4-1 走收电费业务流程图

2. 流程管理要求

（1）抄表。

1）业务内容。

①按抄表日程抄录客户电能计量装置数据信息。

②核对客户用电设备装接容量及用电性质，对客户电能计量
装置、负荷管理终端等进行常规检查，及时报告异常情况。

③对电量电费进行初审。

④宣传电力法律、法规、政策及安全用电常识，解答用电业
务咨询。

2）抄表日程编制与管理。

①抄表日程一经排定，不得随意变更。

②抄表日程变更实行分级审批。

③抄表日程编排应方便分线路、分台区考核线损。

3）业务流程图。

①业务流程图见图 4-2 所示。

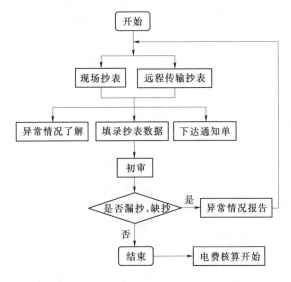

图 4-2　抄表业务流程图

②流程管理要求。

a. 抄表人员现场抄表时，应按抄表日程到位准确抄表，不漏抄、不估抄、不错抄、不代抄。

b. 抄表人员现场应仔细核对表箱号、表号、互感器倍率等相关信息。特别对新装、增容、变更等客户的第一次抄表，更应认真核对。

c. 电能计量装置常规检查。

（a）是否存在失压、失流现象。

（b）分时表的时间、时段、自检信息是否正确。

（c）转盘转动、封印等外观检查。

d. 异常情况了解。

（a）抄表时，如发现有表无卡，应先抄录电能表信息，再查明原因并及时处理。

（b）非客户原因造成的电能计量装置异常，应检查分析原因，做好记录，请客户签字认可后，与客户协商当月暂计电量。

（c）发现客户违约用电或有窃电嫌疑时，应做好记录，请客户签字认可，必要时通知用电检查人员现场处理。

（d）发现客户用电性质、用电结构、受电容量等发生变化时，应详细记录，请客户签字认可后，通知其办理有关手续。

e. 对居民客户和部分低压照明客户，抄表人员应于抄表后送达电费通知单，标明抄见止码、电量、金额和交费期限；另外，抄表人员根据工作需要向客户递送催费通知单、停（限）电通知单等。

f. 异常情况书面报告。

（a）整理现场记录，根据异常情况，分别出具业务工作单。

（b）用电量为零的客户，应查明原因；对连续六个月电量为零且原因不明的，应开具业务工作单。

4）注意事项。

①现场抄表时，应注意工作方式方法，维护供电企业形象。

②现场抄表时必须采取安全措施，严禁违章作业。

③抄表时应遵守客户有关安全保卫制度。

（2）电费核算。

1）业务内容。

①对用电异动信息（动态）进行变更。

②按抄表日程准备抄表工本或将系统数据传送到抄表机。

③对电量电费进行计算并审核。

④对窃电、违约用电，电能计量装置故障等退补电量电费业务进行计算审核。

⑤打印计费清单、应收电费日报表、应收电费汇总等报表并存档。

⑥更换、保管、发放、回收、抄表卡和抄表器。

2) 业务流程图。

①业务流程图如图 4－3 所示。

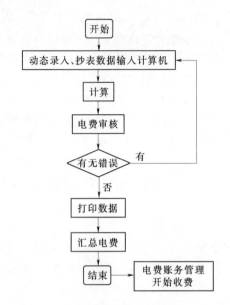

图 4－3　电费核算业务流程图

②流程管理要求。

a. 用电异动信息（动态）录入。按时接收新装、增容、表计轮换等各类变更用电业务工作单，审核是否按权限审批，无误后录入相关信息。

（a）对新装客户计费信息进行审核，并打印抄表卡片。根据用电申请、业务工作单等资料，及时、准确建立电费抄收信息。

（b）对电量电费计算涉及的原始参数异动，如更换电能表、互感器、容量、电价变化等，应在抄表卡片上将原内容用红笔划双横线，再在该栏目的下一行中标明新的内容。

（c）异动信息（动态）记录，应在抄表卡片和原业务工作单上标明录入动态时间、传单编号并签名。

b. 电量电费计算。

（a）抄表信息上传结束并确认后，电费审核员应及时进行电量电费计算。

（b）打印《缺抄客户清单》，交抄表员补抄，并在补抄数据录入后对补抄户进行计算。

（c）对另账电量电费进行计算（另账，是指按正常抄表日程抄表计费外的电费账务的处理）。另账类别有增账、减账、补费、退款、余度、临时用电、违约补费等。

c. 电量电费审核。

（a）审核动态是否正确，动态涉及的计费参数（电价类别和标准、倍率、功率因数标准等）和电量电费处理方式（新旧表相加、分日记、退电量、补电量等）是否正确。

（b）对电量电费突增突减分析原因，请抄表员对抄表读数进行确认。

3）注意事项。

①电费提交前，应确保审核无误。审核提交后的电量电费差错，按相关规定认真处理。

②分时电能表显示有本月的抄见电量和上月的抄见电量，特别要重视该类电能表突增突减电量的审核。

③退补电量电费业务工作单的内容应尽量填写详细，便于以后查询。在退补电量中，该环节会计算出对应的退补电费，审核人员应对退补电费进行认真审核。

④对已经形成的电量电费要及时统计，审核计费清单、日报、应收电费汇总凭证，防止清单与日报不相符。

⑤归档时，必须确认归档月的应收数据已经全部产生，并且统计的应收电费月报无误，否则不允许归档数据。

（3）收费。

1）业务内容。

①收取电费、违约金。

②保管票据、凭证等单据和印鉴。

③统计及上报相关收费报表。

④为客户提供电费、电价咨询。

2）业务流程图。

①收费业务流程图如图4-4所示。

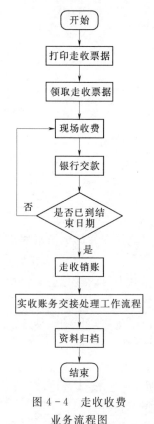

图4-4　走收收费
　　　　业务流程图

②流程管理要求。

a. 打印走收票据。

（a）按催费段（台区、抄表段）等方式打印《走收人员应收费清单》和电费发票。同时进行电费锁定。

（b）发票打印的同时应对电费（包括违约金）进行锁定，记录发票打印时间和打印人员。

（c）开展走收的单位，应事先确定每个走收人员负责上门收取电费的客户清单。

（d）必须由专门人员打印各收费人员的应收费清单和用于走收的电费发票，不允许收费人员自己打印。

（e）增值税客户违约金发票等单独打印。

b. 领取走收票据。收费人员领取已打印好的应收费清单和电费发票，核对领取的发票和应收费清单是否相符。

c. 现场收费。

（a）收费人员现场收费，对客户交付的现金、支票等应当面进行清点，注意支票上的日期、用途、大小写金额是否正确，印鉴是否清晰齐全。做好现场收费登记，记录客户名称、收费金额、种类（现金、支票）、收取时间、发票号等，请客户确认签字。

（b）对逾期交纳电费的客户应收取电费违约金。

（c）当客户逾期不能交纳电费时，收费员应现场填写催费通知单并请客户在回执上签字。

d. 银行交款。

（a）收费员核对所收现金是否与已收费发票的存根联金额一致，不一致应查找原因。核对正确后，填写解款单，并将现金当日存入银行指定账户。

（b）解款后，应在收费清单上注明所解款电费的解款日期。

（c）收取的电费资金应及时全额存入银行账户，不得存放他处，严禁挪用电费资金。

e. 走收销账。

（a）收费人员在预定的返回日期内应及时将现金银行缴款回单、已收费发票存根、未收费发票等凭据交接，及时进行销账处理。

（b）对收费不成功客户重新走收，如果电费违约金发生变化，将原发票作废并保存发票作废信息，重新打印电费发票进行走收；如果电费违约金无变化，可以使用原来的电费发票再次进行走收。

3）注意事项。

a. 收费人员携带电费通知单、电费发票逐户收取电费。应认真核对客户信息、缴费金额、缴费类别，杜绝出现收费错误，针对不同的收费方式在营销管理信息系统中销账。

b. 用电客户超过规定日期未能缴费者，按每日 3‰ 收取违约金，照明户不足 0.5 元按 0.5 元收取，动力户不足 1 元按 1 元收取。针对多次上门走收仍形成跨月欠费的客户，按规定进行停电处理，避免欠费累积。

c. 点算金额时，注意票面是否完整；对有拼接的票面，查看拼接是否符合规定，票面是否符合印版版样，防止颜色相仿而小额充大额。零票及硬币应在收费包内分别存放，纸币和支票应略分面值用票夹夹放，不能与电费收据混杂。

d. 收费人员应注意人身安全问题，包括交通安全、防外伤、防劫财等。

e. 收费当天应留有一定时间返回，以便及时对现金和支票进行清点，无误后填制缴款单。现金、支票必须当日全额进账，不得存放它处。对票据应审核其有效性，及时发现假票、错票等。

f. 严禁无票据或"白条"收费。

g. 客户遗失电费发票需要取得证明者，应由客户提出书面函，经查证后，可由电费会计出具有关证明，但不得补开电费发票。

h. 必须建立完整的电费应收、实收、未收（欠收）"三收"账。

（三）质量考核

1. 抄表质量考核

（1）抄表日程执行情况。

（2）照明客户抄表率≥98%，动力客户抄表率为100%，抄表差错率≤2‰。

（3）抄表卡片填写质量。

（4）异常情况是否及时书面报告。

（5）电费回收率。

（6）责任范围内线损情况。

（7）抄表工作中发生的营业工作责任事故与差错，应依照相关规定认定与处理。

2. 电量电费审核的质量考核

（1）是否按抄表日程下装抄表信息。

（2）电量电费审核是否准确。

（3）用电异动信息（动态）录入是否及时准确。

（4）各类报表是否准确及时。

3. 收费质量考核

（1）电费发票使用作废率小于2‰。

（2）电费走收正确率100%。

（3）电费走收账务处理正确率100％。

（4）电费回收率完成计划指标。

（5）走收电费日清月结。

（6）服务投诉率小于等于1‰。

（四）资料管理

1. 资料管理内容

（1）对日常经营活动中形成的各种资料进行整理归档。

（2）对客户用电变更所形成的资料及时归档。

（3）对供电营业所每月的计费清单、抄表日报、应收电费汇总凭证等表进行整理、装订、归档。

（4）对客户资料袋进行管理。

（5）对各类资料的领用、查阅进行管理。

2. 资料管理流程图

（1）资料管理流程图如图4－5所示。

（2）流程管理要求。

1）供电营业所对每月形成的计费清单、抄表日报，应收电费汇总凭证等报表整理装订。

2）在客户资料目录中，逐项顺序记录业务工作单编号及简要内容。

3）对各类业务工作单、报表等资料领用，建立领出、归还台账，记录清楚齐全。

4）及时收回外借资料并归档。

3. 注意事项

（1）各类业务工作单要及时归档，避免错误归类。

（2）保持各类资料的完整性，避免遗失。

（3）保证资料安全性与必要的保密性。

4. 质量考核

（1）资料是否及时归档。

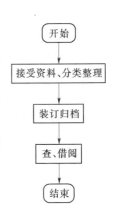

图4－5　资料管理业务流程图

（2）资料发放、回收记录是否齐全。

（3）资料存放是否分类分月。

（4）资料保管是否完好、保密。

（5）资料查阅及时准确。

5. 资料目录

（1）抄表。

1）工作单：业务工作单。

2）报表：电能表实抄率报表、抄表差错率报表、营业责任事故报表、目标管理快报、应收电费日报表、抄表日程执行情况考核表、线损报表。

3）台账：抄表器（本）领用、归还登记台账、计量箱要是领用、归还登记台账。

4）其他资料：营业责任事故与差错记录、电费（临时）通知单、催费通知单、停（限）电通知单。

（2）电量电费核算。

1）工作单：缺抄工作单、退补电量电费工作单。

2）报表：营业差错报表、抄收日报表、电费增减张报表、应收电费汇总凭证、大客户月报表、大客户用电情况报表、大中客户用电情况分析、峰谷电价实行情况分析、实际分时电价客户汇总分析表、峰谷分时按电价汇总分析表、售电情况统计、应收电费汇总年报表。

3）台账：计费清单、差错记录清单、异动（另账）电费清单、违约用电清单、各类代收款统计清单（分明细）。

（3）收费。

1）报表：电费实收明细表、实收报表。

2）台账：欠费清单及台账。

四、工作规范

1. 抄表班长工作规范

（1）岗位职责。

（2）工作权限。

（3）组织结构图。

（4）岗位技能。

（5）工作内容及要求。

（6）与其他岗位的配合工作。

（7）检查与考核。

见附录一。

2. 抄表员工作规范

（1）岗位职责。

（2）工作权限。

（3）组织结构图。

（4）岗位技能。

（5）工作内容及要求。

（6）检查与考核。

见附录二。

3. 收费员工作规范

（1）岗位职责。

（2）工作权限。

（3）组织结构图。

（4）岗位技能。

（5）工作内容及要求。

（6）与其他岗位的配合工作。

（7）检查与考核。

见附录三。

4. 电费审核员工作标准

（1）岗位职责。

（2）工作权限。

（3）组织结构图。

（4）岗位技能。

（5）工作内容及要求。

（6）与其他岗位的配合工作。

（7）检查与考核。

见附录四。

5. 电费结算员工作标准

（1）岗位职责。

（2）工作权限。

（3）组织结构图。

（4）岗位技能。

（5）工作内容及要求。

（6）与其他岗位的配合工作。

（7）检查与考核。

见附录五。

6. 资料管理员工作规范

（1）岗位职责。

（2）工作权限。

（3）组织结构图。

（4）岗位技能。

（5）工作内容及要求。

（6）与其他岗位的配合工作。

（7）检查与考核。

见附录六。

7. 县供电企业电费会计工作规范

（1）岗位职责。

（2）工作权限。

（3）组织结构图。

（4）岗位技能。

（5）工作内容及要求。

（6）与其他岗位的配合工作。

（7）检查与考核。

见附录七。

五、制度规范

1. 抄表、核算制度规范

（1）严格执行国家的电价政策，不得违反国家规定在电价外加收或代收任何费用，不得减免国家规定加收的基金和加价，做到应收必收，收必合理。

（2）农村电力营销实行"五统一"（统一电价、统一发票、统一抄表、统一核算、统一考核），"四到户"（销售到户、抄表到户、收费到户、服务到户），"三公开"（电量公开、电价公开、电费公开）和农村用电一户一表，增强电费电价的透明度。

（3）建立定期抄表制度，要按规定的日期和周期对电能表进行实抄，推广现代化手段，提高抄、核、收的工作效率和工作质量，电能计量表实抄率要达到100%。

（4）加强电量、电费、电价的内部核算，使用县级供电企业统一的抄表卡、电费台账，确保电量、电价、电费正确无误。积极推广应用计算机核算。

2. 电能计量制度规范

（1）县供电企业要加强计量管理，供电所应设立专（兼）职计量管理员，负责计量装置的日常管理工作。

（2）对客户电能表要实行统一管理，建立电能表台账，统一按周期修校轮换，提高电能表计量的准确性。有条件的县供电企业可依法在供电所设校表点，方便客户。

（3）要结合农网改造将客户电能表逐步更换为新型电能表（或长寿电能表），在有条件的地方，可适当采用集抄电能表系统。

（4）加强计量装置的配置管理，根据客户的报装容量、负荷性质和负荷变化情况，科学地配置计量装置，以提高计量准确性。农村低压客户计量装置方案由供电所确定，高压客户的计量装置由供电所提出初步配置方案，报县供电企业批准后执行。

（5）抄表人员在抄表时应同时检查计量装置运行状况，计量管理人员应定期对计量装置进行检查，发现问题按有关规定及时处理。

3. 收费制度规范

（1）电费回收率应达到 100%。

（2）加强电费的票据管理，所有电费票据由县及县以上的供电企业统一印刷，并严格领用和使用程序，电费票据应反映出电能表起止码、电量、电价和各种电费等内容，全面推行计算机开票到户。

（3）各县供电企业要加强对供电所电价、电费的管理，定期开展专项检查，发现问题及时解决，要加强内部考核，严格控制电费电价差错率。

（4）收费人员应穿着整洁的标志服，佩带胸章；到达客户现场后，核对客户的户名、地址，进屋时先招呼一声"收电费"，并告知电费金额。

（5）收费人员点算金额时，注意票面是否完整；对有拼接的票面，查看拼接是否符合规定，票面是否符合印版版样，防止颜色相仿而小额充大额。零票及硬币应在收费包内分别存放，纸币和支票应略分面值用票夹夹放，不能与电费收据混杂。

（6）收费人员的收费包应随身携带，不得托他人照看或背、带。如果客户当日确实无钱付费，应将电费金额、缴款期限、缴款地点告诉客户，并整理好收据带回。

（7）收费人员收费当天应留有一定时间返回县供电公司（或营业点）整理和自核当日所收回的电费，及时入行，严禁将所收取的电费带回家中过夜。

（8）当日对外收费工作结束后，应及时整理当天收费情况，核对应收、实收、末收，发现当日收回金额与收费存根不符，或已收电费、应收未收电费与当日交收任务数不符时，应及时分区（段）清点收据及已收存根，分析、清查其他差错原因，并将情况向有关领导汇报。

（9）当日收取之各项费用（现金、支票），需当日填写交款单，一并送交银行上账（注意取得银行进帐凭证）；当日确实无法入行的现金必须存入保险柜内，并必须在第二天入行。

（10）各项费用收据、存根、凭证、回单结算清楚后，填写当日实收电费日报表、滞纳金收入明细表和各种杂项业务费收入明细表整理各种票、据、单、表，送交审核人员，同时在票据领发明细表，注销并办理第二天应领的收费票据。

（11）加强素质培训，规范收费行为。严格管理制度，做到电费月清月结。配备必要的工器具，防范收费危险点。健全考核体系，提高收费人员的责任意识。

（12）加大依法交费的宣传力度。各供电所进一步采用办板报、喷刷标语、悬挂横幅、印发宣传单、电视广播宣传等多种形式，开展"用电是权利，交费是义务"的宣传活动，并将之经常化、制度化。同时，在给用电客户发放的《安全用电手册》上，也加入自觉交纳电费的内容，全方位、多角度地给客户灌输自觉交费的思想意识。

（13）实行经营风险抵押金制度。

（14）催收电费。

1）每月算费结束后营业厅及时张贴当月所有客户电费公布单，责任员工上门送达客户当月电费通知单，客户接通知单后到营业厅集中交费。对交费不积极和孤寡老人等不能按时交费的客户，由责任员工以上门走收的方式催收电费，走收应发扬"三千精神"，确保电费及时、足额回收。

2）超过当月 20 日未能交费的按每日 3‰ 收取滞纳金，照明户不足 0.5 元按 0.5 元收取，动力户不足 1 元按 1 元收取。针对多次上门走收仍形成跨月欠费的客户，按规定进行停电处理，避免欠费累积。

3）催费人员要树立法制观念，严格执行停送电审批制度，确需停电，按照停送电制度办理批准手续，不得私自停电。

4）严格电费催收程序即：下达书面催收通知书，并规定时间，经归口管理部门签字，主管局长批准后，下达停电通知书，严格按规定执行时间，并通知客户。

5）对客户未按时交清电费的，应根据《供电营业规则》第98条承担电费违约责任。

6）收费人员严格按财经制度办理电费账务。回收电费的现金、支票、汇票等，收费人员必须当日送银行进账，现金不得在办公室或收费人员家中存放过夜，不准挪作他用。收费人员在结账时发现多款、少款、假钞时，必须立即查明原因并向供电所所长汇报，对多款应及时办理退还手续，暂时无法查找对象的先可入账，等年终时一次性处理。对少款或假钞由收费人员负责，对数量较大的少款应查明原因。

第二节　坐收方式

一、业务简介

坐收方式是供电企业所有收费模式中最基础、最成熟的收费方式，通过客户与供电企业员工在固定地点进行一对一的、一手交钱一手给票的形式完成收费全过程。根据坐收地点的不同，坐收又分为供电企业营业窗口坐收和供电企业于一定时间内在集市或村委会等地设点坐收两种情况，适用于居民、中小型企（事）业单位等客户的电费收取，尤其适用于人员居住集中、交通方便的平原地带，既便于企业的规范化管理，收费效果也很好。

二、应用分析

（一）坐收方式的优缺点

坐收作为一种传统收费方式，有其不可替代的优点。但随着社会经济的发展，其固有的弊端也越显突出，需要供电企业随着外部环境的变化而进行相应的调整。

1. 坐收的优点

（1）交费定点、定时、直观，在柜面进行一对一的、一手交钱一手给票的交易，客户有疑问可以当面询问，顺应了广大客户的传统观念；还可以作为向客户宣传电价政策、安全用电常识的理想场所，有利于供电企业加强对服务质量的监管，提升供电企业品牌形象；在收取用户电费的同时还可以接受用户的投诉、举报、咨询、建议和电力故障报修等。

（2）坐收电费时，工作人员具有较高的业务水平，服务流程规范，客户对供电营业厅的服务非常信任，公开了电价、电量、电费，公开了收费程序以及村干部、农电工的家庭用电信息，增加了电价透明度，使群众对各自用电情况心中有数，用上了明白电、放心电。供电营业厅在办理业务的同时还开展用电业务、用电知识宣传，提供多种方式的用户用电情况查询，用户在缴纳电费的同时可以获得增值服务。

（3）实现了约时定点集中收费，改变了走收方式存在的劳动效率低下、工作强度高、电费回收周期长、乱摊派等种种弊端，初步实现了电价、电费综合管理程序化、制度化、规范化。

（4）坐收电费使农电工的收费时间大为减少，使他们有更多的精力投入到线路设备维护消缺、供电所标准化建设和业务学习当中；进一步理顺了客户与供电所、供电所与县供电企业两级电费回收管理体系。

营业点窗口坐收的办法是最基本的收费办法。为进一步提高优质服务，方便客户缴费，很多供电企业对营业时间等做了调整。

2. 坐收的缺点

（1）由于绝大多数客户的电费结算周期是按月进行的，而且收费时段固定，这就容易造成收费高峰期间，营业厅人满为患，有时甚至排队到大门以外，排队时间过长，极易引发客户不满情绪。

（2）客户每月定期要到交费点交费，上班时间与交费时间的冲突、路途太远、忘记交费时间等问题给客户带来一定程度的不便。

（3）在收费时段，供电企业收费点每日会积累数额较大的现金，在城市，可以借助银行机构的收款车收款，但这需要支出一部分费用，而且收款以后不便收费了。

（4）部分供电企业对专变大客户和居民客户"一视同仁"，未能体现服务的差异化。

（5）供电营业厅投资巨大，营业厅内各种业务之间并不均衡，供电企业没有能力也没有必要投入大量的资金建设众多的营业厅；供电窗口难以实现 7×24 小时电费回收工作，客户必须花费时间和精力前往营业厅才能交纳电费。

（6）只要涉及现金收费，必然要找零，由此带来单笔业务耗时过长、备用零钱不足等问题，经常引发客户不满情绪，甚至出现纠纷。在农村，收费员一般是在下班前将现金送存银行，但在银行机构网点不足的边远地区，收费员就不得不暂时保管现金，无论是送存还是保管现金，都给收费人员、电费资金带来很大的安全隐患。近年来，一些供电企业出于优质服务需要，普遍采用开放式柜台收费，开放式柜台容易逾越，而营业厅收费员基本都是女性，防盗力量薄弱，存在着一定的安全隐患。

（7）供电所、营业厅数量有限，大多数用电用户距离较远，交纳电费非常麻烦；用户到营业厅、供电所交纳电费，在工作时间上有一定的限制；由于收费时间比较集中，用户经常需要在营业厅排很长的队；用户经常会错过收费期限，导致欠费停电或者需交纳滞纳金。可能交费期间营业厅人满为患，员工劳动强度极大，劳动效率低，导致用户满意度很差。

（二）坐收应注意的问题

（1）根据客户量的多少和区域分布合理设置供电营业窗口，进一步加快"示范窗口"建设。

（2）逐步整合营业厅服务人员的业务，将专业人员收费逐步改为其他报装、咨询人员均可收费，以缓解交费高峰时段客户排长队的状况。

（3）根据客户的交费习惯，调整窗口营业时间。

（4）为解决收费人员和电费资金安全问题，县供电企业可与护卫公司签订合同，收费期间护卫公司派押款车定时、定点执行电费押运任务。

（5）尽快采取人防、物防、技防措施，为营业厅加装"安全网"。

（6）设立 VIP 大客户室；加强人员管理，在收费员的使用上要把好用人关，将思想品质好、责任心强的员工选择到收费员岗位上。

（7）要求收费员要具备相应的业务技能，不但能熟练操作计算机，还要具备辨识真、假币的能力。

（8）配置验钞机等必要的物品和相关设施，提高收费效率。

（9）强化内部管理监督，每日收费结束后，收费员要盘点各自打票和所收现金是否相符，供电所会计（核算员）也要及时和收费员对账、冲账，确保账实相符。

三、管理规范

（一）岗位设置

（1）抄表班长：主要负责组织日常抄表工作。

（2）抄表员：主要负责责任范围内的抄表工作。

（3）收费员：主要负责收取电费、违约金及相关收费报表上报；负责保管票据、凭证等单据和印鉴。

（4）电费审核员：主要负责责任范围内客户电量、电费计算的准确性；负责责任范围内客户计费信息、日报数据的准确性；负责责任范围内电费回收情况的统计和考核。

（5）电费结算员：主要负责审核收费员转来的实收原始凭证、电费收据存根和银行回单；负责审核电费应收凭证的真实性、准确性；有权对收费员的收费情况、票据使用情况进行检查。

（6）资料管理员：主要负责相关资料、台账的收集、整理、归档、借阅管理等工作；负责相关资料、台账的安全和保密工作。

（7）县供电企业电费会计：主要负责电费账务管理工作；负责填制并上报有关电费账务管理的相关报表；负责保管各种收费票据、银行印鉴，并对保管资料的安全性和真实性负责。

（二）业务流程

1. 坐收业务流程

坐收业务流程图如图 4-6 所示。

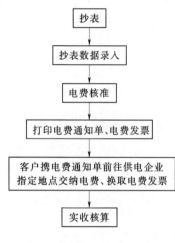

图 4-6 坐收业务流程图

2. 流程管理要求

（1）抄表：同走收方式。

（2）电费核算：同走收方式。

（3）收费。

1）业务内容。

①收取电费、违约金、预售电费，并打印电费票据。

②保管票据、凭证等单据和印鉴。

③统计及上报相关收费报表。

④为客户提供电费、电价咨询。

2）业务流程图。

①收费业务流程图如图 4-7 所示。

②流程管理要求。

a. 受理客户缴费申请。

（a）收费员根据客户缴费编号查询客户应缴电费、违约金或预收客户电费，并告知客户编号、名称和金额等相关信息。

（b）对于处在代扣等方式在途状态的应收电费，收费员应询问客户是否继续收费，并告知客户如果继续收费，可能会导致代扣重复收费，将把多收的电费记为预收。

b. 票据核查及费用收取。

（a）收费员对客户现金缴费的，应唱收唱付，并当面检验现金的真伪。

（b）收费员对客户采用支票缴费的，应核对支票的收款人、付款人的全称、开户银行、账号、金额等是否准确，印鉴是否齐全、清晰。一张支票可能对应多笔电费，处理时应将多笔电费与支票建立关联关系。

（c）客户采用现金缴款回单、转账支票或银行进账单回单等方式缴费时，如金额大于客户应交电费（含违约金）的金额，一般情况作预收电费处理。如客户要求退款时，应在确认资金已到账的情况，按《退费管理业务流程》处理。

（d）在收取电费时，首先确保不发生当期欠费，然后按发生欠费的先后时间排序，先追缴早期的欠费，最大限度减少发生三年以上账龄欠费的风险。

（e）客户对一笔应收电费既使用支票又使用现金支付时，应按两次部分缴费方式分别处理。

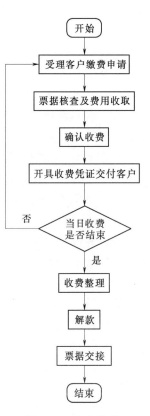

图4-7　坐收收费业务流程图

（f）客户缴费时，可按违约金、目录电度电费及基本电费、代征电费等项目的顺序进行销账，也可以按各电费项目占该笔总电费的比例进行分摊销账。

（g）客户采用物电互抵的方式缴费时，应在相关协议、手续完善后，使用具有审批权限的财务部门出具的列账单作为收费依据进行销账。

（h）在日终解款后，可允许继续收取客户现金，单独保管，与次日所收电费一起解款。

（i）因卡纸等原因造成发票未完整打印时，应作废原发票，并重新打印。

c. 确认收费。

（a）收费员核实并确认客户缴纳电费金额。

（b）客户缴费时，应按违约金、目录电费、代征电费等项目的先后顺序收取。

d. 开具收费凭证交付客户。

（a）收费员在收到用电客户缴纳的电费后，应正确打印电费发票，记录发票号码，加盖电费收取专用章及收费员签章，交付用电客户。

（b）对部分交费、预付电费、分次划拨的客户应开具收据，待客户结清电费后再凭收据换取发票。采用收妥入账方式，对于收取支票、本票等票据的，也仅开具收据，待款项到账时再凭收据换取发票。

（c）对于需要开增值税发票的客户，应按电费与违约金的合计金额出具增值税发票。

（d）应正确收取客户电费并开具相应收费凭证。

（e）对直供范围内的"一般纳税人"用电客户，其电费及违约金可开具增值税发票。开增值税发票，必须剔除客户电费中的居民生活电费及居民生活电费的违约金。

e. 收费整理。

（a）收费员统计生成日实收电费交接报表，仔细核对电费应收、本期预收、先期预收转实收和电费违约金，清点各类票据、发票存根联、作废发票、未用发票等，核对与日实收电费交接报表相符。

（b）每日收取的现金及支票应当日解交银行。由专人负责每日解款工作并落实保安措施，确保解款安全。当日解款后收取的现金及支票按财务制度存入专用保险箱，于次日解交银行。

（c）及时进行交接，收费员和实收员须在日实收电费交接报表上签字确认。

（d）电费收取应做到日清月结，并编制收费日报，不得将未收到或预计收到的电费计入电费实收。

f. 解款。

（a）电费收取应做到日清月结，并编制实收电费日报表、日累计报表、月报表，不得将未收到或预计收到的电费计入电费实收。

（b）实收电费应当日入账入行，票款相符。每日应审查各类日报表，确保实收电费明细与银行进账单数据的一致性、实收电费与进账金额的一致性、各类发票及凭证与报表数据的一致性。

（c）对于现金，打印或填写现金解款单；对于票据，打印或填写银行进账单。记录现金解款单和银行进账单相对应的电费清单，将现金解款单和银行进账单以及相应的现金和票据存入指定的银行电费账户。

（d）每日收费结束后应清点各类票据，统计生成日实收电费交接报表。收取的电费资金应及时存入银行账户，资金管理符合有关规定。及时进行交接，交接双方须在日实收电费交接报表上签字确认。

（e）对于票据，应记录票据的开户银行，在进账单打印时打印票据的开户银行以便于出现问题时在银行处查找。在日终解款后，可允许继续收取客户现金，单独保管，与次日所收电费一起解款。

（f）银行进账单打印时要在进账单上打印银行名称。

3）注意事项。

①收费员应穿着整洁的标志服，佩带胸章。为客户提供服务时，应礼貌、谦和、热情。

②收费员不准私自委托他人收费，如收费员中途有急事耽搁时，应告知缴费用户"请稍等"并收拣收据，锁好抽屉方可离开。

③收费时要特别注意收据之应收金额，将用户交的电费款当面点清并喊出金额，如用户认为不对时，收费员应重新清点后交给用户验点；电费款过手，收费员必须重点，无误后进行找补；找补完后将电费收据、存根加盖收费员印章及收费日戳，并同补零款一并交给用户时，并告知用户将电费收据妥善保管，以备日后查对；至此，可将电费款收入抽屉内，以防失误或纠缠。

④收取现金时，要仔细验钞，防止假币；所收货币应按软硬、票面（票种）金额分别存放，防止混杂；收取支票时，要注意支票的填写是否符合银行规定，大小写金额是否相符，字迹是否清楚。

⑤收费必须开具正式发票及收据，严禁无票据或"白条"收费。注意收据收检，不得丢失。

⑥客户遗失电费发票需要取得证明者，应由客户提出书面函，经查证后，可由电费会计出具有关证明，但不得补开电费发票。

⑦收回的电费必须当日及时送入银行，或回本单位上缴，遇有小额尾款可以暂存在本单位保险柜内于第二天一并整理上交，绝对禁止将电费尾款带回家中或放在抽屉内过夜。

⑧收费人员应注意人身安全及电费资金安全，县供电企业可与护卫公司签订合同，大额电费收费期间护卫公司派押款车定时、定点执行电费押运任务。

⑨每日收费结束后，收费员要盘点各自打票和所收现金是否相符，供电所会计（核算员）要及时和收费员对账、冲账，确保账实相符。

⑩各供电营业所必须建立完整的电费应收、实收、未收（欠收）"三收"账。

⑪原始电费账、卡必须认真填写，不得任意涂改，填写字迹必须工整、清晰。如填写错误必须修改时，应将错误数字用红线划去，并加盖经办人印章。

⑫电费账、卡、票按规定严格管理，并由专人妥善保管。建立账、卡、票传递登记台账，传递借阅时必须执行签章手续。使用过的电费账、卡、票存根及应收、实收凭证等应严格保管，做到完整无缺。一般保存 15 年，期满后由各单位列出清单，上报地级供电公司。

⑬定期与客户核对一次电费账目，填写《客户电费对账单》，注明对账截止日期、欠费额及分项明细、电费违约金等，对账单一式两份，供用电双方签字盖章后各执一份。

（三）质量考核

（1）抄表质量考核：同走收方式。

（2）电量电费审核的质量考核：同走收方式。

（3）收费质量考核。

1）居民客户每笔收费时间≤5 分钟。

2）电费发票使用作废率小于 2‰。

3）收费正确率 100%。

4）电费账务处理正确率 100%。

5）电费回收率完成计划指标。

6）坐收电费日清月结。

7）服务投诉率≤1‰。

（四）资料管理

（1）业务内容：同走收方式。

（2）业务流程图：同走收方式。

（3）注意事项：同走收方式。

（4）质量考核：同走收方式。

（5）资料目录：同走收方式。

四、工作规范

1. 抄表班长工作规范

（1）岗位职责。

（2）工作权限。

（3）组织结构图。

（4）岗位技能。

（5）工作内容及要求。

（6）与其他岗位的配合工作。

（7）检查与考核。

见附录一。

2. 抄表员工作规范

（1）岗位职责。

（2）工作权限。

（3）组织结构图。

（4）岗位技能。

（5）工作内容及要求。

（6）检查与考核。

见附录二。

3. 收费员工作规范

（1）岗位职责。

（2）工作权限。

（3）组织结构图。

（4）岗位技能。

（5）工作内容及要求。

（6）与其他岗位的配合工作。

（7）检查与考核。

见附录三。

4. 电费审核员工作标准

（1）岗位职责。

（2）工作权限。

（3）组织结构图。

（4）岗位技能。

（5）工作内容及要求。

（6）与其他岗位的配合工作。

（7）检查与考核。

见附录四。

5. 电费结算员工作标准

（1）岗位职责。

（2）工作权限。

（3）组织结构图。

（4）岗位技能。

（5）工作内容及要求。

（6）与其他岗位的配合工作。

（7）检查与考核。

见附录五。

6. 资料管理员工作规范

（1）岗位职责。

（2）工作权限。

（3）组织结构图。

（4）岗位技能。

（5）工作内容及要求。

（6）与其他岗位的配合工作。

（7）检查与考核。

见附录六。

7. 县供电企业电费会计工作规范

（1）岗位职责。

（2）工作权限。

（3）组织结构图。

（4）岗位技能。

（5）工作内容及要求。

（6）与其他岗位的配合工作。

（7）检查与考核。

见附录七。

五、制度规范

(一) 抄表、核算的制度规范

抄表、核算的制度规范同走收方式。

(二) 电能计量的制度规范

电能计量的制度规范同走收方式。

(三) 收费的制度规范

1. 供电营业窗口服务的制度规范

(1) 供电营业窗口的设置原则。

1) 供电企业必须在其供电营业区域内,对外设立方便客户的供电营业场所。

2) 营业场所的设置应与开展业务、行政区划、功能需求、客户数量、交通地理位置等因素相适应,以满足公司和客户的双方需求。

3) 供电营业场所应按照实际营业需要分等级设立。

4) 营业窗口应开展满足公司业务需要和满足客户需求的正常供电营业服务项目,一般包括:咨询服务、业扩报装、日常营业、营业收费、自助服务以及满足客户业扩需求的相关业务。

5) 营业窗口应按照开展的供电营业服务项目,设置相应的业务服务岗位,配备相应的业务服务人员。

(2) 营业窗口服务人员的基本条件。

1) 遵守国家法律法规,诚实守信,爱岗敬业,秉公办事,廉洁自律,服务意识强,真心实意为客户着想。

2) 熟知本岗位业务知识和操作规范,具备相关业务技能,并达到合格的专业技术水平。

3) 掌握专业的服务技巧,具备较强的沟通能力和良好的合作精神。必要时,至少一名服务人员应具有外语和手语能力。

4) 按规定统一着装,服装整洁无污渍,并在规定位置佩带有统一编号的工号牌。

5) 在工作时间应保持精神饱满,面带微笑,仪表仪容端正大方。

6）营业窗口应按满足客户需求设置必须的业务岗位。其中包括：咨询服务、业扩报装、日常营业、营业收费等必备岗位。必要时设立业务主办、合同管理、工程服务、大客户经理等延伸服务岗位。

7）营业窗口应设置一名政治素质强、业务能力过硬的部门主管，全面负责营业窗口的组织协调工作。

（3）服务环境。

1）营业窗口环境分内部环境和外部环境。但均应设置国家电网公司规定的统一标识和相应的服务标示牌。

2）营业窗口内部应在明显位置对外公布：业务服务项目，业务办理流程，现行电价表和执行电价的依据文件，收费项目、收费规范和收费的依据文件，国家电网公司供电服务"十项"承诺。

3）营业窗口内部应在适当位置摆放向客户赠阅的宣传资料。

4）营业窗口内部应实现功能区域的定置管理。功能区域应包括：咨询区、受理区、收费区、客户休息区等必备区域，有条件的可设立自助服务区。中心营业厅还应设立业扩工程咨询服务区、大客户 VIP 业务洽谈室等。

（4）区域功能。

1）咨询区负责对客户所有用电业务的咨询服务，并积极主动地引导客户办理业务。

2）受理区负责受理所有客户用电业务和办理客户日常营业业务。

3）收费区负责办理客户用电业务的相关费用收取和客户的电费收取。

4）自助服务区是为客户提供的个性化、信息化服务手段，可只在公司中心营业窗口内设置外，具备条件的营业窗口也可设置。设置书写台、老花眼镜、书写文具。

5）业扩工程咨询服务区是为新装、增容客户办理业扩工程提供的拓展服务。严格遵守"三不指定"的规定，体现"公开、公正、公平"的原则。

6）大客户 VIP 服务洽谈室是为大客户 VIP 提供的专门服务场所，该区域应与其他区域适当分开，保证洽谈时互不干扰。设置洽谈桌椅、饮水器具，并公布集团公司大客户服务管理办法。

（5）服务规范。

1）营业窗口实行无周休日制度。

2）营业窗口实行限时服务要求。

3）营业窗口提供必要的便民服务。

（6）服务要求。

1）营业人员应提前上岗，做好营业前的各项准备工作。

2）当有客户来办理业务时，营业人员应主动接待客户；若营业人员正在办理业务，应主动向轮候客户示意："对不起，请稍候"。

3）受理用电业务时，营业人员应认真仔细询问客户的办事意图，主动说明该项业务需要的资料、基本流程、相关收费项目和标准，并提供业务咨询电话。

4）对于无法办理的业务，应向客户说明情况，取得客户谅解；对于无法确定的问题，不得回避与否定，应及时向主管领导汇报后再答复客户。

5）客户填写业务登记表时，营业人员应双手将表格递给客户，并主动指导客户填写。

6）营业人员应认真审核客户填写的业务登记表，如客户填写不明或有误，应礼貌地请客户重新填写并热情指导帮助。

7）当客户提出代办业务时，营业人员可酌情为其代办相关事宜。

8）当有特殊情况必须停办业务时，营业人员应向客户说明情况并致歉，同时采取相应措施，放"暂停服务"牌。

9）因系统出现故障而影响业务办理时，如短时间可以恢复，营业人员应向客户说明情况并致歉；如短时间不能恢复时，营业人员应致歉并留下客户联系方式，另行预约办理。

10）遇下班时，如营业人员正在处理业务，不得中断服务，应照常办理完毕后方可下班。

2. 供电企业窗口坐收的制度规范

（1）收费人员点算金额时，注意票面是否完整；对有拼接的票面，查看拼接是否符合规定，票面是否符合印版版样，防止颜色相仿而小额充大额。零票及硬币应在收费包内分别存放，纸币和支票应略分面值用票夹夹放，不能与电费收据混杂。

（2）当日对外收费工作结束后，应及时整理当天收费情况，核对应收、实收、末收，发现当日收回金额与收费存根不符，或已收电费、应收未收电费与当日交收任务数不符时，应及时分区（段）清点收据及已收存根，分析、清查其他差错原因，并将情况向有关领导汇报。

（3）当日收取之各项费用（现金、支票），须当日填写交款单，一并送交银行上账（注意取得银行进账凭证）；当日确实无法入行的现金必须存入保险柜内，并必须在第二天入行。

（4）各项费用收据、存根、凭证、回单结算清楚后，填写当日实收电费日报表、滞纳金收入明细表和各种杂项业务费收入明细表整理各种票、据、单、表，送交审核人员，同时在票据领发明细表，注销并办理第二天应领的收费票据。

（5）加强素质培训，规范收费行为。严格管理制度，做到电费月清月结。配备必要的工器具，防范收费危险点。健全考核体系，提高收费人员的责任意识。

（6）加大依法交费的宣传力度。各供电所进一步采用办板报、喷刷标语、悬挂横幅、印发宣传单、电视广播宣传等多种形式，开展"用电是权利，交费是义务"的宣传活动，并将之经常化、制度化。同时，在给用电客户发放的《安全用电手册》上，也加入自觉交纳电费的内容，全方位、多角度地给客户灌输自觉交费的思想意识。

（7）采取人防、物防、技防措施，为营业厅加装"安全网"。

（8）设立 VIP 大客户室；加强人员管理，在收费员的使用上要把好用人关，将思想品质好、责任心强的员工选择到收费员岗位上。

（9）要求收费员要具备相应的业务技能，不但能熟练操作计算机，还要具备辨识真、假币的能力。

（10）配置验钞机等必要的物品和相关设施，提高收费效率。

（11）强化内部管理监督，每日收费结束后，收费员要盘点各自打票和所收现金是否相符，供电所会计（核算员）也要及时和收费员对账、冲账，确保账实相符。

（12）实行经营风险抵押金制度。

第五章 银电合作模式

随着电力客户数量的不断增长和客户需求的变化，供电企业收费压力增大，出现了客户交费等待时间长的现象。供电企业面临如何加快电费回收、提高客户满意度、降低企业经营成本和经营风险的实际问题。为此，供电企业做了银电合作的有益尝试。

银电合作是供电企业与银行、邮政储蓄等金融机构签订合作协议，利用其人员、技术和营业网点回收电费，并按协议约定支付手续费。该模式又分为柜台收费、网上银行（电话银行、手机钱包）、邮政委托（储蓄代扣和外包）三种方式。

第一节 柜台收费

一、业务简介

柜台收费方式是指银行工作人员在营业窗口为客户办理电费交纳业务。根据电费交纳方式的不同，又可分为银行代收和银行代扣两种方式。

银行代收是指代收银行通过与供电企业的收费系统进行联网，在银行柜台实时收取电费。其电费交纳是以现金形式，如果是以银联卡的形式到自助柜员机交纳，则归属到远程缴费模式。

银行代扣包括金融机构代扣和对公银行代扣两种方式。金融机构代扣是指供电企业将已签订代扣缴费协议的居民客户应缴电费数据生成代扣文件，传送银行，由银行从客户的电费联名卡或其他银行账户上进行扣款的收费方式；对公银行代扣是指依托银电接口，每月从客户指定的银行账户在固定时间自动扣划电费。供电方、用电方和银行三方需签订三方协议，明确各自的权利和义务。该方式多适用于企、事业等较大的客户。

二、应用分析

(一) 银电联网系统简介

1. 银电联网的实施步骤

(1) 供电公司电力营销前置机到联网银行实施光缆连接(含前置机、路由器、光纤收发器、防火墙)。

(2) 联网银行配置前置机、路由器、光纤收发器、防火墙等相关设备。

(3) 联网银行系统、供电公司双方编写接口程序,签订技术协议。

(4) 供电公司编写电力营销系统查询、划拨程序;联网银行编写查询、划拨发起交易及反馈信息程序。

2. 银电联网的主要功能

联网银行、供电公司双方进行接口物理、程序等方面的调试,双方系统在模拟环境下进行划拨、查询程序试运行、调试工作。双方系统在实际环境下进行划拨、查询程序运行工作。

银电联网实时收费是供电企业提高电费回收率,减少电费回收环节中的不利因素进而提高经济效益的重要途径之一,它充分利用银行营业网点分布广泛的特点,方便用户缴纳电费,降低供电企业收费人员的劳动强度,并且可大大提高电费回收的安全性。其主要有以下几方面功能:支持一企对多行联网方式,银行代扣用户的批量处理,支持多种缴费方式(现金、信用卡、支票等),自动对账功能,违约金的自动计算;欠费用户标记、催缴功能,收费数据库转储功能;系统日志功能,提供多种形式的实时统计报表(收费统计、欠费统计等),用户信息的实时查询及模糊查询等。

3. 银电联网的主要特点

该系统通过供电企业和银行间的数据开放通道,实现了相互之间的资源及数据共享,使供电企业既可以及时掌握电费缴纳数据，还可实现各收费网点间的多点联动，大大提高了收费效率和收费可靠性。其主要特点是系统的实时性、系统的开放性、系统的安全性、系统的实用性、系统的准确性。

（1）系统的实时性。整个收费网络包括银行营业网点、电力客户服务中心大厅等，实时共享企业的电费数据库。当月电费、陈欠电费、违约金都可以在任何时间任何收费网点交纳。即交即清，不重收，不错收。

（2）系统的开放性。系统支持电力局至一家或多家银行的实时联网收费，所有接入的银行和电力客户服务中心遵守同样的通信规约与电力局数据库通信，电力局可以在不改变设备配置的情况下，随时调整联网银行和银行的数量。

（3）系统的安全性。系统通过采用硬件和软件结合的安全机制，保障各联网银行、电力局数据库之间不能互相直接访问，对未经授权或未经过身份验证的访问有效拦截，确保各方的数据安全，对无效访问和有效访问都记入系统日志，方便事后检查。

（4）系统的实用性。系统可以支持模糊查询，处理欠费查询、正常交费、批量代扣、退单、现金、支票交费、发票打印等功能，系统可对欠费用户实时做出统计，人工催缴或者通过95598呼叫中心自动催缴。

（5）系统的准确性。系统每天自动对各银行收缴账目进行对账，对操作正确性进行确认，发现错账自动记录，允许有管理权限的管理员对错误账目进行修改，清除差错交易，保证收费的准确无误。

（二）银行代收的优缺点及注意事项

1. 银行代收的优缺点

银行代收是供电企业利用社会资源拓展收费渠道的重要方式，曾经是行业间合作的成功典范。但是，随着国民经济的发展以及行业政策的调整，各商业银行承揽电费代收业务的积极性越来越低。为使社会资源发挥最大功效，供电企业应及时调整银行代收合作条款，最终实现供电、银行和用电客户的"三赢"。

（1）银行代收的优点。

1）充分利用遍布城乡的银行网点资源，供电企业只投资通信通道。充分利用商业银行自身庞大的专用通信网络，银行与供电公司只需建设一条专用通信通道，投资少。同时，只需支付少量的手续费，可以节约大量建设营业厅方面的成本。

2）利用银行 ATM 自助设备和网上银行的优势开通 7×24 小时的缴费服务，弥补供电营业厅收费时间不足的缺陷。可以开办批量扣款业务，用户不用担心漏交电费。商业银行具有良好的信誉和监管体系，资金安全可以得到保证。

3）随着电力、银行各自技术支持系统的成熟，近几年一些供电企业和银行签订了电费代收协议，可以说是多方受益：银行方面增加了现金存储额；供电企业拓展了收费点，减轻了柜台收费和现金管理的压力；同时，也方便了距离供电营业厅较远的客户。

4）方便客户缴费。对于距离供电所很远的客户，可以就近到银行柜台交纳电费，解决了找零不便的弊端。拓展了收费点的数量，减轻了供电企业柜台收费的压力。由于供电企业收费柜台现金量的减少，缓解了供电所日常收费工作的压力，规范了供电所内部账务管理。

5）与银行代扣相比，客户可以当场取得电费发票，心理上容易接受；另外，由于实时联网，客户交费的同时在电力数据库中销账，不存在时间差的问题，误解和纠纷减少。

（2）银行代收的缺点。

1）银行可能存在拒收现象。银行方面考核机制和以前有所不同，并且电费回收的周期性强，收取的电费资金在账上停留时间较短，到了既定时间供电企业就要划拨上缴。同时，由于电费数额小，在收费高峰期交费人多，资金滞留时间短无利可图，激励机制跟不上，银行职员积极性不高，因此这种方式对银行已不再具有吸引力。

2）电力客户在交费的同时可能会咨询电价政策、电量等问题，由于专业性较强，银行职员有时不能给予明确答复，特别是在工作忙的时候，服务态度生硬，给客户造成服务不好的印象，降低了到银行营业厅交费的热情。无论是拒收，还是服务态度问题，客户都是埋怨供电企业，不会埋怨银行。这类问题与银行交涉的时候，银行的态度十分坚决，表示要严肃查处，但是事后效果并不明显。

3）网通公司、合作银行、供电企业、系统提供商四方沟通问题。该系统的运行涉及四方——网通公司、合作银行（一家或者多家）、供电企业、系统提供商，只有四方全部协调好，才可以完成系统的调试工作，但四方沟通、协调、合作在认识、理解上还存在差异。

4）目前，由于银行前台自身业务压力大等原因，银行对小额代收费业务没有积极性，即使县级银行有积极性，上级银行也不一定批准。并且方案的实施还需要银行技术部门进行接口软件的编程，技术上存在一定难度。

5）银行网点数量和覆盖范围有限，难以满足不断增长的农村电力客户缴费的需要。目前，银行在农村地区设有分支机构的主要是农业银行、信用社和邮政储蓄三家，但这些分支机构也主要集中在乡镇所在地，与供电企业所辖农村营业网点基本重叠，有时甚至少于供电企业所辖农村营业网点。在交费较困难的山区及农村偏远地区，银行无法弥补供电企业网点覆盖范围，更不能解决农村偏远地区交费难的问题。尽管银行网点众多，相对于不断增长的电力客户仍显不足，在交费高峰更是尤为明显。银行ATM自助设备和网上银行对客户素质要求较高，发票打印困难，只适应少量高端客户。一旦银电网络发生故障，会造成大量的银行网点无法收费，产生收费拥堵。

2. 银行代收需要注意的问题

（1）在原有银行考评机制的基础上，不定期组织召开银电联网收费协调例会，加强双方配合，将近一个时期客户反映的发票打印、技术缺陷等问题以及银电双方对提高联网服务质量建议面对面的交流，及时解决出现的问题。加强供电方对银行收费服务的约束考评，促进银电联网收费服务水平的提高。充分依靠商业银行的整体优势、先进的电子服务平台和在资金结算方面丰富的管理经验，及分布广泛的营业网点、优质便利的服务窗口和智能化、信息化的管理模式，一定能给广大电力客户带来更便捷、优质的服务，实现"银电互联"的企业双赢目标。

（2）建立定期与银行业务座谈会制度、银电信息通报沟通制度等工作机制。加强与银行业务座谈会制度，通过定期开展座谈会、走访银行、供电客户服务中心人员与银行网点营业员相互交流等方式，加强与银行的沟通。座谈会向银行宣传电力法规以及新的电价政策，并了解银行对供电企业电费收费服务方面的意见与建议；定期走访，将供电量以及地区用电形势向银行部门进行交流，听取银行对供电企业电费回收的意见，分析银电合作在供电企业电费回收工作中的成功案例。通过沟通，拉近银电双方的感情，为电费回收工作打下良好的基础。

（3）保持与银行信息通报沟通制度，供电企业的信息管理人员与银行的信息管理人员应保持有效沟通，确保银行代收电费系统的正常运行，保证代收费业务的正常开展；为了促进居民电费回收，提高服务质量，供电企业行风监督部门建立正常的暗访制度，对于代收费服务态度差的银行员工向银行方面进行通报，以促进银行收费服务水平的提高；对于银行优秀的代收费人员给予一定的奖励，鼓励银行代收费人员的工作积极性。

（4）对这种银行联网的模式进行改进。首先需要对发票打印的内容和电费数据进行改革。发票的打印内容可以借鉴移动通讯发票打印模式，发票上半部打印本月电量电费信息，发票下半部只打印本月总计应交、欠交、余额以及本次实交电费；需要更加明细的客户，可以在网上、语音电话或直接到营业网点查询。这样我们只需要发送电费欠费数据和客户类别给银行，在网络中传输的数据量就会减少很多，银行代收系统变的简单，同时与银行顺利联网。这是建立中间数据库的代收模式，而其他模式存在的问题也各有不同。

（5）银行代收是目前提高营销服务水平的一个重要手段。电子化、网络技术的迅速发展又为我们提供这种技术支持，但在实施的具体过程中还是存在很多细节的问题，需要供电部门、银行通力合作以及客户的配合才能解决。供电部门采用哪种联网代收模式，目的都是使客户能够尽快、方便、简单、就近的缴纳或查询电费，利用银行的网络为供电企业加快电费的回收。作为服务行业的供电部门和银行，视客户利益为第一需要，下大力气为客户服好务，是分内之事。因此加大营销现代化的建设，促进营销水平优质服务迅速提高，加大对营销的资金和技术投入，也是必要的。

（三）银行代扣的优缺点及注意事项

1. 银行代扣的优缺点

（1）银行代扣的优点。

1）实现真正意义上的抄、收分离。解决了一些地方为完成电费结零目标存在的为用电户垫支电费现象，能做到电费"上清下也清"，解决了农电工携带大量现金、收假币、找零难的现象。

2）方便客户缴费。客户不用每月交纳电费，根据自身存款，电费金额可每3个月、半年甚至一年扣缴一次，可以不用每月交电费，到时间有人抄录、有人送达电费单据。减少客户交费次数，方便客户，且利息归客户；实行电费储蓄后，客户只要一次性储够足额的款项，就可在一年内交一次电费，直到储蓄余额不够本月电费时，电工通知其到银行存款即可。这样变月月交电费为一年交一次电费，方便了客户，尤其方便了农村客户。农村客户的账户上只要资金足够，银行每月即可为其代缴电费，免除了客户每月缴费之劳，农民足不出户，即实现了电费按时交纳，省时、省事。另外，在未扣电费时，存款所产生的利息归客户所有，保证了客户的利益，得到了客户的信赖。

3）节省人力，减少开支，增加效益。经过按期批量代扣，电费由银行按时划转到供电企业账户，保证了电费及时足额回收。减轻了柜台收费的压力，规范了电费资金的管理。

4）转账速度快，避免转账时间延长。

5）保证按时、足额将代扣电费划入供电企业账户。

6）减少现金流通，有利于集聚资金，支援经济建设。

（2）银行代扣的缺点。

1）续费、丢折、换折过程中存在问题较多。客户第一次可能存有多月电费，但续存时，多数客户只愿意存入当月电费金额，催存工作难度较大。客户丢折、换折以后，没有及时到供电营业所办理重新登记账号的手续，造成原有账号不能划拨，继而影响到正常用电。

2）银行积极性降低。一方面，居民电费储蓄金额小，笔数多，加之银行相应的激励措施没跟上，导致基层银行职员对电费储蓄客户的服务质量逐步降低；另一方面，各地供电企业组建了电费管理中心，电费资金划转速度加快，资金在当地银行滞留时间短，也是影响银行积极性的一个因素。同时，银行自身业务繁忙，双方电费计量出现差错或误差时，用电、供电、银行三方配合麻烦，也难以为客户提供优质的电费缴纳服务，一定程度影响银电双方企业形象。

3）供电企业可能卷入债权债务纠纷。银行代扣业务虽然促进完成应收电费考核，但实际上并未做到对电费管理风险的有效防范，一旦该客户破产，供电企业就可能卷入不必要的债权债务纠纷之中。

4）客户心理排斥"存电费"，担心信息不通畅。电费分次划拨方式使客户从"交电费"变为"存电费"，但在交费的时候不能取得发票，这使客户在心理上不容易接受；而且电费抄表、催费、停电的流程设计没有随着客户交费方式的变化而变化。有些客户对银行扣费缺乏理解，不情愿办理业务，或办理了该项业务，而不在账号上预存资金，造成银行方无法扣费。部分客户担心未能及时了解电费信息，无法进行"对账"；还有部分客户担心账号余额不足，未能及时补充存款而产生违约金，因而觉得现金缴费更直观。部分客户担心无法及时收到发票，客户拥有多幢出租物业，因担心未能及时收到电费发票，延误了收取租户电费，因而选择现金交费。

（3）银行代扣需要注意的问题。

1）公司数据库需增设合同号，变动数据库结构；电费结费中心需每月提供当月客户调整的清单；信息中心需于规定日期将数据库数据导出。

2）所有银行储蓄批扣的客户开通短信服务，当余额不足或划拨不成功时，能够及时提醒客户，避免因资金到账时差引起停电纠纷。

3）密切银电合作，加强与银行各个层面的沟通，通过抽奖等方式提高存折代扣比例，引导客户转变现金交费观念。

4）开展银电联网代收电费服务质量的暗访活动，委托行内监督部门对代收电费服务质量定期进行暗访监督，暗访银行营业网点服务情况，走访网点负责人，通过第一手资料促使银行正视代收服务存在的不足。

5）充分利用银电双方各自具有的技术优势、资金优势、营业网点、信息渠道等一切有利条件，提高客户服务水平、保证资金安全、降低经营风险、树立双方企业形象的技术、信息、业务项目合作。

三、管理规范

（一）岗位设置

（1）抄表员：主要负责责任范围内的抄表工作。

（2）电费审核员：主要负责责任范围内客户电量、电费计算的准确性；负责责任范围内客户计费信息、日报数据的准确性；负责责任范围内电费回收情况的统计和考核。

（3）电费结算员：主要负责审核收费员转来的实收原始凭证、电费收据存根和银行回单；负责审核电费应收凭证的真实性、准确性；有权对收费员的收费情况、票据使用情况进行检查。

（4）电费管理中心出纳：负责做好每一笔经济业务的收付工作，保证合理、合法、正确性。且编制现金和银行存款日报表的人员。

（5）电费管理中心对账员：负责公司实收电费的统计、核对工作；负责欠费数据、实收数据的汇总、核对；负责营销管理信息系统登记的银行进账单与实际银行到账情况的对账工作，负责银行实时代收电费的对账工作。

（6）县供电企业电费会计：主要负责电费账务管理工作；负责填制并上报有关电费账务管理的相关报表；负责保管各种收费票据、银行印鉴，并对保管资料的安全性和真实性负责。

（7）电力客户服务中心信息系统管理员：主要负责组织营销业务应用系统的应用工作；负责营销业务应用系统管理制度、规范的制定，并贯彻执行；负责营销业务应用系统运行维护。

（8）资料管理员：主要负责相关资料、台账的收集、整理、归档、借阅管理等工作，负责相关资料、台账的安全和保密工作。

（二）银行代收业务流程

1. 银行代收业务流程图

银行代收电费业务流程图如图 5-1 所示。

2. 流程管理要求

（1）抄表：同走收方式。

（2）电费核算：同走收方式。

（3）客户电费信息传送银行代收数据库。

1）客户携带居民身份证、持缴费查询卡或电费收据到银行电费储蓄委托申请窗口索取一式三份的储户委托银行代交电费委托书，提出电费委托申请。如欠费尚未缴清，必须先到供电部门电费窗口缴清欠费，供电部门方可同意申请。

2）供电部门在确认客户无欠费情况下，将电表户号、户名、地址打印在储户委托银行代交电费委托书上，交给客户。

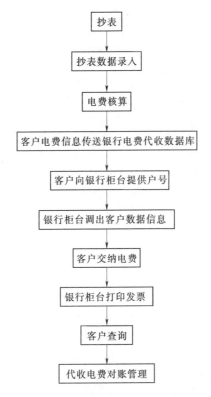

图 5-1 银行代收电费业务流程图

3）客户按要求填好委托书，开立一银行储蓄账号，银行代办点将储户账号、姓名等内容打印在委托书上，客户联交客户保存。

4）供电联交还供电部门代为录入档案。办好后，客户每个月根据自己的用电量或根据供电部门提供的电费备款通知单，存储一笔钱到电费储蓄的账户上，到一定时期，以便由银行顺利定期划拨。

（4）客户查询。客户可以运用两种方式查询：第一，客户可拨打"95598"查询银行代收业务相关信息；第二，客户可使用计算机，登录开户银行网页，选择查询银行代收电费业务，输入银行卡号、卡密码，就可以查询电费代收银行卡账户。

客户查询方式为客户拨打"95598"查询银行代收电费业务相关信息时，供电企业的管理规范如下。

1）客户查询业务流程图如图 5-2 所示。

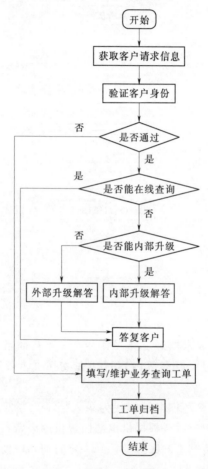

图 5-2　客户查询流程图

2）流程管理要求。

①获取客户请求信息。

a. 在响铃三声内接听客户电话，摘机时电话开始自动录音。

b. 依据国家电网《供电服务规范》有关规范语言与客户交流，从客户联络接收客户有关客户档案、电价电费、计量装置、在办流程、供用电合同等信息的查询请求。

②验证客户身份。

a. 正确进行查询业务分类。与客户交互过程中在"业务查询工单"上正确填入客户查询内容描述、咨询类别。

b. 正确引导和探索客户的需求。

c. 用户需提供客户编号和密码信息，否则不予办理。如不能提供客户编号和密码，居民用户需提供身份证（或其他有效证件）原件，企业用户需提供签字盖章的查询介绍信和查询人身份证（或其他有效证件），复印件不予办理。

③是否在线查询。能在线查询，则进入"答复客户"过程。可在线查询的信息包括：

a. 通过客户的客户编号、客户名称等，查询客户信息。

b. 从客户资料管理获取客户档案、电价、计量装置信息。

c. 从电量电费计算获取客户电量电费信息。

d. 从欠费管理获取客户欠费信息。

e. 从公共信息管理获取计划停电信息。

f. 从新装增容及变更用电获取客户在办业务信息。

g. 从供用电合同管理获取客户合同信息。

④是否能内部升级。

a. 若能进行内部升级处理，则首先向客户致歉，告知客户"您的问题比较特殊，待查询后马上回到线上，请您不要挂机"或"您的问题比较特殊，待查询后给您回电话，好吗？"，然后进入"内部升级解答"。

b. 不能进行内部升级处理的首先向客户致歉，告知客户"您的问题很特殊，待向相关部门查询后给您回电话，好吗？"，然后进入"外部升级解答"过程。

⑤内部升级解答。

a. 暂时离线或挂机寻求支持均应取得客户同意，且必须向客户致歉。

b. 在线支持处理时限不超过 5 分钟，内部升级处理时限不超过 24 小时。

⑥外部升级解答。

a. 立即联系并寻求相关职能部门提供解决方案，并在 2 个工作日内答复客户。

b. 将问题及解决方案录入疑难问题集。

c. 外部升级处理时限不超过 2 个工作日。

⑦答复客户。

a. 通过人工回复、自动语音、传真、短信、邮件等方式，答复客户信息查询。

b. 应用满意度管理，开展客户满意度调查，客户满意度不低于 95%。

⑧填写/维护业务查询工单。

a. 业务查询工单内容的及时填写/维护。

b. 工单的关键字段（指呼入号码和客户姓名等客户基本信息、业务类别、查询的内容）的正确率为 100%。

⑨工单归档。

a. 归档信息必须完整、准确、规范。

b. 归档后的客户查询工单保存期限不小于 1 年。

（5）代收电费对账管理。银行实时代收电费后，供电企业和银行进行账务核对。

1）代收电费对账业务流程图如图 5 - 3 所示。

2）流程管理要求。

①每天使用"银行实时收费对账"程

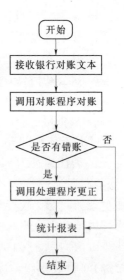

图 5 - 3　代收电费对账业务流程图

序对银行方收费流水账电子文档与营销管理信息系统代收流水账进行核对。如果有单边账，与银行方核实并以银行方确认的金额进行处理。如银行代收金额大于供电流水账金额，作收费处理；如银行代收金额小于供电流水账金额作退单处理。

②对已完成对账和已经处理完毕的银行代收业务当日进行收费日报统计。

③每月终了根据银行方提供的当月纸质"银行对账单"，核对每天的代收金额及代收账户余额，并对账务部门划出的上月代收电费总额进行核对。如果纸质"银行对账单"上每天代收金额小于银行传送的电子文档代收金额，以纸质"银行对账单"上金额为主，作相应退单处理。反之，也可以纸质"银行对账单"上金额为主，对属于银行重复收费造成的由银行方作退单处理，如银行属于正常收费，供电方应作相应收费处理。如有账务部门划出的上月代收电费与用电提供的上月收费月报金额不符时，应及时通知财务部门在下次划出代收电费时作相应调整。

3）注意事项。在每天日终的时候，电力和银行双方必须轧账和对账，通过对账来确保账务相符。

（三）银行代扣业务流程

1. 银行代扣业务流程图

银行代扣业务流程图如图 5-4 所示。

2. 流程管理要求

（1）签订银行代扣电费协议。

1）签订银行代扣电费协议，居民客户直接将活期储蓄存折拿到相应的供电营业所登记或到银行储蓄所登记基础资料（户名、客户编号、账号）并签订代扣合同。

2）在银行会计柜台开户的客户（即银行对公客户）到相应的供电所签订代扣协议。客户账号或者账户内容发生变更时，需做变更手续。

（2）抄表：同走收方式。

（3）电费核算：同走收方式。

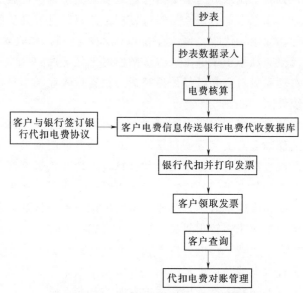

图 5-4　银行代扣电费业务流程图

（4）客户电费信息传送银行代收数据库：同银行代收方式。

（5）客户查询：同银行代收方式。

（6）代扣电费对账管理：同银行代收方式。

（四）质量考核

1. 抄表质量考核

抄表质量考核同走收方式。

2. 电量电费审核的质量考核

电量电费审核的质量考核同走收方式。

3. 客户查询的质量考核

（1）及时接听电话。

（2）按规定时限答复受理情况和处理结果。

（3）工单的正确率为100%。

（4）客户满意度不低于95%。

4. 代收电费对账管理的质量考核

由营销部门按月进行考核。考核内容有：

（1）是否每天都与银行对账，并以银行为主进行及时更正。

（2）是否按时统计各类报表。

（五）资料管理

1. 业务内容

业务内容同走收方式。

2. 业务流程图

业务流程图同走收方式。

3. 注意事项

注意事项同走收方式。

4. 质量考核

质量考核同走收方式。

5. 资料目录

（1）抄表。

1）工作单：业务工作单。

2）报表：电能表实抄率报表、抄表差错率报表、营业责任事故报表、目标管理快报、应收电费日报表、抄表日程执行情况考核表。

3）台账：抄表器（本）领用、归还登记台账、计量箱钥匙领用、归还登记台账。

4）其他资料：营业责任事故与差错记录、电费（临时）通知单、催费通知单、停（限）电通知单。

（2）电量电费核算。

1）工作单：缺抄工作单、退补电量电费工作单。

2）报表：营业差错报表、抄收日报表、电费增减张报表、应收电费汇总凭证、大客户月报表、大客户用电情况报表、大中客户用电情况分析、峰谷电价实行情况分析、实际分时电价客户汇总分析表、峰谷分时按电价汇总分析表、售电收入分析月报表、售电收入分析表、售电收入统计分析报表、售电收入电价分析报表、售电情况统计、分时计费清单报表、分时应收电费（当月/累计）报表、分时电价客户（当月/累计）报表、应收电费汇总年报表。

3) 台账：计费清单、差错记录清单、异动（另账）电费清单、违约用电清单、各类代收款统计清单（分明细）。

（3）银行代收／代扣电费。

1) 报表：实收日／月报、预收日／月报、违约金日／月报、银行代收情况表、银行代扣情况表。

2) 其他资料：银行对账单。

（4）客户服务。包括业务查询工单、供电优质服务承诺、值班记录、值班表。

四、柜台收费的工作规范

1. 抄表员工作规范

（1）岗位职责。

（2）工作权限。

（3）组织结构图。

（4）岗位技能。

（5）工作内容与要求。

（6）检查与考核。

见附录二。

2. 电费审核员工作规范

（1）岗位职责。

（2）工作权限。

（3）组织结构图。

（4）岗位技能。

（5）工作内容与要求。

（6）检查与考核。

见附录四。

3. 电费结算员工作规范

（1）岗位职责。

（2）工作权限。

（3）组织结构图。

（4）岗位技能。

（5）工作内容与要求。

（6）检查与考核。

见附录五。

4. 电费管理中心出纳工作规范

（1）岗位职责。

（2）工作权限。

（3）组织结构图。

（4）岗位技能。

（5）工作内容与要求。

（6）检查与考核。

见附录八。

5. 电费管理中心对账员工作规范

（1）岗位职责。

（2）工作权限。

（3）组织结构图。

（4）岗位技能。

（5）工作内容与要求。

（6）检查与考核。

见附录九。

6. 县供电企业电费会计工作规范

（1）岗位职责。

（2）工作权限。

（3）组织结构图。

（4）岗位技能。

（5）工作内容与要求。

（6）检查与考核。

见附录七。

7. 资料管理员工作规范

（1）岗位职责。

（2）工作权限。

（3）组织结构图。

（4）岗位技能。

（5）工作内容与要求。

（6）检查与考核。

见附录六。

五、制度规范

1. 抄表、核算的制度规范

抄表、核算的制度规范同走收方式。

2. 电能计量的制度规范

电能计量的制度规范同走收方式。

3. 收费的制度规范

（1）电费回收率应达到100％。

（2）供电营业所应加强电费的票据管理，所有电费票据由县及县以上的供电企业统一印刷，并严格领用和使用程序，电费票据应反映出电能表起止码、电量、电价和各种电费等内容，全面推行计算机开票到户。

（3）各县供电企业要加强对供电所电价、电费的管理，定期开展专项检查，发现问题及时解决，要加强内部考核，严格控制电费电价差错率。

（4）供电公司数据库需增设合同号，变动数据库结构；电费结费中心需每月提供当月客户调整的清单；信息中心须于规定日期将数据库数据导出。

（5）银行代扣电费业务中的工作要求。

1）各供电基层单位统一与各银行计费系统的数据接口规范。

2）统一电费代扣协议书。

3）制定代扣电费细则，统一每月划扣次数、划扣时间。

4）统一客户办理业务需提交的资料。

5）统一受理业务的操作细则。

6）统一供电企业与银行的资料交换流程。

7）统一宣传时间和宣传方式。

8）统一宣传资料，树立良好的整体企业形象。通过统一、规范的业务操作，方便供电基层单位及银行向客户提供优质、便捷的服务。

第二节　网上银行、电话银行、手机钱包

一、业务简介

（一）网上银行

网上银行又称网络银行、在线银行，是指银行利用 Internet 技术，通过 Internet 向客户提供开户、销户、查询、对账、行内转账、跨行转账、信贷、网上证券、投资理财等传统服务项目，使客户可以足不出户就能够安全便捷地管理活期和定期存款、支票、信用卡及个人投资等。可以说，网上银行是在 Internet 上的虚拟银行柜台。网上银行也因为不受时间、空间限制，能够在任何时间（anytime）、任何地点（anywhere）、以任何方式（anyhow）为客户提供金融服务，被称为"3A 银行"。一般说来网上银行的业务品种主要包括基本业务、网上投资、网上购物、个人理财、企业银行及其他金融服务。网上银行适合有金融网点乡镇客户。

网上银行发展的模式有两种：一种是完全依赖于互联网的无形的电子银行，也叫"虚拟银行"；所谓虚拟银行就是指没有实际的物理柜台作为支持的网上银行，这种网上银行一般只有一个办公地址，没有分支机构，也没有营业网点，采用国际互联网等高科技服务手段与客户建立密切的联系，提供全方位的金融服务。以美国安全第一网上银行为例，它成立于 1995 年 10 月，是

在美国成立的第一家无营业网点的虚拟网上银行，它的营业厅就是网页画面，当时银行的员工只有 19 人，主要的工作就是对网络的维护和管理。另一种是在现有的传统银行的基础上，利用互联网开展传统的银行业务交易服务。即传统银行利用互联网作为新的服务手段为客户提供在线服务，实际上是传统银行服务在互联网上的延伸，这是目前网上银行存在的主要形式，也是绝大多数商业银行采取的网上银行发展模式。因此，事实上，我国还没有出现真正意义上的网上银行，也就是"虚拟银行"，国内现在的网上银行基本都属于第二种模式。

由于互联网是一个开放的网络，客户在网上传输的敏感信息（如密码、交易指令等）在通信过程中存在被截获、被破译、被篡改的可能。为了防止此种情况发生，网上银行系统一般都采用加密传输交易信息的措施，使用最广泛的是 SSL 数据加密协议。

SSL 协议是由 Net scape 首先研制开发出来的，其首要目的是在两个通信间提供秘密而可靠的连接，目前大部分 Web 服务器和浏览器都支持此协议。用户登录并通过身份认证之后，用户和服务方之间在网络上传输的所有数据全部用会话密钥加密，直到用户退出系统为止。而且每次会话所使用的加密密钥都是随机产生的。这样，攻击者就不可能从网络上的数据流中得到任何有用的信息。同时，引入了数字证书对传输数据进行签名，一旦数据被篡改，则必然与数字签名不符。SSL 协议的加密密钥长度与其加密强度有直接关系，一般是 40～128 位，可在 IE 浏览器的"帮助"—"关于"中查到。目前，中国建设银行等已经采用有效密钥长度 128 位的高强度加密。

（二）电话银行

电话银行是近年来国外日益兴起的一种高新技术，它是实现银行现代化经营与管理的基础，它通过电话这种现代化的通信工具把用户与银行紧密相连，使用户不必去银行，无论何时何地，只要通过拨通电话银行的电话号码，就能够得到电话银行提供的其他服务（往来交易查询、申请技术、利率查询等），当银行安装这种系统以后，可使银行提高服务质量，增加客户，为银行带来更好的经济效益。

电话银行的适用 ATM 网点、自助银行、居民小区、商业或人流密集区域。

（三）手机钱包

手机钱包业务是指中国移动开发的基于无线射频识别技术（RFID）的小额电子钱包业务。用户办理该业务后，即可利用手机在中国移动合作的商户进行 POS 机刷卡消费。

1. 手机钱包的种类

手机钱包是世界上主流的开放式电子钱包，主要有以下三种：Mondex、Proton、VisaCash。

（1）Mondex。Mondex 是一种灵活的电子现金，它可以方便地实现资金在一张 Mondex 电子钱包卡和另外一张 Mondex 电子钱包卡之间的划拨。Mondex 还有一个特点是，它的交易是不被追踪的，这也是 Mondex 电子现金最有争议的地方。有人说，由于银行无法追踪审计每笔交易，这给违法犯罪者进行非法的资金划拨创造了条件；而且由于没有银行的审计追踪，这对技术范畴的安全性实现也提出了高得多的要求。但也有人说，这 Mondex 最灵活最优越的地方，正是由于 Mondex 电子现金可以方便实现卡与卡之间资金无追踪的划转，Mondex 才是真正的电子现金，而且可以保证持卡人的隐私，因为持卡人在使用电子钱包网上购物付账时，有时是并不想让自己的行为被某处银行的计算机记录下来的。

从全球以及 Mondex 的发展史来看，Mondex 的发展现在处于低潮中。Mondex 最近关闭了它在美国旧金山的办公室，将其技术、管理以及许可证颁发职能全部转交给在纽约的 MasterCard 国际组织。Mondex 与 Visa 在纽约联合进行的电子钱包试验最终以失败告终，惟一正面的结论只是证明了 Mondex 与 VisaCash 可以共存。

Mondex 在欧洲与法国、爱尔兰、挪威和英国签署了许可协议，与其他一些欧洲国家的许可授权尚在商谈之中。美国的两大金融机构 KeyCorp 和 Comeriea 在 1999 年 5 月购买了 Mondex 授权，以在美国试验推广 Mondex 电子钱包。另外，Mondex 国际组织还因它的非接触 Mondex 智能卡在高速路不停车收费系统中的应用，获得一项美国专利。加纳商业银行在 1998 年 11 月购买了 Mondex 电子钱包的授权许可，它还在与加纳以及西非国家的一些其他的银行商谈，在西非各国经济共同体内建立一个公共的电子钱包技术基础设施。目前 Mondex 最大的市场是在亚太地区。

（2）Proton。Proton 最初是由比利时的 Banksys（比利时全国的支付系统运营商）开发，它与 Mondex 电子钱包最大的区别是每笔交易都可以被追踪审计，目前已经有 4000 万张 Proton 电子钱包在流通中。在欧洲，Proton 是目前使用最广泛的电子钱包。Proton 电子钱包由 ProtonWorld 负责其发展。在 1999 年 1 月，ProtonWorld 与 Vedfone、Ingenieo、Sehlum - berger 等世界主要 POS 机供应商签署了协议，以在这些代表全球 50% 以上 POS 机市场份额的 POS 机产品中集成 Proton 技术。针对蓬勃发展的电子商务，ProtonWorld 早在 1998 年底就宣布基于 Proton 的电子钱包可以通过互联网实现安全的资金圈存。与 PC 机相连接的集成 Proton 技术的智能卡读卡器，提供了 PIN 码校验和交易金额确认的功能。用户通过读卡器附带的 PIN 码输入小键盘，所输入的 PIN 码将直接与智能卡上存储的 PIN 码进行校验，PIN 码不会在网络上传输，也不会被 PC 机读取，这对用户而言，无疑可以增强他们进行网上购物的信息。ProtonWorld 也非常关注移动电子商务市场，1999 年 5 月，它与 Gemplus 联合在比利时的无线通信网络，向 Proton 电子钱包圈存的试验。ProtonWorld 还与 Sun 公司签署了合作协议，以向其用户提供基于 Java 卡技术的多应用智能卡平台的 Proton 电子钱包。

面对电子钱包互操作性的大趋势，ProtonWorld 逐渐拉近了与以 Visa 领头的 CEPS 的距离。1999 年它与 Europay 国际组织签署了一项协议，来设计并增强不同国家的电子钱包计划之间的互操作性，按照这一协议，它们将联合开发并测试一种新的基于Proton 的电子钱包应用，该电子钱包应用将与 CEPs 兼容，并以clip 的品牌名称提供给 Europay 的成员银行。

（3）VisaCash。VisaCash 电子钱包在下列国家和地区得到应用：阿根廷、澳大利亚、巴西、加拿大、哥伦比亚、德国、爱尔兰、以色列、意大利、日本、墨西哥、挪威、波多黎各、俄罗斯、西班牙、英国、美国、中国香港和中国台湾。VisaCash 电子钱包卡有三种存在方式：一次性 VisaCash 电子钱包卡，可充值的专用 VisaCash 电子钱包卡，或者以作为一个电子钱包应用与其他应用共存于同一张银行卡上的形式存在。

VisaCash 同样很重视移动电子商务应用，1999 年它在英国利兹也进行了通过 GSM 网络向 VisaCash 电子钱包充值的试验。VisaCash 也在美国的政府智能卡项目中得到应用，VisaCash 是美国一般事物管理局 GSA 组织的多应用双界面智能卡项目中的一个应用。

西班牙的马德里和巴塞罗那正在试验将 VisaCash 应用于公共交通电子车票中，VisaCash 电子钱包已经在西班牙许多场合得到应用，如停车、打电话等，在西班牙的这项试验是VisaCash 首次以非接触的方式进行应用。这一向电子车票领域的拓展大大开拓了电子钱包在西班牙的应用，已拥有 5000 万张电子钱包卡的西班牙是目前全球为数不多的几个电子钱包应用较为成功的国家之一。

2. 中国电子钱包的发展

中国人民银行 1998 年颁布的《中国金融集成电路 IC 卡规范》，详细规定了电子存折/电子钱包应用的实现流程，是中国版本的电子钱包规范。现在，《中国金融集成电路 IC 卡规范》的影响力逐渐扩大，中国的一些金融机构也依照它开发本行业的"智能卡"应用，例如中国石化总公司在 2000 年 6 月颁布的《中国石化加油集成电路 IC 卡应用规范》，详细规定了使用电子油票进行加油的流程，这里的电子油票其实就是一种存放在智能电子钱包中的电子现金，只不过针对驾驭交易中先消费、后付款的特殊性，提出了相应的解决方案。

电子钱包项目能否获得成功，首要而且是必要的前提是它必须获得广大的使用群体，电子钱包必须给消费者一个它比现金好用的理由，毕竟人们已经太熟悉纸钞和硬币了，纸钞和硬币在哪里都能被接受。但对于一个完整的电子钱包项目来说，光向消费者推广电子钱包智能卡是不够的，还必须有大多数的零售商户的支持，并安装 POS 机来接受这个电子钱包。这就涉及到整个相关的金融基础设施的建设问题，只有当这个电子钱包在几乎任何地方都能使用的时候，才会有更多的消费者愿意使用它。从另外一个层次来讲，电子钱包应该具有现金所具有的最重要的特性——自由的流通。

手机钱包适用于银行网点无法覆盖，而电信信号可以覆盖的边远地区且用电量不大的中小客户，也适用于城市中工作繁忙、无暇顾及电费支付的居民客户。

国际上非接触式移动支付的探索为我国的移动支付发展指明了方向。目前，在我国非接触式移动支付领域发展较迅速的是城市交通卡，全国已有十几个大中城市的政府开始统一规划交通卡的发展。在未来，手机钱包的支付模式应该是在商场购物结束后，手机对准 POS 机，即可完成手机支付，解决了传统短信、WAP 的操作输入的复杂性。

二、应用分析

（一）网上银行的优缺点及注意事项

1. 网上银行的优缺点

（1）网上银行的优点。

1）客户只需拥有一张开通了网上银行的卡，登录委托交费银行的网站后输入自己的银行卡号和密码后点击缴费，就可轻松进行电费缴纳系统。

2）客户输入电费单上所打印的户号，再填入要缴费的金额即可成功缴纳电费。

3）网上银行查询系统，轻点键盘就可以及时查出客户电费到账情况。

4）客户在网上缴纳电费除了方便外，还不受时间限制，一天24小时随时都可以缴纳。

（2）网上银行的缺点。

1）客户转变观念需要一个长期的过程。从"交电费"到"划拨电费"，客户在交费的时候不能取得发票，心理上不容易接受。

2）银行和供电方网络运行问题。银行的网络系统、供电方的网络系统以及双方的通道、防火墙等设备完全正常，任何环节的故障，都会造成业务中断。

3）网络安全问题。既然是实时访问，就可能发生网络数据安全方面的问题。以各种网络诈骗、网络钓鱼等手段引诱客户将网上银行账户信息拱手让给网络犯罪分子。通过木马、恶意插件、后门程序等恶意程序或黑客技术窃取客户账号和密码等信息。

2. 网上银行需要注意的问题

（1）网络安全，网上银行系统要有网络防攻击的技术措施和管理手段。

（2）信息安全，包括网络整体信息和客户缴费信息两个方面的安全。

（二）电话银行的优缺点及注意事项

1. 电话银行的优缺点

（1）电话银行的优点。这种收费方式采用了收费终端和供电企业联网系统技术，解决了城市收费柜台和收费人员不足、客户交费难、成本过高等问题，提高了电费回收率。

（2）电话银行的缺点。

1）客户心理存在排斥现象。电话银行这种消费方式必须依靠电话才能实现。同时，电话银行密码的设置与保密复杂，如果数据输入错误，将给客户带来损失。实现交费后，不能当场取得票据。客户消费多持排斥、拒绝态度，因此消费信心需要时间和过程建立。

2）系统不稳定，可操作性差。电话银行操作步骤烦琐，存在系统的不稳定和电话线不通畅的问题，这是造成电话银行使用率低的硬伤。

3）电话银行交费存在安全性问题。由于输入字母不便，电话银行的密码相对简单，在先进的设备和技术下，其被破解的难度被大打折扣。同时，由于电话银行和网络银行的关联性，客户往往用网络银行的密码兼当电话银行的密码，使黑客知晓银行卡密码后能轻松盗取。

2. 电话银行应注意的问题

（1）电话银行系统风险防范。为对系统风险进行有效控制，电话银行系统采用统一规划、统一开发的管理模式。系统建设遵循前瞻性、先进性、使用性、安全性的原则，采用过滤路由器与防火墙技术，增加系统的安全保护措施。设备、数据传输等关键部分考虑备份和冗余配置，保证其发生故障时不影响整个系统的正常运行。数据传输过程全程 128 位密钥加密。

（2）交易风险的防范。特别是对银行强制客户将电话银行绑定在固定的电话号码上的情况，应采取电子支付口令卡和 U 盾双重身份验证措施，以确保交易安全。

（三）手机钱包的优缺点及注意事项

1. 手机钱包的优缺点

（1）手机钱包的优点。

1）成功的手机钱包项目可以给项目涉及的各方都带来好处，实现了多方受益。其中电子钱包运行商获利最大，持卡人以预付费的方式先将一定数额的钱交给电子钱包的运行商，这笔金额积累起来是很大的数目；持卡人使用电子钱包在零售商处消费后，运行商才需要把相应的金额划给零售商户，而且，持卡人使用电子钱包消费一定数目的金额后，为继续使用它，会向电子钱包中再存钱，因此可以说，运行商那里始终有一笔数目庞大的沉淀资金。至于运行商用这笔资金来进行投资，还是进行一些基础设施建设，则完全看运行商考虑什么方式对自己利益最大而定。而零售商户则可以从繁琐的现金处理中解脱出来，减少现金被偷盗抢劫的危险，提高效率，更及时准确地维护客户数据库和货物数据库，提高营业额。

2）对于电子钱包的使用者，则购物更为方便，不用找零，并避免携带现金的不安全隐患。

3）对于整个社会而言，则提高了整体效率，社会或城市整体形象得到提高，甚至在降低犯罪率、避免现金流通过程中的细菌交叉感染方面都有益处。同时，手机钱包缴费实现了电费的 7×24 小时交纳，实现了跨地区电费支付。

（2）手机钱包的缺点。

采用手机钱包交费的缺点主要存在于以下三个方面：

1）担心会带来额外费用。客户使用手机钱包方式最大障碍是担心会带来额外费用，从心理上排斥这种交费方式。

2）手机钱包交费的安全性问题。

3）担心手机丢失造成的安全问题和隐私问题。手机本身的硬件环境有限，安全性的考虑并不是很充分，电脑上各种病毒在手机上都一样存在。与电脑相比，手机浏览器的安全性也更差。不同于网上银行，手机钱包最大的特性，就是用电客户身份信息是与手机号码绑定的。如果手机丢失，银行密码也就被识破，此时相当于银行卡和银行密码同时交给别人。现在还有一些不正当的手段，监控别人的手机。

2. 需要注意的问题

手机钱包交费应注意的问题主要包括以下三点：

（1）手机功能需要进一步完善，满足客户通过手机终端直接登录网站，完成选择、下单、付账的全过程。

（2）加密 SD 卡方式实现手机银行需要的身份认证。

（3）同时加强移动支付电费的风险教育和安全提示。

三、管理规范

（一）岗位设置

（1）电费审核员：主要负责责任范围内客户电量、电费计算的准确性，负责责任范围内客户计费信息、日报数据的准确性，负责责任范围内电费回收情况的统计和考核。

（2）电费结算员：主要负责审核收费员转来的实收原始凭证、电费收据存根和银行回单、负责审核电费应收凭证的真实性、准确性，有权对收费员的收费情况、票据使用情况进行检查。

（3）电费管理中心对账员：负责公司实收电费的统计、核对工作；负责欠费数据、实收数据的汇总、核对；负责营销管理信息系统登记的银行进账单与实际银行到账情况的对账工作，负责银行实时代收电费的对账工作。

（4）网络管理员：主要负责规划、监督、控制网络资源的使用和网络的各种活动，以使网络的性能达到最优，网络管理员的工作目的是提供对计算机网络进行规划、设计、操作运行、管理、监视、分析、控评估和扩展的物段，从而合理地组织和利用系统资源，提供安全、可靠、有效和友好的服务。

（5）资料管理员：主要负责营销资料的收集、整理、归档、借阅管理等工作；负责资料的安全性、保密性。

（二）业务流程

1. 网上银行、电话银行业务流程

（1）网上银行、电话银行业务流程图。网上银行、电话银行业务流程图如图5-5所示。

（2）流程管理要求。

1）客户登录银行网页后，输入用户名和网银密码后登录网上银行。

2）利用鼠标选择缴费服务及服务供应商，输入待缴费用的服务号码（可直接选择历史数据记录的缴费号码）。

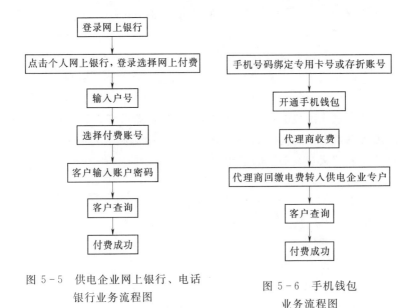

图 5-5　供电企业网上银行、电话
　　银行业务流程图

图 5-6　手机钱包
　　业务流程图

3）在线/脱机查询待缴费用，如无异议，用鼠标确定缴费，网上银行系统从客户账户中扣除，发销账请求（联网时）给收费单位，服务商户确认收费后，显示缴费结果。收费票据由服务供应商送达客户。

4）客户利用网上银行提供的流水查询功能可即时查询缴费流水。

2. 手机钱包业务流程

（1）手机钱包业务流程。手机钱包业务流程图如图 5-6 所示。

（2）流程管理要求。

1）代理商手机号码绑定其上缴代收营收款的专用银联卡，开通手机钱包业务。

2）代理商每日通过发送短信直接回缴营业收入款到供电企业指定收入账户，由供电企业次日集中稽核，实现代理商代收营业收入款在供电企业层面的当日归集，次日稽核。

3）移动、联通等手机客户只要编辑相关短信发送到手机钱包密码，如果不是欠费客户属于正常交费，系统就会自动进行短信回复，回复内容显示客户的用电号、客户姓名、上次电费余额、本次应交和本次实交电费金额、当前电费余额的资料。如果是欠费客户，当输入的交纳金额小于欠费额时，系统会自动回复提示"您输入的金额不足以交纳欠费"，并提示客户发送相关代码进行电费余额查询。如果欠费客户输入金额大于欠费额，系统自动回复"交费成功"的通知短信。

（三）质量考核

1. 网上银行、电话银行业务质量考核

由营销部门按月进行考核。考核内容有：

（1）是否每天都与银行对账，并以银行为主进行及时更正。

（2）是否按时统计各类报表。

2. 手机钱包业务的质量考核

由营销部门按月进行考核。考核内容有：

（1）是否每天都与代理商对账，是否能及时将准备数据发送代理商，且及时接收回来销账。

（2）是否按时进行分类统计报表。

（四）资料管理

1. 业务内容

业务内容同走收方式。

2. 业务流程图

业务流程图同走收方式。

3. 注意事项

注意事项同走收方式。

4. 质量考核

质量考核同走收方式。

5. 资料目录

（1）网上银行。

1）报表：实收日/月报、预收日/月报、违约金日/月报、银行代收情况表。

2）其他资料：银行回单、特约委托凭证、银行对账单。

（2）电话银行。

1）报表：实收日/月报、预收日/月报、违约金日/月报、银行代收情况表。

2）其他资料：特约委托凭证、银行回单、银行对账单。

（3）手机钱包。

1）报表：实收日/月报、预收日/月报、违约金日/月报。

2）其他资料：特约委托凭证。

四、工作规范

1. 电费审核员工作规范

（1）岗位职责。

（2）工作权限。

（3）组织结构图。

（4）岗位技能。

（5）工作内容及要求。

（6）与其他岗位的配合工作。

（7）检查与考核。

见附录四。

2. 电费结算员工作规范

（1）岗位职责。

（2）工作权限。

（3）组织结构图。

（4）岗位技能。

（5）工作内容及要求。

（6）与其他岗位的配合工作。

（7）检查与考核。

见附录五。

3. 电费管理中心对账员工作规范

（1）岗位职责。

（2）工作权限。

（3）组织结构图。

（4）岗位技能。

（5）工作内容及要求。

（6）与其他岗位的配合工作。

（7）检查与考核。

见附录九。

4. 网络管理员工作规范

（1）岗位职责。

（2）工作权限。

（3）组织结构图。

（4）岗位技能。

（5）工作内容及要求。

（6）与其他岗位的配合工作。

（7）检查与考核。

见附录十一。

5. 资料管理员工作规范

（1）岗位职责。

（2）工作权限。

（3）组织结构图。

（4）岗位技能。

（5）工作内容及要求。

（6）与其他岗位的配合工作。

（7）检查与考核。

见附录六。

五、制度规范

（一）对网上银行、电话银行、手机钱包的管理

使用网上银行等的管理是指对居民用户缴费操作网上银行系统、办理网上银行，电话银行、手机钱包等业务的机构和人员建

立逐级管理和分级授权的制度。主要有以下方面。

1. 建立开办网上银行等业务的准入机制

（1）商业银行总行或管辖分行对下属开办网上银行业务的营业机构应具有相应的报批和验收手续，进行业务、技术方面的可行性分析和安全评估。

（2）只有满足规定技术条件和具有良好风险防范措施的营业机构，才能取得受理客户使用网上银行申请、处理客户通过网上银行发起的各种交易的资格。

（3）开办网上银行、电话银行、手机钱包业务的营业机构一般应具有运行良好的计算机网络和电子化基础设施，使用防火墙、电子认证等安全技术手段，订立严密的规章制度，配备合格的管理、技术和操作人员，遵守支付结算和资金汇划纪律，备有切实有效的应急措施。

2. 对管理网上银行、电话银行、手机钱包等客户的内部人员的管理

在网上银行等业务的管理体系中，客户信息和权限的维护、客户用于身份认证的数字证书的发放等一般由指定的银行内部操作人员进行操作。因此，对操作网络客户管理系统的内部人员也需建立横向制约和相互监督的管理机制。可采取以下措施：

（1）客户信息管理人员与系统开发人员、后台业务人员不能相互兼任。

（2）建立多级的柜员管理体系，实施监督，分行实施对网点的监督。

（3）对于增加、修改、冻结、解冻网上银行客户，以及重置密码等重要操作必须坚持换人授权制度。

（4）发放客户数字证书下载密码的人员必须与管理空白证书IC卡的人员实行分离。

（5）柜员的操作应由网络中心进行监控并写入操作日志中，进行事后检查。

3. 对处理网上银行等业务的内部人员的管理

虽然网上银行等业务的各种缴费由客户通过网络发起，但进入供电公司内部网和业务主机系统后，一般仍需由公司内部业务人员进行相关的后续处理，如打印网上银行等业务的交易凭证，然后通过同城交换或电子联行等资金汇划渠道将付款人的指令发送收款人。对于网上银行等业务，供电公司内部人员应做到及时、准确处理客户提交的交易，严禁对网上交易指令进行抹账或篡改；定期与客户核对交易信息，避免网上交易重复入账等问题。

（二）供电公司对网上银行等客户的管理

供电公司对网上银行等客户的管理是指公司对那些客户可以使用网上银行、电话银行、手机钱包等，客户可以使用那些服务，以及客户操作的过程和结果进行管理。对客户的管理是供电公司管理最为重要的环节，主要包括以下方面。

1. 对申请使用的客户资格条件的审查

鉴于业务的风险性，供电公司应对申请使用的客户规定严格的申请和审批手续。申请的客户分为单位和个人两大类。单位客户又可分为一般客户和集团客户（如总公司或母公司）。一般客户只能查询、划转本单位账户的信息或资金。集团客户根据协议，有权通过这些业务，管理集团内部各单位的账户资金。由于账户管理和结算制度方面的要求不同，供电公司一般对单位的资格审查严于个人，对集团客户严于一般客户。

供电公司对申请的客户的审查内容包括客户是否在供电公司开立结算账户，是否一贯遵守支付结算纪律，是否发生过延期缴费等不良信用记录等，对于集团客户还需审查集团客户内部各单位之间是否订立授权书。只有符合条件、信誉良好的客户，供电公司才为其提供服务。

2. 对客户身份验证的管理

办理网上银行、电话银行、手机钱包业务，客户与银行并非直接面对面进行交易，因此银行如何鉴别客户的身份，以及保证客户交易信息的可靠性、完整性、保密性，是网上银行安全管理的重要环节。目前，商业银行一般采用以数字证书为基础的安全认证体系。

数字证书是一个记录用户身份和公开密钥的文件，在网上银行业务中用于证实客户的身份和对网络资源访问的权限，是网上银行身份认证、数据加密、数字签名的基础。客户必须使用客户证书才能登录网上银行交易系统。凡使用客户证书进行的操作，均视做持有证书的客户所为。为保证证书的可靠性、权威性、通用性，国内商业银行一般采用中国金融认证中心签发的数字证书。

银行对客户数字证书的管理包括给客户发放唯一的证书文件，提供统一的证书载体如 IC 卡，受理客户证书冻结、挂失、注销申请等。银行应告知客户妥善保管数字证书，以免被他人盗用。

3. 对客户业务操作权限的管理

对客户业务操作权限的管理大致可分为业务功能权限管理、账户操作权限管理和提交金额上限管理。业务功能权限管理是指客户可以使用哪些服务，如查询、支付、集团资金管理、代发工资、外汇买卖、银证转账、购买债券等。账户操作权限管理是指客户可以使用账户，以及每个账户的操作权限，如结算存款账户可以转账支付。提交金额上限管理是指客户通过缴费，每次或每日累计的金额最高额度是多少。另外，还需对单位客户分配具体使用用户数量和用户级别。

4. 对客户缴费过程的监督

为了确保系统正常运行，准确、及时接收和处理业务，防范异常交易的发生，银行应对客户发起的各类交易进行实时、全过程的监控和管理。

第三节　邮政委托

一、业务简介

邮政委托业务，主要是指供电企业本着用电客户自主、自愿的原则，根据客户每月用电量的大小，在县城、各乡镇邮政储蓄网点为用电客户开具活期存折，用电客户以存款的形式提前存入部分资金，存款金额根据客户每月用电量而定，由储蓄所按照供电所每月提供的电费金额在此账户扣划电费，反映客户每月用电量的电费单据由邮政报送员按时送到客户的手中。

邮政委托方式中的某些合作内容与其他银电合作中的其他方式有相同之处，但因为邮政委托更适合广大农村，特别是边远农村，且具有邮政委托特色的合作内容，所以作为银电合作模式中的一种方式单独列出。它主要包括邮政储蓄代扣和邮政外包两种。

1. 邮政储蓄代扣

邮政储蓄代扣适合所有有邮政储蓄网点的地区和乡镇客户。邮政营业网点遍布城乡，每个乡镇都有一所邮政营业点，业务受理简便。凡当地用电客户都可以到邮政营业网点购置使用电费充值卡。

例如，外出务工家庭，如果全家外出务工，节假日回家用电，又不逢抄表收费，电费无从交纳；如果家中只剩下老人和上学的孩子留守，平日电费不便跑远路去交纳。工作繁忙的企事业工作人员，其工作时间与供电企业的收费时间同步，很难错时交费。教职工居民在假期中常回老家或外出学习、游玩，常常错过交电费时间，耽误交电费。商铺出租、住宅租赁的用电客户，用电客户不是长期居民，对交电费常与房产主有矛盾，有时正用着房主的房子，就不辞而别，造成电费风险。这些客户购买使用电费充值卡最为合适。

2. 邮政外包

邮政外包是指供电企业将辖区所有低压客户的电费回收工作外包给邮政企业，邮政企业利用自己的营业网点实施柜台联网收费，欠费风险由邮政企业承担，主要适用于城市、农村中小用电量低压居民客户。

二、应用分析

(一) 邮政储蓄代扣的优缺点及注意事项

1. 邮政储蓄代扣的优缺点

(1) 邮政储蓄代扣的优点。

1) 实现真正意义上的抄、收分离。解决了农电工为用电户垫支电费现象，能做到电费上清下也清问题。消除了农电工携带大量现金，收假币、找零难现象。省时、省力，客户不用每月专门跑到储蓄所交纳电费，到时有人抄录、有人送达电费单据。

2) 对于邮政系统来说，通过代收电费业务的开展，吸纳了一定数量的资金，增加了存款额，宣传了储蓄的业务，赢得了信任度，同时在有效的时间内通过资金流通获取了更大的利益，既拓展了业务面，又增加了收入。

3) 有利于电价政策的有效贯彻执行，减少了乱加价、高电价变低电价等现象。客户储蓄有收益（利息归己），又可及时方便地缴纳电费或者电话费等其他费用，省时省心。有利于规范电力营销行为，提高供电企业的服务水平。减少了电力营销的中间环节，大大提高了供电企业的电费回收率和资金到账率。

4) 节省了农电工到户收费的麻烦，有利于管理。过去农电工拿着打印好的电费发票到客户那里收取电费，经常遇到收错费、收假币、难找零等难题，现在只要客户的存折上有足够的余额，电费可以转到电力部门的账户中，既快捷又方便。

5) 资金转账速度快，避免转账时间延长。电费邮政储蓄是电力、邮政、客户三方合作受益的一种新型电费结算方式，带动了客户缴费观念的转变，由过去带有强制性的"收"，变为具有主动性的"缴"，强化了"电是商品"的意识。

(2) 邮政储蓄代扣的缺点。

1) 前期投入大。由于邮政划拨电费涉及面广，邮政部门前期投入大，收益不明显，出现了畏难情绪。

2) 不能实现数据实时到账。由于目前系统不完善，数据传递与扣划均未实现时时状态，手工操作出现差错几率较大且费时，一般不能实时到账，不利于月末电费催缴。

3）客户在邮政储蓄所开户难。新开户和丢失储蓄本的都需要做"加办号"。所谓"加办号"，是指电力企业委托邮政部门代收电费中邮政部门区批量交易与单户交易所用的一种标识，它与客户编号、账号和姓名相对应。而办理"加办号"必须经省邮政局编制才行，县邮政局不能自行编制。这样，新增户和丢失储蓄本的户就没法随时处理，造成客户开户难，给电费回收工作带来难度。

4）邮政、供电企业业务上衔接不很到位。邮政部门为一些用户开立账户后未与该户建立电费代办关系，从而导致了部分用户账户上有足够的余额却不能进行电费代扣，造成电费不能足额回收。即使邮政部门与供电企业建立了电费代办关系，但是，受传统思想影响，一部分客户每月只在当月电费单据下发后，存当月电费，且存款时间较晚，用户如不能及时续存电费，一旦超过每月代扣日期后，即使上账也无法进行电费代扣（如果单独代扣极易造成财务记账上的混乱），形成用户认为已交费，而供电企业实际收不到费的现象。

5）客户不理解，催费难，不能及时掌握客户交费情况。部分客户意识不到位，他们已经习惯了现在的现金交费方式，对电费邮政储蓄这一新生事物思想上不理解，行动上也就不十分积极。

6）容易导致客户对交费系统的不信任，形成电费纠纷。由于代扣电费后不能当场给票，用户不能随时掌握扣款情况，同时因为用户不到邮政储蓄所显示不出自己存折上的金额，用户个人账户上金额不足时需要及时到邮政储蓄所续存，无形中给用户带来麻烦，造成了用户对此项工作的不信任、不支持。由于增加了邮政扣款这个中间环节，不是电费现金与电费票据之间的直接结算，造成了电工手中滞留电费票据情况，容易形成电费纠纷。

7）邮政充值系统不完善。

8）邮政储蓄的一些规定不利于用户交费。用户账户上必须有 1 元以上的余额，使得电费不能灵活地回收。

2. 邮政储蓄代扣应注意的问题

（1）供电所设一名专责人，负责供电所与邮政局协调、联络工作。每村收取电费统一由专责人登记、审核后交邮政局。账户余额应保持平均月电费的 1.5 倍以上，金额至少为 10 元的整数。用电村内较大动力客户须于当月 26 日前预存本月电费。每月邮政局通报缴费清单后，台区专责人须在通报后两日内催齐扣划不成功电费，并负责催交 1.5 倍以上邮政储蓄金额。

（2）针对用户多的乡镇，应积极主动与邮政部门协调多设几个收费网点，缓解交费压力。规范操作流程，增加透明度。每月把用户的扣款情况定时、定点公布，把扣款成功用户的票据按时发放，使用户做到心中有数。采取一定的激励措施，对预存金额大的用户给予一定奖励，提高用户主动多预存电费的积极性。

（二）邮政外包的优缺点及注意事项

1. 邮政外包的优缺点

（1）邮政外包的优点。

1）有效解决了供电企业收费网点和人员严重不足的问题，供电企业收费压力大幅减小。

2）对合作方来说，除了获取应有的手续费利益外，还扩大了吸储力度，提高了竞争力，充分发挥了闲置人员的作用，提高了经济效益。

3）保证了电费回收率。电费回收率是考核基层单位的主要经济指标之一，电费回收的好坏直接影响企业和员工的经济效益。

4）方便了弱势群体。实行邮政外包收费后，为方便农村困难户、五保户、残疾人等不方便缴费对象，各供电所与各邮政分局一道采取带充值卡上门、存折卡到户，预缴电费。同时对调查了解的特困户，主动帮忙与民政部门、村委会联系，一次性解决

200 元钱，存入邮政电费账户，帮助他们解决缴费困难，确保了农村电费收缴率。

5）增加了电费账户存款额。邮政外包前没有存款额，只有欠费，现在大部分用户在邮政局、邮政分局办理了电费存折，不但能及时扣缴电费，用户还有利息收入。

（2）邮政外包的缺点。

1）电费外包电费划拨不及时。邮政部门规定 1 个月只给划 1 次电费，划电费还需要省邮政局统一划，县邮政局不能划，这样，电费专项储蓄本余额不足的和丢失电费专项储蓄本的客户电费不能当月划拨，只有等到下个月累计起来划拨，造成电费储蓄代扣不及时，且容易出错。

2）个别邮政外包单位要求客户最少要交纳 50 元，用电量小的客户存 50 元就够用 2～3 年的电量，由于这样的客户家庭经济条件都不富裕，部分客户对此意见较大。

3）邮政所人员的工作积极性不高。由于电费储蓄的存款额不作为邮政所工作人员的任务指标，这样报酬不增，业务却增加了几十倍。同时，开展邮政储蓄，用户预存电费金额少并且业务烦琐，工作量又大，邮政储蓄所人员可能会出现厌倦情绪，邮政职工队伍素质较低，有待于整体提高，邮政系统受经济利益驱使，对小金额用电户存款不积极，服务态度需提高，因此工作积极性不高，直接影响了供电企业的形象及电费的回收。

4）交费时间较为集中，大多集中在一次划款后或乡镇集市时，经常造成拥挤现象。邮政系统服务窗口太少，每个乡镇仅有的一两个窗口却要面对上万个用户，用户续存电费经常会出现一窝蜂现象，用户交费很不方便。

2. 邮政外包应注意的问题

（1）先进的互通互联技术平台是基础。邮政外包的前提是供电企业与合作方可实行联网收费，它必须借助现代化的计算机技术及通信网络方能实现，因此，互通互联网络必须运行安全、可靠、稳定。

　（2）诚信合作、实现共赢是前提。电费代收是一项长期细致的工作，工作量大，手续费低，因此与邮政企业开展电费代收工作，首先要取得领导层的支持，做到诚信合作，利益共享，风险共担。部分时段邮政网点收费压力较大。

　（3）加强宣传，做到家喻户晓。

　（4）加强制度建设，强化过程监控，确保收费工作常态化运行。

　（5）加强环节过程管理。针对流程及过程管理上出现的漏洞，供电企业与合作方应及时沟通，对关键环节的衔接要具体明确，主要是对双方催收职责、催收时限、催收中途客户交费信息的传递等进一步明晰，让收费工作有据可依，确保代收工作的顺利持续开展。双方均要严格落实《电费收费业务外包协议》的具体要求，保证协议的严肃性。

　（6）加强收费服务质量管理。为保证邮政代收过程中的服务质量，供电企业可采取以下措施：

　1）在制度（如外包合同）上明确各类服务投诉事件的责任。

　2）建立收费服务质量体系，双方指定专人第一时间衔接。

　3）在邮政收费高峰期，供电企业随时对其收费服务质量进行明察暗访。

　4）供电企业定期对邮政企业的服务质量问题进行收集，供电企业主管部门汇总落实后及时与邮政管理部门进行沟通协调，并提出解决措施。

　5）每年定期召开邮政代收座谈会，邀请双方基层管理人员就收费过程还需双方调解的事项达成解决措施。加强双方联网的网络基础建设，提升通信网络的可靠性，避免网络故障影响电费回收和优质服务。针对部分时段邮政网点收费压力较大问题，要制定针对性措施，有效缓解收费窗口压力。切实控制合作方垫支资金现象，杜绝欠费风险，确保双方长期共赢。

　6）供电企业应向政府汇报沟通，取得政府支持。为使邮政外包收费顺利实施，供电企业积极与各级政府沟通，取得他们的支持，收到了很好的效果。在邮政外包工作之初，首先将上级供电公司制订的相关文件和要求，向地方政府做专题汇报，由地方政府牵头，分管镇长召开各村支部书记会议，专题布置安排邮政代收电费工作的落实，各供电所联系工作实际，请镇、村干部到供电所座谈，向他们汇报实行邮政外包工作的难点问题，商讨解决矛盾的措施和办法。通过这些工作，取得了地方政府的积极支持，使邮政代收电费工作得到顺利实施。

7）广泛宣传，提高认识。为使邮政外包电费实施到位，供电企业成立工作组，召开专题会议，深入动员，分组分片上门解释，向广大用户宣传实施邮政外包电费的目的和现实要求。统一印制宣传横幅，发放《告用户通知书》，通过深入广泛宣传，使用户提高对邮政代扣农村电费的认识和交费意识，打消思想顾虑，愉快接受邮政代扣电费的缴费方式。

8）制定措施，落实责任。实行邮政代收农村电费工作面广、量大，供电企业要结合实际，深入调查，制定邮政储蓄代收代扣农村电费方案，并应首先选择某一供电所作为实行邮政外包收费试点，做到以点带面，以小带大，先易后难，进行普及推广。

三、管理规范

（一）岗位设置

（1）抄表员：主要负责责任范围内的抄表工作、电费回收工作、线损管理工作。

（2）电费结算员：主要负责审核收费员转来的实收原始凭证、电费收据存根和银行回单；负责审核电费应收凭证的真实性、准确性；有权对收费员的收费情况、票据使用情况进行检查。

（3）电费审核员：主要负责责任范围内客户电量、电费计算的准确性；负责责任范围内客户计费信息、日报数据的准确性；负责责任范围内电费回收情况的统计和考核。

（4）县供电企业电费会计：主要负责电费账务管理工作；负

责填制并上报有关电费账务管理的相关报表；负责保管各种收费票据、银行印鉴，并对保管资料的安全性和真实性负责。

（5）电费管理中心出纳：负责做好每一笔经济业务的收付工作，保证合理、合法、正确性。且编制现金和银行存款日报表的人员。

（6）电费管理中心对账员：负责公司实收电费的统计、核对工作；负责欠费数据、实收数据的汇总、核对；负责营销管理信息系统登记的银行进账单与实际银行到账情况的对账工作，负责银行实时代收电费的对账工作。

（7）资料管理员：主要负责营销资料的收集、整理、归档、借阅管理等工作，负责资料的安全性、保密性。

（二）业务流程

1. 邮政储蓄代扣

（1）邮政储蓄代扣业务流程图如图 5-7 所示。

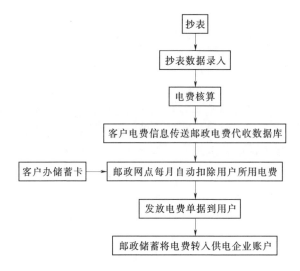

图 5-7 邮政储蓄代扣业务流程图

（2）流程管理要求。

1）抄表：同走收方式。

2）电费核算：同走收方式。

3）客户办理储蓄卡。

①客户携带身份证、邮政存折（绿卡）、电费发票（或用电信息卡），到供电营业厅或者邮政储蓄银行签订协议。如村组集中办理，供电、邮储可提供上门服务。

②电费委托代扣协议上需要注明电费客户编号、户名、联系电话、付款账户信息，户名与身份证姓名完全一致，协议一式两份，客户、邮储银行各持一份。

4）扣除电费。

①客户要在邮政储蓄银行的账户里存入足够的资金，每月电费有供电公司生成电费清单发送至邮政储蓄银行，银行从客户的银行存折里定时代扣相应电费。

②客户的当月电费是否代扣成功，供电公司会以短信方式提醒客户：若没有代扣成功，请及时在每月的某日前到邮政储蓄银行续存。

5）电费划拨工作。

①电费管理中心制定月度电费划拨计划日程。

②营销系统在计划日当晚生成划拨信息，并上传至邮政银行接收设备。

③邮政银行在当晚，按照文本信息对客户存折进行电费划扣，并于次日上午将划扣结果传递至供电公司银行前置机。

④电费管理中心专职人员接收批扣电子文本，检查核实电费应收、划拨数据后，接收至营销信息系统。

⑤当日晚上营销系统自动进行销账处理。

6）电费通知和催存。

①在电费管理中心接收了电子文本后，各单位即可从营销系统中查询划拨成功、未成功的客户明细。

②各供电营业所对未预留联系方式或暂不能提供短信功能的联系方式（如小灵通、固话等），以电话、上门等方式通知客户续存电费。

③最后一次划拨时间过后，对仍未划拨成功的，管理员通知客户到当地邮政储蓄所实时缴费，并在存折上续存足额电费。

④每月末日前，供电营业所在各村显著位置张贴"三公开"信息公告，公布客户电量、电价、电费和划拨信息。

7）异常情况处理。

①发票打印问题。划拨电费后，客户可到供电营业所或邮政储蓄所补打若干个月的电费发票。

②重复缴费问题。由于种种原因，客户在柜面缴纳了电费，同时也进行了划拨代扣，所在供电营业所在核实情况后，尽量说服客户将重复的交费作为预收电费下月自动冲转。若客户执意不肯，走电费退费流程进行处理。

③电费划拨错误。因划拨账号录入混淆等原因，导致客户存折资金划给其他客户代缴电费，报各单位电费专责核实后，由供电单位电费专责填制调账申请工作单，上报电费管理中心，由专职人员据实进行调账处理，进行错误纠正。

2.邮政外包

（1）邮政外包业务流程。邮政外包业务流程图如图5-8所示。

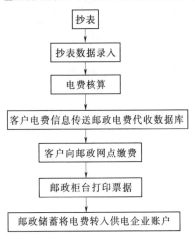

图5-8　邮政外包业务流程图

（2）流程管理要求。

1）抄表：同走收方式。

2）电费核算：同走收方式。

3）客户向邮政网点缴费。

①客户凭供电企业制作的交费磁卡可以在抄表后的数天之前到当地的邮政网点进行缴费，还可以到邮政的任何网点缴费。

②客户携带缴费卡到邮政网点后，邮政人员刷卡后，邮政收费系统将显示客户名、客户编号、本月应交的电费、缴费卡中余额，如果卡中余额不足，邮政收费人员将提醒客户及时进行续费，如果卡中余额足额，确定交费成功。

4）邮政柜台打印发票。确定交费成功后，邮政收费系统中已产生交费记录，再点击系统中的打印按钮将发票进行打印。

5）电费划拨工作。

①电费管理中心制定月度电费划拨计划日程。

②营销系统在计划日当晚生成划拨信息，并上传至邮政银行接收设备。

③邮政银行在当晚，按照文本信息对客户存折进行电费划扣，并于次日上午将划扣结果传递至供电公司银行前置机。

④电费管理中心专职人员接收批扣电子文本，检查核实电费应收、划拨数据后，接收至营销信息系统。

⑤当日晚上营销系统自动进行销账处理。

6）电费通知和催存。

①在电费管理中心接收了电子文本后，各单位即可从营销系统中查询划拨成功、未成功的客户明细。

②各供电营业所对未预留联系方式或暂不能提供短信功能的联系方式（如小灵通、固话等），以电话、上门等方式通知客户续存电费。

③最后一次划拨时间过后，对仍未划拨成功的，县区管理员通知客户到当地邮政储蓄所实时缴费，并在存折上续存足额电费。

④每月末日前，供电营业所在各村显著位置张贴"三公开"信息公告，公布客户电量、电价、电费和划拨信息。

7) 异常情况处理。

①发票打印问题。划拨电费后，客户可到供电营业所或邮政储蓄所补打若干个月的电费发票。

②重复缴费问题。由于种种原因，客户在柜面缴纳了电费，同时也进行了划拨，所在供电营业所在核实情况后，尽量说服客户将重复的交费作为预收电费下月自动冲转。若客户执意不肯，走电费退费流程进行处理。

③电费划拨错误。因划拨账号录入混淆等原因，导致客户存折资金划给其他客户代缴电费，报各单位电费专责核实后，由供电单位电费专责填制调账申请工作单，上报电费管理中心，由专职人员据实进行调账处理，进行错误纠正。

（三）质量考核

1. 抄表质量考核

抄表质量考核同走收方式。

2. 电量电费审核的质量考核

电量电费审核的质量考核同走收方式。

3. 邮政委托收费质量考核

由营销部门按月进行考核。考核内容有：

（1）是否再有应收电费时，及时准备数据发送邮政储蓄，且及时接收回来销账。

（2）是否每天都与邮政储蓄对账，并以邮政储蓄为主进行及时更正。

（3）是否按时统计各类报表。

（四）资料管理

1. 业务内容

业务内容同走收方式。

2. 业务流程图

业务流程图同走收方式。

3. 注意事项

注意事项同走收方式。

4. 质量考核

质量考核同走收方式。

5. 资料目录

(1) 抄表。

1) 工作单：业务工作单。

2) 报表：电能表实抄率报表、抄表差错率报表、营业责任事故报表、目标管理快报、应收电费日报表、抄表日程执行情况考核表。

3) 台账：抄表器（本）领用、归还登记台账、计量箱钥匙领用、归还登记台账。

4) 其他资料：营业责任事故与差错记录、电费（临时）通知单、催费通知单、停（限）电通知单。

(2) 电量电费核算。

1) 工作单：缺抄工作单、退补电量电费工作单。

2) 报表：营业差错报表、抄收日报表、电费增减张报表、应收电费汇总凭证、大客户月报表、大客户用电情况报表、大中客户用电情况分析、峰谷电价实行情况分析、实际分时电价客户汇总分析表、峰谷分时按电价汇总分析表、售电收入分析月报表、售电收入分析表、售电收入统计分析报表、售电收入电价分析报表、售电情况统计、分时计费清单报表、分时应收电费（当月/累计）报表、分时电价客户（当月/累计）报表、应收电费汇总年报表。

3) 台账：计费清单、差错记录清单、异动（另账）电费清单、违约用电清单、各类代收款统计清单（分明细）。

(3) 邮政委托收费。

1) 报表：实收日/月报、预收日/月报、违约金日/月报、邮政储蓄代收情况表。

2) 其他资料：邮政储蓄回单、特约委托凭证、邮政储蓄对账单。

四、工作规范

1. 抄表员工作规范

（1）岗位职责。

（2）工作权限。

（3）组织结构图。

（4）岗位技能。

（5）工作内容及要求。

（6）检查与考核。

见附录二。

2. 电费审核员工作规范

（1）岗位职责。

（2）工作权限。

（3）组织结构图。

（4）岗位技能。

（5）工作内容及要求。

（6）与其他岗位的配合工作。

（7）检查与考核。

见附录四。

3. 电费结算员工作规范

（1）岗位职责。

（2）工作权限。

（3）组织结构图。

（4）岗位技能。

（5）工作内容及要求。

（6）与其他岗位的配合工作。

（7）检查与考核。

见附录五。

4. 电费管理中心出纳工作规范

(1) 岗位职责。

(2) 工作权限。

(3) 组织结构图。

(4) 岗位技能。

(5) 工作内容及要求。

(6) 与其他岗位的配合工作。

(7) 检查与考核。

见附录八。

5. 电费管理中心对账员工作规范

(1) 岗位职责。

(2) 工作权限。

(3) 组织结构图。

(4) 岗位技能。

(5) 工作内容及要求。

(6) 与其他岗位的配合工作。

(7) 检查与考核。

见附录九。

6. 县供电企业电费会计工作规范

(1) 岗位职责。

(2) 工作权限。

(3) 组织结构图。

(4) 岗位技能。

(5) 工作内容及要求。

(6) 与其他岗位的配合工作。

(7) 检查与考核。

见附录七。

7. 资料管理员工作规范

(1) 岗位职责。

(2) 工作权限。

（3）组织结构图。

（4）岗位技能。

（5）工作内容及要求。

（6）与其他岗位的配合工作。

（7）检查与考核。

见附录六。

五、制度规范

1. 抄表、核算的制度规范

抄表、核算的制度规范同走收方式。

2. 电能计量的制度规范

电能计量的制度规范同走收方式。

3. 收费的制度规范

（1）电费回收率应达到 100％。

（2）供电营业所应加强电费的票据管理，所有电费票据由县及县以上的供电企业统一印刷，并严格领用和使用程序，电费票据应反映出电能表起止码、电量、电价和各种电费等内容，全面推行计算机开票到户。

（3）各县供电企业要加强对供电所电价、电费的管理，定期开展专项检查，发现问题及时解决，要加强内部考核，严格控制电费电价差错率。

（4）邮政储蓄确认盖章的进账单要妥善保管，按规定日期交供电公司营销部备存记账。未按程序的，根据双方签订协议，收到相应的处罚。

（5）针对流程及过程管理上出现的漏洞，供电企业要与邮政企业及时沟通，对关键环节的衔接要具体明确，主要是对双方催收职责、催收时限、催收中途客户交费信息的传递等进一步明晰，让收费工作有据可依，确保代收工作的顺利持续开展。双方均要严格落实《电费收费业务外包协议》的具体要求，保证协议的严肃性。加强收费服务质量管理。

（6）邮政外包的前提是供电企业与邮政企业可实行联网收费，它必须借助现代化的计算机技术及通信网络方能实现，因此，应保证互通互联网络的运行安全、可靠、稳定。

（7）打印的收据一式三份，一份交给客户，一份留储蓄所，一份交供电公司营销部。上交营销部的收据需有供电公司公章、经办人签字或盖章。

（8）供电公司售电收据和银行进账单每月上交两次当月16日一次，次月1日一次，每延期一天上交，根据协议，邮政储蓄收到相应的处罚。若出现不相符或丢失的现象，每发生一户，邮政储蓄应赔偿供电公司损失。

（9）营销部负责供电公司和邮政委托收费或代扣的对账工作，每月与银行对账两次。无故影响对账的，发生一次应赔偿损失。

（10）供电企业应采取措施保证邮政代收过程中的服务质量：

1）在制度（如外包合同）上明确各类服务投诉事件的责任。

2）建立收费服务质量体系，双方指定专人第一时间衔接。

3）在邮政收费高峰期，供电企业随时对其收费服务质量进行明察暗访。

4）供电企业员工定期对邮政企业的服务质量问题进行收集，供电企业主管部门汇总落实后及时与邮政管理部门进行沟通协调，并提出解决措施。

5）每年定期召开邮政代收座谈会，邀请基层管理人员就收费过程还需双方调解的事项达成解决措施。加强双方联网的网络基础建设，提升通信网络的可靠性，避免网络故障影响电费回收和优质服务。针对部分时段邮政网点收费压力较大问题，要制定针对性措施，有效缓解收费窗口压力。切实控制邮政企业垫支资金现象，杜绝欠费风险，确保双方长期共赢。

6）汇报沟通，取得政府支持。为使邮政外包电费这种新的收费方式顺利实施，在邮政代收工作之初，应将上级公司文件依据和要求，向地方政府作汇报，布置安排邮政代收电费工作的落实，各供电所联系工作实际，向镇、村干部汇报实行邮政外包工作的难点问题，商讨解决矛盾的措施和办法，从而取得了地方政府的积极支持，使邮政代收电费工作得到顺利实施。

7）广泛宣传，提高认识。为使邮政外包电费实施到位，供电所成立专门工作组，召开专题会议，深入动员，分组分片上门解释，向广大用户宣传实施邮政外包电费的目的和现实要求。

8）制定措施，落实责任。实行邮政代收农村电费工作面广、量大，涉及多个供电所的十几万用户，供电公司应结合实际，深入调查，制定《邮政储蓄代收代扣农村电费可行性方案》，选择其中一供电所作为实行邮政代收试点，做到以点带面，以小带大，先易后难进行普及推广。

第六章　社会化代收模式

社会化代收（非金融机构）是指供电企业借助社会化组织或个人的力量回收电费，即供电企业与社会化组织或个人签订代收电费协议，按每份发票一定的金额或按一定比例付给代收方手续费。社会化代收又可分为非金融机构实时联网收费、公用事业单位合作收费、公共机构合作收费、商业网点非实时收费四种方式。根据交费的实时性，又可分为实时代收和非实时代收。实时代收是指供电企业利用代收方的场地、人员，通过 POS 机、移动收费机等收费终端，与供电企业营销网络进行联网实时收费。社会化代收一方面减轻了供电企业压力，另一方面实现了社会公共资源利用的最大化，科学合理地配置了社会公共资源。

第一节　公用事业单位（营业厅）代收

一、业务简介

公用事业单位（营业厅）代收是指供电企业借助公用事业单位的收费网点回收电费，即供电企业与公用事业单位签订代收电费协议，按每份发票一定的金额或按一定比例付给代收方手续费。公用事业单位包括自来水公司、燃气公司、电信公司等。

公用事业单位代收适用于城镇用电量不大的中小客户。

二、应用分析

（一）公用事业单位代收的优缺点

公用事业单位代收减轻了供电企业的收费压力，拓展了收费渠道，方便了客户交费，但代收单位应及时将代收的电费资金划转给供电企业，供电企业也须建立健全规章制度，规范、加强对代收单位的管理、引导，规避风险。

1. 公用事业单位代收的优点

（1）解决了供电企业收费窗口和人员不足的问题，同时也减轻了供电企业的压力。

（2）规避了走收时随身现金较多被偷、被抢等安全风险。

（3）方便了客户，可部分解决其交费难、交费成本过高等问题，一定程度上提高了电费回收率。利用社区、电信联通代办点等成立合作营业厅，方便用电客户在自家门口实时缴纳电费。合作营业厅无需供电方投入任何资金，其经济利润直接来源于代收业务量，所以其代收积极性和服务质量高。从最初的营业柜台收费发展到电费储蓄批扣，发展到银行专柜代收，发展到开通合作营业厅，每一种新兴缴费方式的储蓄，都是供电企业服务不断发展和进步的缩影。

2. 公用事业单位代收的缺点

（1）公用事业单位在收取用电客户的电费资金后，不能及时转交给供电企业，影响了供电企业的电费资金规范化管理。

（2）个别电费社会代收点存在工作积极性不高问题。

（3）个别电费社会代收点存在执行协议不到位问题。不能在规定时限上交电费，在找零时用实物相抵或不找零，服务态度不好、服务礼仪不规范等现象。

（4）代收人员在服务意识、服务质量方面无法和供电企业的员工相提并论，一旦因服务质量差而引起客户不满，最终受影响的还是供电企业的形象。

（5）由于公用事业单位的上下班时间与供电企业基本相同，故不能解决城市上班族上班时间与供电企业交费时间冲突问题。

（6）对于偏远农村地区，公用事业单位的收费网点也无法全面覆盖，不能有效补充供电企业的收费网点。有的乡镇供电所供电范围较大，部分农村客户距离营业厅较远，定点缴费不方便。

（7）柜台收费时，客户缴费金额涉及找零问题，会加长单笔业务办理时间。因电费结算的周期性强，因而遇到收费高峰期，营业厅会人满为患等。

（8）收费系统运行安全问题。合作营业厅依托移动收费系统技术平台进行代收业务，随着计算机网络技术和黑客攻击技术的不断提高网络、资金安全对系统考验越来越严峻。建议加强移动收费系统的运行管理和维护确保数据的可靠性和完整性。

（二）公用事业单位代收应注意的问题

（1）加大管理力度。制定农村电费社会化代收评价办法，每半年评价一次，对服务态度不好的收费点人员，通报批评，严格考核，直至取缔；对客户满意、工作称职、积极热情的收费点人员，给予奖励和表彰。

（2）加大培训力度。分批分期对代收点人员进行收费须知、收费礼仪规范、收费难点分析、收费经验介绍等内容的培训。

（3）区别报酬。对于小额代收电费按笔数付报酬，大额按代收金额一定比例支付报酬。

（4）积极拓展交费渠道，寻求新的代收单位。

（5）逐步拓宽业务范围，积极探索、大胆尝试、不断改进完善电费社会化代收。

（6）对代收方制订相应的考核管理制度，明确双方的权利和义务，加强对代收电费资金的管理。

三、管理规范

（一）岗位设置

（1）抄表班长：主要负责每月制定抄表方案，明确抄表人、抄表路线、抄表路径和抄表时间；非抄表期间，抄表器应在抄表中心统一保管，抄表期间，按照抄表方案中确定的抄表路线向抄表人员发放相应的抄表器；如果使用抄表器现场抄表，抄表器在下发之前，应更新内存数据。

（2）抄表员：主要负责责任范围内的抄表工作、电费回收工作、线损管理工作。

（3）收费员：主要负责供电企业实收电费的统计、核对工作；负责向公用事业单位（营业厅）代收点传输代收电费数据、发放电费发票。

（4）电费审核员：主要负责责任范围内客户电量、电费计算的准确性；负责责任范围内客户计费信息、日报数据的准确性；负责责任范围内电费回收情况的统计和考核。

（5）电费结算员：主要负责审核收费员转来的实收原始凭证、电费收据存根和银行回单；负责审核电费应收凭证的真实性、准确性；有权对收费员的收费情况、票据使用情况进行检查。

（6）资料管理员：主要负责营销资料的收集、整理、归档、借阅管理等工作；负责资料的安全性、保密性。

（7）县供电企业电费会计：主要负责电费账务管理工作；负责填制并上报有关电费账务管理的相关报表；负责保管各种收费票据、银行印鉴，并对保管资料的安全性和真实性负责。

（8）电费管理中心对账员：负责公司实收电费的统计、核对工作；负责欠费数据、实收数据的汇总、核对；负责营销管理信息系统登记的银行进账单与实际银行到账情况的对账工作，负责银行实时代收电费的对账工作。

（二）业务流程

1. 公用事业单位（营业厅）代收电费业务流程

公用事业单位（营业厅）代收电费业务流程图如图 6-1 所示。

2. 流程管理要求

（1）抄表：同走收方式。

（2）电费核算：同走收方式。

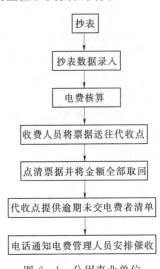

图 6-1 公用事业单位（营业厅）代收电费业务流程图

（3）收费。

1）业务内容。

①收取电费、违约金、预售电费，并打印电费票据。

②保管票据、凭证等单据和印鉴。

③统计及上报相关收费报表。

④为客户提供电费、电价咨询。

2）注意事项。

①城区、县供电企业必须建立社会代收电费点情况一览表（在新增或减少社会代收电费点时，及时修改）。

②供电企业电费员在抄表算费并打出电费发票后，通知电费代收人，明确告知此次电费总额，要求电费代收人在接到通知后，预先准备应交付的电费。

③电费代收点收费人员受理客户缴费时，应仔细核对客户的编号和名称，以免造成混淆。登记记账单时，要根据进账单的要素准确录入并及时销账。当客户缴费金额不足时，在营销管理信息系统中做部分收费，打印收据。

④电费代收点收费人员做好现金电费的管理，及时入账、登记、审核。现金电费的进账金额要求与现金报表金额完全一致。对于当天未进账的现金，做好登记工作。现金进账后，不允许当日对电费退单。

⑤城区、县供电企业按电话约定的时间安排车辆人员陪同电费员到电费代收点把打印好的电费发票交予电费代收人，并按照发票总额足额从电费代收人处收回全部电费，双方在交接记录本（双方交接的凭证）上签字确定。

⑥供电企业应客观评估公用事业单位的服务能力和信誉，签订代收协议。

⑦城区、县供电企业按照收费客户数目和协议规定与电费代收人结算代收手续费。

⑧代收点应有引导客户交费的标识。

（三）质量考核

（1）抄表质量考核：同走收方式。

（2）电量电费审核的质量考核：同走收方式。

（3）公用事业单位（营业厅）代收电费的质量考核。由供电企业营销部门按月进行考核。考核内容有：

1）是否每天都与供电企业对账，并以供电企业为主进行及时更正。

2）是否按时统计各类报表。

（四）资料管理

1. 业务内容

业务内容同走收方式。

2. 业务流程图

业务流程图同走收方式。

3. 注意事项

注意事项同走收方式。

4. 质量考核

质量考核同走收方式。

5. 资料目录

（1）抄表。

1）工作单：业务工作单。

2）报表：电能表实抄率报表、抄表差错率报表、营业责任事故报表、目标管理快报、应收电费日报表、抄表日程执行情况考核表、线损报表。

3）台账：抄表器（本）领用并归还登记台账、计量箱钥匙领用、归还登记台账。

4）其他资料：营业责任事故与差错记录、电费（临时）通知单、催费通知单、停（限）电通知单。

（2）电量电费核算。

1）工作单：缺抄工作单、退补电量电费工作单。

2）报表：营业差错报表、抄收日报表、电费增减张报表、

应收电费汇总凭证、大客户月报表、大客户用电情况报表、大中客户用电情况分析、峰谷电价实行情况分析、实际分时电价客户汇总分析表、峰谷分时按电价汇总分析表、售电情况统计、应收电费汇总年报表。

3）台账：计费清单、差错记录清单、异动（另账）电费清单、违约用电清单、各类代收款统计清单（分明细）。

（3）收费。

1）报表：电费实收明细表、实收日/月报表、违约金日/月报表、公用事业单位（营业厅）代收情况表。

2）台账：欠费清单及台账。

四、工作规范

1. 抄表班长工作规范

（1）岗位职责。

（2）工作权限。

（3）组织结构图。

（4）岗位技能。

（5）工作内容及要求。

（6）与其他岗位的配合工作。

（7）检查与考核。

见附录一。

2. 抄表员工作规范

（1）岗位职责。

（2）工作权限。

（3）组织结构图。

（4）岗位技能。

（5）工作内容及要求。

（6）检查与考核。

见附录二。

3. 收费员工作规范

（1）岗位职责。

（2）工作权限。

（3）组织结构图。

（4）岗位技能。

（5）工作内容及要求。

（6）与其他岗位的配合工作。

（7）检查与考核。

见附录三。

4. 电费审核员工作规范

（1）岗位职责。

（2）工作权限。

（3）组织结构图。

（4）岗位技能。

（5）工作内容及要求。

（6）与其他岗位的配合工作。

（7）检查与考核。

见附录四。

5. 电费结算员工作规范

（1）岗位职责。

（2）工作权限。

（3）组织结构图。

（4）岗位技能。

（5）工作内容及要求。

（6）与其他岗位的配合工作。

（7）检查与考核。

见附录五。

6. 资料管理员工作规范

（1）岗位职责。

（2）工作权限。

（3）组织结构图。

（4）岗位技能。

（5）工作内容及要求。

（6）与其他岗位的配合工作。

（7）检查与考核。

见附录六。

7. 县供电企业电费会计工作规范

（1）岗位职责。

（2）工作权限。

（3）组织结构图。

（4）岗位技能。

（5）工作内容及要求。

（6）与其他岗位的配合工作。

（7）检查与考核。

见附录七。

8. 电费管理中心对账员工作规范

（1）岗位职责。

（2）工作权限。

（3）组织结构图。

（4）岗位技能。

（5）工作内容及要求。

（6）与其他岗位的配合工作。

（7）检查与考核。

见附录九。

五、制度规范

1. 抄表、核算的制度规范

抄表、核算的制度规范同走收方式。

2. 电能计量的制度规范

电能计量的制度规范同走收方式。

3. 收费的制度规范

（1）电费回收率应达到100％。

（2）供电营业所应加强电费的票据管理，所有电费票据由县及县以上的供电企业统一印刷，并严格领用和使用程序，电费票据应反映出电能表起止码、电量、电价和各种电费等内容，全面推行计算机开票到户。

（3）各县供电企业要加强对供电所电价、电费的管理，定期开展专项检查，发现问题及时解决，要加强内部考核，严格控制电费电价差错率。

（4）供电企业应从方便客户出发，合理选择公用事业单位（营业厅）代收点，并保证服务质量。

（5）供电企业应根据国家有关法律法规，以合同形式明确供电企业与公用事业单位（营业厅）代收点双方的权利和义务，明确产权责任分界点，维护供电企业、公用事业单位（营业厅）和客户的合法权益。

（6）催收电费

1）正常收费期过后，对不能按时缴费的客户，由代收点负责人电话通知供电企业电费管理人员安排催收。

2）超过当月20日未能缴费的按每日3‰收取滞纳金，照明户不足0.5元按0.5元收取，动力户不足1元按1元收取。针对多次催收仍形成跨月欠费的用户，按规定进行停电处理，避免欠费累积。

3）催费人员要树立法制观念，严格执行停送电审批制度，确需停电，按照停送电制度办理批准手续，不得私自停电。

4）严格电费催收程序，即供电企业下达书面催收通知书，并规定时间，经管理部门签字，主管局长批准后，下达停电通知书，严格按规定执行时间，并通知客户。

5）对客户未按时交清电费的，应根据《供电营业规则》第98条承担电费违约责任。

第二节 公共机构代收

一、业务简介

公共机构代收电费业务，主要指供电企业借助公共机构的力量回收电费，即供电企业与公共机构签订代收电费协议，按每份发票一定的金额或按一定比例付给代收方手续费。

公共机构包括社区居委会、村委会、小区物业公司等。公共机构代收主要适用于农村、城镇用电量不大的中小客户。

二、应用分析

（一）公共机构代收的优缺点

1. 公共机构代收的优点

（1）解决了供电企业收费窗口和人员不足的问题，同时也减轻了供电企业的压力。由于收费人员在电费走收时随身携带现金较多，推行电费社会化代收后，可避免被偷、被抢等问题；方便了客户，可部分解决其交费难、交费成本过高等问题，一定程度上提高了电费回收率。

（2）因代收费是按收费工作量计算劳务费用，所以，社区代收点可起到义务宣传作用，也能回避银行网点利用种种借口拒绝收费的弊端，真正减轻自有收费网点的压力。

（3）在实际操作中，县供电企业可以从市场运作机制、代收服务政策和各方法律责任约定等方面进行规范，进一步明确县供电企业、社区和客户之间的责权利关系，促进社区代收电费服务的良性发展。

（4）社区代收电费的管理效益评估劳务成本低，经济效益明显。电费回收工作有一个重要的特点，即收取等额的电费，所花费的代价越少则效果越好。净收益等于收入减成本，总收入固定，收费成本越高，净收益就越小。社区代收电费的模式，在投入不大的情况下，解决了交费难的问题。

2.公共机构代收的缺点

（1）由于公共机构的上下班时间与供电企业基本相同，故不能解决城市上班族上班时间与供电企业交费时间冲突问题。

（2）公共机构在收取用电客户的电费资金后，不能及时转交给供电企业，影响了供电企业的电费资金规范化管理。

（3）代收人员在服务意识、服务质量方面无法和供电企业的员工相提并论，一旦因服务质量差而引起客户不满，最终受影响的还是供电企业的形象。

（二）公共机构代收应注意的问题

（1）积极拓展交费渠道，寻求新的代收公共机构。

（2）对代收公共机构制订相应的考核管理制度，明确双方的权利和义务，加强对代收电费资金的管理。

三、管理规范

（一）岗位设置

（1）抄表班长：主要负责每月制定抄表方案，明确抄表人、抄表路线、抄表路径和抄表时间；非抄表期间，抄表器应在抄表中心统一保管，抄表期间，按照抄表方案中确定的抄表路线向抄表人员发放相应的抄表器；如果使用抄表器现场抄表，抄表器在下发之前，应更新内存数据。

（2）抄表员：主要负责责任范围内的抄表工作、电费回收工作、线损管理工作。

（3）收费员：主要负责供电企业实收电费的统计、核对工作；负责向公共机构传输代收电费数据、发放电费发票。

（4）电费审核员：主要负责责任范围内客户电量、电费计算的准确性；负责责任范围内客户计费信息、日报数据的准确性；负责责任范围内电费回收情况的统计和考核。

（5）电费结算员：主要负责审核收费员转来的实收原始凭证、电费收据存根和银行回单；负责审核电费应收凭证的真实性、准确性；有权对收费员的收费情况、票据使用情况进行检查。

（6）资料管理员：主要负责营销资料的收集、整理、归档、借阅管理等工作；负责资料的安全性、保密性。

（7）县供电企业电费会计：主要负责电费账务管理工作；负责填制并上报有关电费账务管理的相关报表；负责保管各种收费票据、银行印鉴，并对保管资料的安全性和真实性负责。

（8）电费管理中心对账员：负责公司实收电费的统计、核对工作；负责欠费数据、实收数据的汇总、核对；负责营销管理信息系统登记的银行进账单与实际银行到账情况的对账工作，负责银行实时代收电费的对账工作。

（二）业务流程

1. 公共机构代收电费业务流程

公共机构代收电费业务流程图如图 6-2 所示。

2. 流程管理要求

（1）抄表：同走收方式。

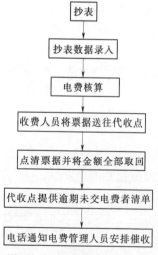

抄表

↓

抄表数据录入

↓

电费核算

↓

收费人员将票据送往代收点

↓

点清票据并将金额全部取回

↓

代收点提供逾期未交电费者清单

↓

电话通知电费管理人员安排催收

图 6-2　公共机构代收电费
业务流程图

（2）电费核算：同走收方式。

（3）收费。

1）委托代收电费方式及时间。

①代收机构采用现金方式严格按照供电企业提供的电费应收数据进行收费。

②代收机构采用实时提取数据、实时销账的方式。

③代收机构工作时间为：每天 8：00～21：00，除每年农历初一至初三以外，包括午休、周休日、节假日的对外营业时间。

④供电企业需调整收费日期或代收公司营业时间发生重大调整

时，需提前 15 日以书面形式向对方提出，经商议确定后，由双方提前及时向用电客户公告。

2）业务流程图。代收点收费业务流程图如图 6-3 所示。

3）注意事项。

①受理客户缴费时，应仔细核对客户的编号和名称，以免造成混淆。登记记账单时，要根据进账单的要素准确录入并及时销账。

②代收机构全天的收费结束，应由收费员统计现金收费报表、进账单对应汇总电费，核对对账表。同时，代收机构负责在每日营业结束后及时向供电企业发送对账文件，并发起对账。供电企业有权抽查或稽核代收公司营业网点代收电费情况。

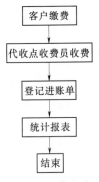

图 6-3　代收点收费业务流程图

③电费代收手续费的清算以双方对账数据为准。双方对账金额出现差异暂时无法查明时，应以代收机构为准，下月查清后多退少补。

④代收机构应将代收的电费于次日通过银行付款业务划转到供电企业指定的电费账户，包括法定节假日、周休日（每年农历初一至初三除外）。代收机构如未按时划款，供电企业有权使用代收公司支付的保证金暂时划到供电企业的指定账户。

⑤代收机构应有专门的管理部门并指定专人对电费收据进行管理。双方确认的代收机构电费收据领用人应将身份证复印件、印鉴章及联系方式交供电企业指定部门留存。

⑥代收机构电费收据领用人若有变动，应事先书面通知供电企业。在更换新的收据领用人之前，应对已发放或使用的电费收据进行核查，确认账实相符。

（三）质量考核

（1）抄表质量考核：同走收方式。

（2）电量电费审核的质量考核：同走收方式。

（3）公共机构代收电费的质量考核。由供电企业营销部门按月进行考核。考核内容有：

1）是否每天都与供电企业对账，并以供电企业为主进行及时更正。

2）县供电企业做好电费代收点资质审核和管理工作、电费收取和保管的安全工作及代收手续费的发放和管理工作，确保电费回收和资金安全。对由于管理责任造成损失的，应追究有关单位和人员的责任。

3）是否按时统计各类报表。

（四）资料管理

1. 业务内容

业务内容同走收方式。

2. 业务流程图

业务流程图同走收方式。

3. 注意事项

注意事项同走收方式。

4. 质量考核

质量考核同走收方式。

5. 资料目录

（1）抄表。

1）工作单：业务工作单。

2）报表：电能表实抄率报表、抄表差错率报表、营业责任事故报表、目标管理快报、应收电费日报表、抄表日程执行情况考核表、线损报表。

3）台账：抄表器（本）领用、归还登记台账、计量箱要是领用、归还登记台账。

4）其他资料：营业责任事故与差错记录、电费（临时）通知单、催费通知单、停（限）电通知单。

（2）电量电费核算。

1）工作单：缺抄工作单、退补电量电费工作单。

2）报表：营业差错报表、抄收日报表、电费增减张报表、

应收电费汇总凭证、大客户月报表、大客户用电情况报表、大中客户用电情况分析、峰谷电价实行情况分析、实际分时电价客户汇总分析表、峰谷分时按电价汇总分析表、售电情况统计、应收电费汇总年报表。

3）台账：计费清单、差错记录清单、异动（另账）电费清单、违约用电清单、各类代收款统计清单（分明细）。

（3）收费。

1）报表：电费实收明细表、实收日/月报表、违约金日/月报表、公共机构代收情况表。

2）台账：欠费清单及台账。

四、工作规范

1. 抄表班长工作规范

（1）岗位职责。

（2）工作权限。

（3）组织结构图。

（4）岗位技能。

（5）工作内容及要求。

（6）与其他岗位的配合工作。

（7）检查与考核。

见附录一。

2. 抄表员工作规范

（1）岗位职责。

（2）工作权限。

（3）组织结构图。

（4）岗位技能。

（5）工作内容及要求。

（6）检查与考核。

见附录二。

3. 收费员工作规范

（1）岗位职责。

（2）工作权限。

（3）组织结构图。

（4）岗位技能。

（5）工作内容及要求。

（6）与其他岗位的配合工作。

（7）检查与考核。

见附录三。

4. 电费审核员工作规范

（1）岗位职责。

（2）工作权限。

（3）组织结构图。

（4）岗位技能。

（5）工作内容及要求。

（6）与其他岗位的配合工作。

（7）检查与考核。

见附录四。

5. 电费结算员工作规范

（1）岗位职责。

（2）工作权限。

（3）组织结构图。

（4）岗位技能。

（5）工作内容及要求。

（6）与其他岗位的配合工作。

（7）检查与考核。

见附录五。

6. 资料管理员工作规范

（1）岗位职责。

（2）工作权限。

（3）组织结构图。

（4）岗位技能。

（5）工作内容及要求。

（6）与其他岗位的配合工作。

（7）检查与考核。

见附录六。

7. 县供电企业电费会计工作规范

（1）岗位职责。

（2）工作权限。

（3）组织结构图。

（4）岗位技能。

（5）工作内容及要求。

（6）与其他岗位的配合工作。

（7）检查与考核。

见附录七。

8. 电费管理中心对账员工作规范

（1）岗位职责。

（2）工作权限。

（3）组织结构图。

（4）岗位技能。

（5）工作内容及要求。

（6）与其他岗位的配合工作。

（7）检查与考核。

见附录九。

五、公共机构代收方式的制度规范

1. 抄表、核算的制度规范

抄表、核算的制度规范同走收方式。

2. 电能计量的制度规范

电能计量的制度规范同走收方式。

3. 收费的制度规范

（1）电费回收率应达到100%。

（2）供电营业所应加强电费的票据管理，所有电费票据由县及县以上的供电企业统一印刷，并严格领用和使用程序，电费票据应反映出电能表起止码、电量、电价和各种电费等内容，全面推行计算机开票到户。

（3）各县供电企业要加强对供电所电价、电费的管理，定期开展专项检查，发现问题及时解决，要加强内部考核，严格控制电费电价差错率。

（4）供电企业应根据国家有关法律法规，以合同形式明确供电企业与代收机构双方的权利和义务，明确产权责任分界点，维护供电企业、代收机构和客户的合法权益。

（5）供电企业应从方便客户出发，合理选择公共机构代收点，并保证服务质量。公共机构代收主要适用于农村、城镇用电量不大的中小客户，分设于各条主要街道、小区和农村的电费代收点，极大地方便了广大用电客户，客户不论是白天还是晚上都可以就近缴纳电费。

（6）公共机构依据供电企业提供的收费数据库中客户应缴电费及自愿缴纳的预付电费金额，代收电费资金，负责向缴费客户出具机制电费专用票据。代收电费的票据加盖代收机构业务用公章后可生效，并受理供电企业用电客户查询电费（包括已交费查询、欠费查询）的业务。

（7）公共机构收费员为客户提供服务时应有礼貌、谦和、热情。公共机构应加强电费票据管理。双方确认的公共机构电费收据领用人应将身份证复印件、印鉴章及联系方式交供电企业指定部门留存。

（8）公共机构收费人员在收取电费时，应主动向客户提示客户姓名等信息，以避免差错。如客户有往月欠费的，在客户交纳当月电费时，代收机构工作人员应按照供电企业提供的信息主动向客户提示欠费时间、累计欠费金额、当前应计收电费违约金金额，以提醒客户缴纳欠费。

（9）客户交纳电费的过程中，公共机构工作人员应热情服务。客户对计费、收费等有异议时，代收机构工作人员应作必要的解释。对无法解释的问题，应告知客户到供电企业营业厅或拨打 95598 电力服务热线进行咨询。

（10）公共机构对电费收据的管理工作包括电费收据的领用、发放、结存、稽查等。领用应提前一周通知供电企业对口部门。营业点领用时应当场填写领用清单，注明领用收据箱数、收据起讫号码、份数、日期并履行签收手续。公共机构收费人员处理电费账务及票据，做到账、卡、票一致，向客户出具项目齐全的正规电费发票。

（11）公共机构应严格按国家规定的电费电价政策及业务收费规范办理电费账务。将代收的电费于次日通过银行付款业务划转到供电企业指定的电费账户。公共机构如未按时划款，供电企业有权使用代收公司支付的保证金暂时划到供电企业的指定账户。

（12）催收电费。

1）正常收费期过后，对不能按时缴费的客户，由网点操作员电话通知供电企业电费管理人员安排催收。

2）超过当月 20 日未能缴费的按每日 3‰收取滞纳金，照明户不足 0.5 元按 0.5 元收取，动力户不足 1 元按 1 元收取。针对多次催收仍形成跨月欠费的用户，按规定进行停电处理，避免欠费累积。

3）催费人员要树立法制观念，严格执行停送电审批制度，确需停电，按照停送电制度办理批准手续，不得私自停电。

4）严格电费催收程序，即供电企业下达书面催收通知书，并规定时间，经管理部门签字，主管局长批准后，下达停电通知书，严格按规定执行时间，并通知客户。

5）对客户未按时交清电费的，应根据《供电营业规则》第 98 条承担电费违约责任。

第三节　商业网点代收

一、业务简介

商业网点代收电费业务，主要指供电企业借助商业网点的力量回收电费，即供电企业与商业网点签订代收电费协议，按每份发票一定的金额或按一定比例付给代收方手续费。

商业网点包括连锁超市、农村小卖部、邮政报刊亭、彩票销售点等多种方式。商业网点适用于农村、城镇用电量不大的中小客户。

二、应用分析

（一）农村商业网点管理

网点由供电所按照所辖范围内客户的数量而定，每个网点代收客户的数量一般为：集镇公用变压器供电的 1000～1800 户；农村公用变压器供电的山区 300～500 户，丘陵 500～1000 户，平原湖区 1000～1800 户。

1. 新增网点

新增网点时，管理员应严格进行网点的资格评审，选择对应的缴费规则、透支规则、冲正规则和佣金规则，并建立网点档案表。综合管理员登陆平台，在平台上录入进行所属单位的新增网点信息。新建网点信息包括的内容见表 6-1。

表 6-1　　　　　　　　网 点 信 息 表

类别	项目	输入方式	说　　明
代理商信息	所属单位	选择	
	代理商编号	手动输入	
	代理商名称	手动输入	
	联系人	手动输入	
	联系电话	手动输入	
	联系地址	手动输入	

续表

类别	项目	输入方式	说　明
网点信息	网点编号	从营销系统自动调取	新建时，平台自动向营销系统索取网点编号，营销系统根据户号生成规则生成网点编号
	网点名称	手动输入	
	联系人	手动输入	
	联系电话	手动输入	
	联系地址	手动输入	
网点规则	缴费规则	选择规格、选择是否启用	规则由市局统一制定，包括用电类型、电压类型、单笔缴费最高金额等条件，各个使用单位根据网点实际情况选择不同的规则
	抄表段	选择规格、选择是否启用	通过抄表段进行允许收费的用户的限制
	透支规则	选择规格、选择是否启用	规则由市局统一制定，可设置不能透支、不同透支档次等多种规则；各个使用单位根据网点实际情况选择不同的规则
	冲正规则	选择规格、选择是否启用	规则由市局统一制定，可设置不允许冲正、限制一定时间内冲正等多种规则；各个使用单位根据网点实际情况选择不同的规则
	佣金规则	选择规格、选择是否启用	规则由市局统一制定，包括按笔数结算、按金额比例结算两种模式；各个使用单位根据网点实际情况选择不同的规则
操作员	工号	手动输入	新建操作员时，平台自动生成初始密码，初始密码为"1111"；操作员必须进行初始密码修改后才能进行正常的业务操作
	姓名	手动输入	
	联系电话	手动输入	

2. 网点操作员管理

新增网点时，代办网点将操作员的信息提供给电力管理员；在使用过程中，代办网点如需对网点操作员进行变更时，需提交书面的《便民缴费业务联络单》给供电单位，供电单位方可根据网点要求进行操作员信息变更。

3. 账务管理

（1）日对账。代办网点内部采用日轧账机制，即每个操作员下班时将本日各自的收费金额、收费笔数进行统计，并上交到管理部门。每个操作员应保管好收费时终端打印的缴费凭条存根联，并于交班时进行统计，管理人员根据各个收费上交的缴费凭条存根联进行操作员及网点的收费日统计；可通过终端对当日营业额进行统计，并通过与平台进行查询比对，如有差异应在第二个工作日向业务管理人员申请核对，系统管理人员应做好协助工作。每个操作员通过终端的"对账"功能查询各自的收费金额与收费笔数，与终端打印的缴费凭条存根联进行比对，如无差异则表示本日账务没问题，如有差异应向网点管理人员反馈情况，网点管理人员应在第二个工作日内通过《便民缴费业务联络单》将情况反馈给供电单位，向供电单位业务管理人员申请核对。

（2）月对账。由于代办网点采用网点内部日对账的模式，所以只要每日的对账不存在问题，则网点与供电单位的月对账不会存在问题，即如果本月供电单位未接收到代办网点反馈的日对账问题的联络单，则供电单位不需要与代办网点进行月对账工作。代办网点应于供电单位指定的每月对账日后的三个工作日内将本月的代收费资金汇到供电单位指定的账户上。

4. 资格审定

自愿代收农村电费的城镇或农村居民，需向供电所提出书面申请，经供电所实地考察后，对符合条件的城镇或农村居民择优选定，并报县供电企业备案。

5. 缴纳预存款

代办网点必须保持网点账户有充足的预存款才可进行代收电费操作；代办网点可以通过终端实时查询网点账户余额；当代办网点的账户余额不足时，代办网点需要进行预存款充值；代办网点可以到供电营业网点及指定银行进行预存款充值，代办网点根据网点编号缴纳预存款。

6. 代收电费

代办网点取得业务资格后，应向电力客户提供连续不间断的缴费服务，不得拒收。电力客户缴费后，代办网点应在终端缴费成功后自动打印出来的收费凭条上加盖收讫章交给电力客户。电力客户缴费后，终端会自动打印出一式两联的缴费凭条，一联为客户联，另一联为存根联；代办网点操作员应在客户联上加盖收讫章交给电力客户，同时妥善保管好存根联，根据存根联进行日收费轧账。

7. 代收资金结算

代办网点根据供电单位制定的资金结算方式与供电单位进行代收资金的结算。代收资金结算根据网点信用等级类别不同分为以下几种模式：不允许透支的网点，不允许透支的网点在进行代收费业务前需要到指定地点缴纳代办预存款，网点缴纳代办预存款的行为即为不定期的代收资金的结算；如果代办网点在日常的代收活动中未出现异常账目，则不需要进行代办资金的结算；即只要保证在供电单位轧账日时，代办网点的账户还有余额；允许透支的网点，允许透支的网点由于信用等级较高，不需要缴纳预存款，采取"缴纳透支金额＋月结"：代办网点代收的电费资金达到供电单位授予的透支额度时，代办网点应及时将所收资金汇到供电单位，否则不能继续进行电费代办业务；另外代办网点应于供电单位指定每月轧账日与供电单位进行代收资金的结算；即应保证在供电单位轧账日该单位网点的代收电费全部缴纳给供电单位。

8. 异常处理

代办网点在日常代收费过程中，如果出现异常情况需要供电单位配合解决，通过《便民缴费业务联络单》将信息反馈给供电单位。

（二）商业网点代收方式的优缺点

1. 商业网点代收方式的优点

（1）解决了供电企业窗口和收费人员不足的问题，减轻了供电企业的压力。

（2）由于实行的是代收点先期垫付当月电费的收费方式，使电费回收周期缩短，且当日收取电费当日进账，大大提高了电费资金的及时回笼，保证了电费及时上划结零。

（3）电费回收得到更好地保证。实行农村电费社会化代收后，农电工只负责抄表和将表码输入微机，由电费代收人收费，从根本上杜绝了挪用电费的现象发生，电费回收得到了保证。

（4）由于收费人员在电费走收时随身携带现金较多，推行电费社会化代收后，可避免被偷、被抢等问题。

（5）方便了客户，尤其是对于边远地区的客户，可有效解决其交费难、交费成本过高等问题，客户在家门口、村子里便能轻松交费，一定程度上提高了电费回收率。

（6）有效解决客户上班时间与供电企业交费时间冲突问题。

2. 商业网点代收方式的缺点

（1）供电企业较难评估商业代收网点的信用资格，与公共事业单位代收方式相比风险较大。

（2）服务质量受代收人员素质影响较大，一旦因服务质量差而引起客户不满，最终受影响的还是供电企业形象。

（3）供电企业支付的代收费用额度相对较低时会影响代收网点的积极性。

（三）商业网点代收方式应注意的问题

（1）积极拓展交费渠道，寻求新的集团代理商。

（2）尽量选择人流量大、信誉好的连锁超市进行合作，其分支机构可作为电费代收网点，供电企业只需与总部签订代收协议并结算即可。

（3）对于小卖部、小超市等零散代收组织，供电企业需制定严格的代收协议、担保协议，并加大筛选审查力度，代收组织还需交纳一定金额的保证金或预存一定金额的电费。

（4）代收组织必须在预存金额额度内代收电费，随着业务的开展需及时到银行或供电企业预存电费。

（5）在地点选择上，既要合理布局，方便客户，又要考虑到代收组织要有一定的交费群体以及两个代收点之间不能过于接近。

(6) 对代收组织也要制订相应的考核管理制度,明确双方的权利和义务,对出现严重服务质量问题的代收组织,应严格管理,直至取缔其代收资格。

(7) 在代收点悬挂、摆放统一制作的电费代收标识牌,并在供电企业客户服务中心明显位置张贴该代收点的位置、电话、负责人,还可通过电视、报纸等方式进行宣传。

(8) 逐步为代收点配备电脑及打印机,可以直接在代收点打印电费发票,同时对代收人员进行简单的业务培训,使其可以进行客户报装业务申请受理等工作。

三、管理规范

(一) 岗位设置

(1) 抄表班长:主要负责每月制定抄表方案,明确抄表人、抄表路线、抄表路径和抄表时间。

(2) 抄表员:主要负责责任范围内的抄表工作、电费回收工作。

(3) 收费员:主要负责供电企业实收电费的统计、核对工作。

(4) 电费审核员:主要负责责任范围内客户电量、电费计算的准确性;负责责任范围内客户计费信息、日报数据的准确性;负责责任范围内电费回收情况的统计和考核。

(5) 电费结算员:主要负责审核收费员转来的实收原始凭证、电费收据存根和银行回单;负责审核电费应收凭证的真实性、准确性;有权对收费员的收费情况、票据使用情况进行检查。

(6) 资料管理员:主要负责营销资料的收集、整理、归档、借阅管理等工作;负责资料的安全性、保密性。

(7) 县供电企业电费会计:主要负责电费账务管理工作;负责填制并上报有关电费账务管理的相关报表;负责保管各种收费票据、银行印鉴,并对保管资料的安全性和真实性负责。

(8) 电费管理中心对账员:负责公司实收电费的统计、核对工作；负责欠费数据、实收数据的汇总、核对；负责营销管理信息系统登记的银行进账单与实际银行到账情况的对账工作，负责银行实时代收电费的对账工作。

（二）业务流程

1. 商业网点代收电费业务流程

商业网点代收电费业务流程图如图 6-4 所示。

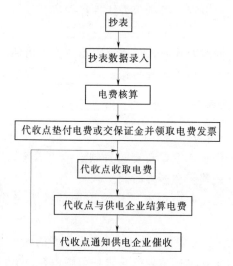

图 6-4　商业网点代收电费业务流程图

2. 流程管理要求

（1）抄表同走收方式。

（2）电费核算同走收方式。

（3）代收点垫付电费或交保证金并领取电费发票。供电企业应与代收点签订代收协议，规定双方的权利和义务。代收点交纳保证金的额度应与代收点代收电费的额度基本相当。

（4）收费。

1）代收网点内部采用日轧账机制，即每个操作员下班时将本日各自的收费金额、收费笔数进行统计。

2）代收网点应于供电单位指定每月轧账日与供电单位进行

代收资金的结算，即应保证在供电单位轧账日该单位网点的代收电费全部缴纳给供电单位。

3）代收网点根据供电单位制定的资金结算方式与供电单位进行代收资金的结算。

4）代办网点在日常代收费过程中，如果出现异常情况需要供电单位配合解决，通过《便民缴费业务联络单》将信息反馈给供电单位。电力便民缴费代办业务申请表见表6-2和表6-3。

表6-2　　　　　　　　　　个体工商户代办申请表格

字号名称		经营场所	
经营者姓名		经营范围	
身份证号		电话	
手机		传真	
申请网点地址			
开户行		账号	

请附以下材料：1. 个体工商户营业执照；2. 经营者身份证复印件。

表6-3　　　　　　　　　　单位代办申请表格

单位名称		单位地址	
固定电话		联系人	
传真		手机	
主营业务			
月平均营业额			
公司开户行			
账号			
税号			
申请网点			
网点数量			
网点地址一			
网点地址二			
网点地址三			
网点地址四			

请附以下材料（加盖公章）：1. 营业执照；2. 税务登记证明；3. 企业法人身份证复印件。

（三）质量考核

（1）抄表质量考核同走收方式。

（2）电量电费审核的质量考核同走收方式。

（3）商业网点收费的质量考核。由供电企业营销部门按月进行考核。考核内容有：

1）是否每天都与供电企业对账，并以供电企业为主进行及时更正。

2）是否按时统计各类报表。

（四）资料管理

1. 业务内容

业务内容同走收方式。

2. 业务流程图

业务流程图同走收方式。

3. 注意事项

注意事项同走收方式。

4. 质量考核

质量考核同走收方式。

5. 资料目录

（1）抄表。

1）工作单：业务工作单。

2）报表：电能表实抄率报表、抄表差错率报表、营业责任事故报表、目标管理快报、应收电费日报表、抄表日程执行情况考核表、线损报表。

3）台账：抄表器（本）领用、归还登记台账、计量箱要是领用、归还登记台账。

4）其他资料：营业责任事故与差错记录、电费（临时）通知单、催费通知单、停（限）电通知单。

（2）电量电费核算。

1）工作单：缺抄工作单、退补电量电费工作单。

2）报表：营业差错报表、抄收日报表、电费增减张报表、

应收电费汇总凭证、大客户月报表、大客户用电情况报表、大中客户用电情况分析、峰谷电价实行情况分析、实际分时电价客户汇总分析表、峰谷分时按电价汇总分析表、售电情况统计、应收电费汇总年报表。

3）台账：计费清单、差错记录清单、异动（另账）电费清单、违约用电清单、各类代收款统计清单（分明细）。

（3）收费。

1）报表：电费实收明细表、实收日／月报表、违约金日／月报表、商业网点代收情况表。

2）台账：欠费清单及台账。

四、工作规范

1. 抄表班长工作规范

（1）岗位职责。

（2）工作权限。

（3）组织结构图。

（4）岗位技能。

（5）工作内容及要求。

（6）与其他岗位的配合工作。

（7）检查与考核。

见附录一。

2. 抄表员工作规范

（1）岗位职责。

（2）工作权限。

（3）组织结构图。

（4）岗位技能。

（5）工作内容及要求。

（6）检查与考核。

见附录二。

3. 收费员工作规范

（1）岗位职责。

（2）工作权限。

（3）组织结构图。

（4）岗位技能。

（5）工作内容及要求。

（6）与其他岗位的配合工作。

（7）检查与考核。

见附录三。

4. 电费审核员工作规范

（1）岗位职责。

（2）工作权限。

（3）组织结构图。

（4）岗位技能。

（5）工作内容及要求。

（6）与其他岗位的配合工作。

（7）检查与考核。

见附录四。

5. 电费结算员工作规范

（1）岗位职责。

（2）工作权限。

（3）组织结构图。

（4）岗位技能。

（5）工作内容及要求。

（6）与其他岗位的配合工作。

（7）检查与考核。

见附录五。

6. 资料管理员工作规范

（1）岗位职责。

（2）工作权限。

（3）组织结构图。

（4）岗位技能。

（5）工作内容及要求。

（6）与其他岗位的配合工作。

（7）检查与考核。

见附录六。

7. 县供电企业电费会计工作规范

（1）岗位职责。

（2）工作权限。

（3）组织结构图。

（4）岗位技能。

（5）工作内容及要求。

（6）与其他岗位的配合工作。

（7）检查与考核。

见附录七。

8. 电费管理中心对账员工作规范

（1）岗位职责。

（2）工作权限。

（3）组织结构图。

（4）岗位技能。

（5）工作内容及要求。

（6）与其他岗位的配合工作。

（7）检查与考核。

见附录九。

五、制度规范

1. 抄表、核算的制度规范

抄表、核算的制度规范同走收方式。

2. 电能计量的制度规范

电能计量的制度规范同走收方式。

3. 收费的制度规范

（1）电费回收率应达到100％。

（2）供电营业所应加强电费的票据管理，所有电费票据由县及县以上的供电企业统一印刷，并严格领用和使用程序，电费票据应反映出电能表起止码、电量、电价和各种电费等内容，全面推行计算机开票到户。

（3）各县供电企业要加强对供电所电价、电费的管理，定期开展专项检查，发现问题及时解决，要加强内部考核，严格控制电费电价差错率。

（4）甲方（供电所）与乙方（电费代收人）按照平等互利的原则，签订《农村电费代收代交协议》（以下简称《协议》），就代收内容、范围及报酬、双方权利与义务、管理原则等事宜做出了明确约定。《协议》有效期为1年，甲乙双方签字盖章并经当地公证机关公证。《协议》期满，甲乙双方如无异议则自行延期，如有异议须在期满前1个月内通知对方，以便修订后重新签订《协议》。

（5）代办网点取得业务资格后，应向电力客户提供连续不间断的缴费服务，不得拒收，供电企业按照《电力便民缴费网点分类管理办法》（见表6-4）对商业网点进行管理。

表6-4　　　　　　电力便民缴费网点分类管理办法

代办网点	类别	A	B	C	D
申请人条件	区域	城市	城市	农村	农村
	申请人类型	单位	个体户	个体户	个体户
	网点数量	≥3个	1～2个	1个	1个
代办网点权限	预存款	不需要	需要	需要	需要
	第三方担保	不需要	需要	电工担保	需要
	信用（透支）额度	最高信用（透支）金额：10万元	不允许透支	最高信用（透支）金额：1000元	不允许透支
	代办佣金	0.3元/笔	0.3元/笔	0.3元/笔	0.3元/笔
	代办佣金结算方式	月结	月结	月结	月结

（6）代收网点采用网点内部日对账、月对账模式，通过对账确保账务相符。

（7）代收网点根据供电单位制定的资金结算方式与供电单位进行代收资金的结算。

（8）代收网点每月与供电企业对账，在约定时间内将本月的代收费资金汇到供电企业指定账户上，并向供电企业提供催费清单。

（9）代收佣金每月结算一次。

（10）催收电费。

1）正常收费期过后，对不能按时缴费的客户，由网点操作员电话通知供电企业电费管理人员安排催收。

2）超过当月20日未能缴费的按每日3‰收取滞纳金，照明户不足0.5元按0.5元收取，动力户不足1元按1元收取。针对多次催收仍形成跨月欠费的用户，按规定进行停电处理，避免欠费累积。

3）催费人员要树立法制观念，严格执行停送电审批制度，确需停电，按照停送电制度办理批准手续，不得私自停电。

4）严格电费催收程序，即供电企业下达书面催收通知书，并规定时间，经管理部门签字，主管局长批准后，下达停电通知书，严格按规定执行时间，并通知客户。

5）对客户未按时交清电费的，应根据《供电营业规则》第98条承担电费违约责任。

第四节　非金融机构实时联网

一、业务简介

非金融机构实时联网业务，主要指供电企业与专门开展代收费业务的公司联网合作，借助其力量实时收取电费。这些公司多为民营机构，他们通过搭建代收费技术支持平台，采取交纳一定数额保证金加盟的方式迅速拓展代收费网点；同时，这类公司通过技术方式，对各代收网点进行风险控制，各加盟网点每天的代收金额不得超过其授信额度，一旦超过，系统将自动终止其业务，加盟网点只有在向指定账户足额交纳规定费用后才可重新开展业务。非金融机构实时联网主要适用于月电费 500 元以下的城镇居民客户。

二、应用分析

（一）非金融机构实时联网的优缺点

1. 非金融机构实时联网的优点

（1）各加盟网点大多分布在人口稠密的居民小区内，网点遍布市区、城乡，委托他们代收客户电费，能快速、经济地拓展供电企业的收费网点，减轻供电企业的压力。

（2）缩短电费回收周期。

（3）方便客户交费，客户无需再到银行、供电营业厅排队，客户在家门口便能轻松交费，代收网点营业时间也较长，客户缴费时间可自由把握，有利于树立供电企业良好的社会形象，一定程度上提高了电费回收率。

（4）解决了走收带来的人员安全及电费安全问题。

（5）宣传了国家电网品牌。

（6）实时收费的好处主要集中在四个方面：客户只需将缴费磁卡轻轻一刷，系统便直接读取电费信息，打票也可在瞬间完成；系统对电费金额默认收取到整元，剩余的零钱存储在客户账号上，解决了找零的问题，进一步缩短了缴费时间；具备异地互缴功能，客户持其缴费磁卡，在城乡所有营业厅都可以缴费，实现了城乡一体化，使客户缴费的选择面增大；客户如果不想每月都到营业厅缴费，还可以通过缴费磁卡实现预缴电费。

2. 非金融机构实时联网的缺点

（1）代收公司信誉度、安全性不可控制，风险较大。目前，代收公司各网点加盟门槛较低，社会个体只要交纳一定押金，就可成为该公司的加盟店。对于供电企业来说，其加盟店的信誉度、安全性有一定不可控性，存在一定的资金风险。

（2）代收人员服务意识和质量可能影响供电企业的形象。代收人员在服务意识、服务质量方面是无法和供电企业的员工相提并论的，一旦因服务质量差而引起客户不满，最终受影响的还是供电企业的形象。

（二）非金融机构实时联网应注意的问题

非金融机构实时联网应注意问题如下。

（1）积极与代收公司协商，要求其采取必要的措施，确保对客户的服务质量。

（2）要求代收公司必须交纳一定金额保证金，并按照保证金数额的 80% 进行授信，供电企业每收取一笔电费，电力营销系统就自动调整一次收费授信额度，当代收金额总数达到授信额度时，系统自动停止交易，以防范可能出现的风险。

（3）在不断完善的基础上，继续扩大代收网点覆盖面，为客户提供更加方便的服务。

三、管理规范

（一）岗位设置

（1）抄表员：主要负责责任范围内的抄表工作、电费回收工作、线损管理工作。

（2）收费员：主要负责上门走收电费、违约金及相关收费报表上报；负责保管票据、凭证等单据和印鉴。

（3）电费审核员：主要负责责任范围内客户电量、电费计算的准确性；负责责任范围内客户计费信息、日报数据的准确性；负责责任范围内电费回收情况的统计和考核。

（4）电费结算员：主要负责审核收费员转来的实收原始凭证、电费收据存根和银行回单；负责审核电费应收凭证的真实性、准确性；有权对收费员的收费情况、票据使用情况进行检查。

（5）电费管理中心对账员：负责公司实收电费的统计、核对工作；负责欠费数据、实收数据的汇总、核对；负责营销管理信息系统登记的银行进账单与实际银行到账情况的对账工作，负责银行实时代收电费的对账工作。

（6）县供电企业电费会计：主要负责电费账务管理工作；负责填制并上报有关电费账务管理的相关报表；负责保管各种收费票据、银行印鉴，并对保管资料的安全性和真实性负责。

（7）县供电企业实时交费系统管理员：主要负责组织、指导和监督各单位开展实时交费终端系统的应用业务，并负责县供电企业实时缴费终端设备的管理工作。

（8）实时交费系统管理员：主要负责管理实时交费系统终端设备，确保终端设备的完整及正常使用。

（9）营销部用电技术管理员：负责实时交费系统、电费管理系统的建设、开发与日常维护，并处理异常情况。

（10）资料管理员：主要负责营销资料的收集、整理、归档、借阅管理等工作；负责资料的安全性、保密性。

（二）业务流程

非金融机构实时联网业务的整个业务流程可以分为以下两个阶段。

1. 第一阶段

（1）第一阶段的管理流程及流程图如图6-5所示。

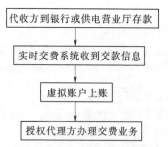

图6-5　非金融机构实时联网的第一阶段管理流程图

（2）流程管理要求。

1）代收方到银行或供电营业厅存款。代收方（代理商或代办户）可以到银行存款至供电企业指定账户，或到供电营业厅直接交款。

①代收方到供电营业厅直接交款业务流程图如图6-6所示。

②流程管理要求。

a. 受理代收方缴费申请。

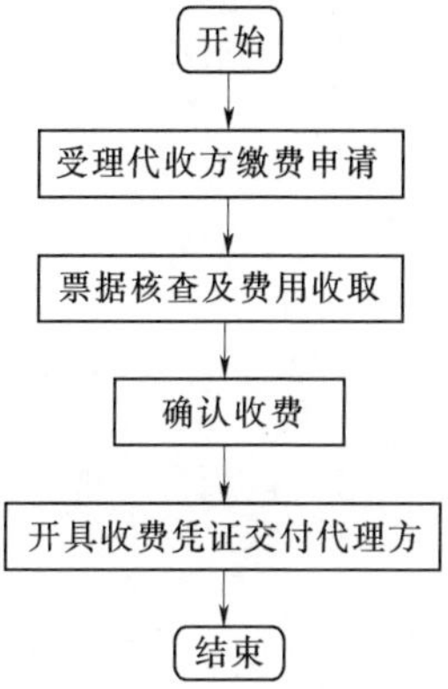

（a）代收方在电费管理中心领取装好了移动数据卡的收费终端、热敏纸和其管理的代收点的专用代收印章。

（b）代收方交纳一定金额保证金，并按照保证金数额的80％进行授信。

（c）代收方到客户服务中心预存电费，收费员根据代收方缴费编号查询代收方应预存的电费。

b. 票据核查及费用收取。

（a）收费员对代收方现金缴费的，应唱收唱付，并当面检验现金的真伪。

（b）收费员对代收方采用支票缴费的，应核对支票的收款人、付款人的全称、开户银行、账号、金额等是否准确，印鉴是否齐全、清晰。一张支票可能对应多笔电费，处理时应将多笔电费与支票建立关联关系。

（c）因卡纸等原因造成发票未完整打印时，应作废原发票，并重新打印。

c. 确认收费。收费员核实并确认代收方缴纳电费金额。

d. 开具收费凭证交付代收方。

（a）收费员在收到代收方缴纳的电费后，应正确打印电费发票，记录发票号码，加盖电费收取专用章及收费员签章，交付用电客户。

（b）对于需要开增值税发票的代收方，应出具增值税发票。

（c）应正确收取代收方缴纳预存电费并开具相应收费凭证。

2）授权代理方办理交费业务。

①实时交费系统收到代收方交款信息后，为代收方的虚拟账户上账，实时交费系统授权代收方办理交费业务。

②供电企业与代理方签订代收协议，明确双方的权利和义务，明确代收的范围、收费方式、时间及报酬。

图6-6　代收方缴费
业务流程图

2. 第二阶段

（1）非金融机构实时联网的第二阶段管理流程图如图 6-7 所示。

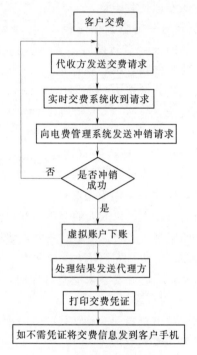

图 6-7　非金融机构实时联网的
第二阶段管理流程图

（2）流程管理要求。

1）客户到代收方处交纳电费，代收方通过终端发送交费请求给实时交费系统。

2）实时交费系统收到请求后，发送电费冲销请求到电费管理系统，电费管理系统处理冲销请求，将处理结果反馈给实时交费系统。

3）实时交费系统收到处理结果，若冲销成功，则实时交费系统自动从代收方虚拟账户上以所收到的电费金额下账，并将处理结果发送到代收方终端，终端可为客户打印交费凭证，若客户不需要打印凭证，则可选择让实时交费系统发送相关交费信息到客户手机。若冲销失败，则直接将结果反馈给代收方终端。

（三）质量考核

1. 收取代收方存款的质量考核

（1）收费正确率100％。

（2）电费发票使用作废率小于2‰。

（3）电费账务处理正确率100％。

（4）服务投诉率不大于1‰。

2. 非金融机构实时联网代收电费的质量考核

由营销部门按月进行考核。考核内容有：

（1）是否每天都与非金融机构对账。

（2）是否按时统计各类报表。

（四）资料管理

1. 业务内容

业务内容同走收方式。

2. 业务流程图

业务流程图同走收方式。

3. 注意事项

注意事项同走收方式。

4. 质量考核

质量考核同走收方式。

5. 资料目录

（1）签订代收协议。

1）台账：代收协议台账。

2）其他资料：代收协议文本、代收协议的附件、代收方提供的有关资料。

（2）收取代收方存款。预收报表。

（3）非金融机构代收电费。

1）报表：实收日／月报、预收日／月报、违约金日／月报、非金融机构代收情况表。

　2）其他资料：非金融机构代收对账单。

四、工作规范

1. 抄表员工作规范

（1）岗位职责。

（2）工作权限。

（3）组织结构图。

（4）岗位技能。

（5）工作内容及要求。

（6）检查与考核。

见附录二。

2. 收费员工作规范

（1）岗位职责。

（2）工作权限。

（3）组织结构图。

（4）岗位技能。

（5）工作内容及要求。

（6）与其他岗位的配合工作。

（7）检查与考核。

见附录三。

3. 电费审核员工作规范

（1）岗位职责。

（2）工作权限。

（3）组织结构图。

（4）岗位技能。

（5）工作内容及要求。

（6）与其他岗位的配合工作。

（7）检查与考核。

见附录四。

4. 电费结算员工作规范

（1）岗位职责。

（2）工作权限。

（3）组织结构图。

（4）岗位技能。

（5）工作内容及要求。

（6）与其他岗位的配合工作。

（7）检查与考核。

见附录五。

5. 电费管理中心对账员工作规范

（1）岗位职责。

（2）工作权限。

（3）组织结构图。

（4）岗位技能。

（5）工作内容及要求。

（6）与其他岗位的配合工作。

（7）检查与考核。

见附录九。

6. 县供电企业实时交费系统管理员工作规范

（1）岗位职责。

（2）工作权限。

（3）组织结构图。

（4）岗位技能。

（5）工作内容及要求。

（6）与其他岗位的配合工作。

（7）检查与考核。

见附录十二。

7. 实时交费系统管理员工作规范

（1）岗位职责。

（2）工作权限。

（3）组织结构图。

（4）岗位技能。

（5）工作内容及要求。

（6）与其他岗位的配合工作。

（7）检查与考核。

见附录十三。

8. 营销部用电技术管理员工作规范

（1）岗位职责。

（2）工作权限。

（3）组织结构图。

（4）岗位技能。

（5）工作内容及要求。

（6）与其他岗位的配合工作。

（7）检查与考核。

见附录十四。

9. 县供电企业电费会计工作规范

（1）岗位职责。

（2）工作权限。

（3）组织结构图。

（4）岗位技能。

（5）工作内容及要求。

（6）与其他岗位的配合工作。

（7）检查与考核。

见附录七。

五、制度规范

1. 抄表、核算的制度规范

抄表、核算的制度规范同走收方式。

2. 电能计量的制度规范

电能计量的制度规范同走收方式。

3. 收费的制度规范

（1）电费回收率应达到 100％。

（2）供电营业所应加强电费的票据管理，所有电费票据由县及县以上的供电企业统一印刷，并严格领用和使用程序，电费票据应反映出电能表起止码、电量、电价和各种电费等内容，全面推行计算机开票到户。

（3）各县供电企业要加强对供电所电价、电费的管理，定期开展专项检查，发现问题及时解决，要加强内部考核，严格控制电费电价差错率。

（4）供电企业向代收公司提供空白电费收据，双方确认的代收公司电费收据领用人每月应在指定的时间内在供电企业指定部门领取空白收据，签收确认后向代收公司各营业点进行分配。

（5）代收电费系统的联网工作由供电企业与代收公司双方共同负责，双方各自承担自身设备和软件开发、维护等费用，传输选用供电企业提供的线路，线路费用由供电企业承担。

（6）手续费按月核对，按季度结算。供电企业每季度第一月10 日前将上季度手续费统一划转至代收公司指定账户。

（7）供电企业与代收公司双方每月应对各种违约责任进行确认，并从供电企业付代收公司的代收手续费中扣除。

（8）供电企业与代收公司双方共同做好客户交纳电费的宣传工作，代收公司应在所辖营销网点显著位置设置代收电费的标识。在系统出现故障不能正常代收电费时，代收公司应及时以明显的标识告知客户，认真向客户进行解释。

（9）凡因供电企业与代收公司双方设备、线路故障等原因造成客户无法交费，引起的客户投诉，由双方共同协商解决，并做好对外解释工作。

（10）供电企业与代收公司双方应协作配合开展代收电费对外宣传活动，双方共同确定对代收电费宣传口径。

（11）为了加强工作联系，供电企业与代收公司应明确双方的工作联系人和联系方式，以加强工作沟通和衔接。代收公司应负责对具体经办代收电费业务的工作人员在上岗之前和开展业务之中开展代收电费业务常识的培训工作，供电企业予以协助和配合。

（12）凡因代收公司下属经营户出现重大差错、服务质量问题、收据丢失、违法犯罪等不当履行给供电企业或用电客户造成的损失一律由代收公司负责。供电企业有权因此终止合同，并保留法律诉讼权利。

（13）供电企业传递给代收公司的客户费用清单信息属客户个人隐私，应受到法律保护，代收公司未得到供电企业书面认可不得向任何单位、部门和个人（法律、法规规定的有权单位）提供，代收公司不得随意保留客户档案资料。

（14）供电企业与代收公司双方定期召开业务协调会，每半年至少召开一次，及时处理代收电费业务中出现的问题，研究改进工作，确保收费工作顺利进行。

（15）关于争议解决。合作协议在履行过程中若发生争议，供电企业与代收公司双方本着真诚合作的原则协商解决，若协商不成，可通过诉讼方式解决。

（16）应急条款。如遇不可抗力等原因造成系统无法正常运行，供电企业与代收公司双方应协商解决。

第七章　预付电费模式

预付费模式是指客户根据自身用电情况去银行、邮政储蓄或供电企业交纳所需电力使用费，然后持缴费回单并携带电表磁卡到相关的供电所及营销部充值，电能表读取充所电量值后客户即可使用的一种模式，包括两种情况：协议方式和技术方式（预付费电表）。

预付费模式改变了传统的先用电、后交钱的用电交易结算方式，其实质是客户先交钱、后用电，降低了供电企业的经营风险，缓解了经营压力。但是，由于缺少相关法律法规的保护，这种模式有时容易引发社会误解和争议，个别地方也会因此产生法律纠纷。因此，在采用这种收费模式时应特别注意。

第一节　协　议　方　式

一、业务简介

协议方式是指供电企业与用电客户经双方协商，签订先交费后用电的供用电合同，所形成的一种新型电费缴交方式。

协议方式一般适用于大用电客户、高风险用电客户和临时用电客户。在电费回收工作中，高压专变客户一般用电量较大，每月产生的电费金额数目相当可观，对他们采用先用电后缴费的方式，企业可以利用电费上缴的时间差，盘活资金的使用效率，等于使用无息的"电费贷款"。采取此种收费方法时供电企业要讲究策略，可采取先近后远、先急后缓等举措加以应对，具体措施如下。

（1）积极向政府汇报。加强与政府相关主管部门的沟通，尽力争取政府及主管部门对高压专变企业和客户推行电费预缴和预付费装置的理解和支持，为供电企业规避经营风险提供轻松的政策环境。

（2）坚持先近后远原则。事先预防比事后控制效果来得要好，因此供电企业可在高压专变客户办理新增业务时，积极和客户协商，倡导其安装预付费装置和预缴电费，并在供用电合同条文中予以明确，从源头上避免新增大客户带来的电费风险。

（3）区分轻重缓急原则。对信用等级低、濒临破产倒闭的企业，供电企业应据理力争，对其安装预付费装置或实行预缴电费，在保障客户享受用电权利的同时化解潜在的经营风险。

（4）建立激励机制。首先供电企业要向客户广泛积极宣传预缴电费的诸多好处。其次，探索建立适当的激励机制。比如可以对安装预付费表及预缴电费达到一定数额的客户分期、分批进行公开抽奖或摇奖，从而调动客户参与的积极性，进而推动预付费装置和电费预缴收费方式的广泛实施。此外，企业可以根据各自的经济实力和技术能力从上述收费方式中选取一种，作为正常营业时间外收费方式的一种补充，从而将节约的资金用在电网建设、改善电压质量上，来满足客户不断增长的用电需求。

二、应用分析

（一）协议方式的优缺点

1. 协议方式的优点

（1）从客户来看，拓宽了电力客户缴费渠道，减少了客户缴费次数。

（2）从电力企业来看，一是大量的人力从电费回收工作中解脱出来；二是保证了电费的快速、安全回收，避免了传送大量现金、找零、收假币等不安全因素；三是供电所随时可以掌握客户欠费、账户余额和缴费情况，大大提高了收费效率。

（3）从银行方面来看，资金流量增加，客户余额增长，实现了三方共赢。

2. 协议方式的缺点

（1）结算方式不一致。由于预付费与电费计算方法不同，预付费为预估的均价乘以预购电量的值，电费由电度电费、力调电费、基本电费构成，而实际的结算则是以营销管理人员抄见电量为准，两者结算方式不一致，导致两个弊端：一是预估均价高于实际均价，导致电费账号有余额，客户误以为电费成本增大；二是预估均价低于实际均价，导致电费账号有欠费而预付费装置不做调闸动作，客户误以为所购电量未用完，就不应该产生欠费，拒绝按实际结算方式计算的电费金额交纳电费。

（2）预付费方式容易造成客户误解，需要大量的解释工作。

（3）容易引发法律纠纷。客户交纳预付电费时，若解释不清，容易让客户理解为电费保证金，预付费若不能滚动结算，易形成事实上的保证金，违反相关法律法规和政策规定。

（二）协议方式应注意的问题

（1）取得外部支持，建立内部规范。与工商部门一起制定预付电费流程，让政府职能部门进行指导；规范往来文书，凡是给客户的通知及相关资料均要通过律师审校；规范员工行为，对抄收人员进行培训，对客户及政府统一口径；规范办理流程，指定专人谈判，指定专人办理系统建档和财务建账、收款等相关手续。

（2）把好新增客户入口关。对新增专变及以上客户，通过在客户业扩报装过程中的优质服务和诚信行为感动客户，与客户在平等自愿的基础上签订预付电费协议。

（3）把好停电复电关。凡是欠费停电的客户，首先向客户宣传预付电费对缓解交费压力的好处，并依据《中华人民共和国合同法》中有关规定与客户协商，签订预付电费协议后再恢复供电。凡是签订协议后未如约履行的客户，供电企业按照相关程序采取停电措施，直到客户履行协议才能恢复供电，并调整客户信用等级。

（4）完善配套措施。预付电费可以避免用户的恶意欠费，但并不是供电企业的唯一手段，尤其是在推行预付电费制度困难重重的情况下，为保证其实施效果，供电企业有必要全方位、多手段，创新思想，采取多种措施配合预付电费制度的实施，确保电费回收比如对拖欠电费的用户，可以采取一厂一策的方法，缩短抄表收费的周期，专人抄表收费，有针对性地安装预付费购电装置等。

（5）取得当地政府的理解和支持。拖欠电费有很多原因，有一点是不能忽视的：条条与块块的利益纠葛，供电公司属条条建制，欠费企业却落户在地方，地方在没有摆脱狭隘的局部利益的时候，当然会佯装不知，而且这种情况政府也不适合参与其中。供电企业必须跟当地政府做好沟通，取得地方的理解和支持。

（6）建立预警机制。针对经营风险比较大、缴付电费信誉欠佳的用电大户，及时制定既能确保电力供应，又能防范电费欠收、失收风险的合理合法举措及有效预警机制，确保电费回收。

（7）强化优质服务，取得用户理解。

三、管理规范

（一）岗位设置

（1）抄表员：主要负责责任范围内的抄表工作、电费回收工作、线损管理工作。

（2）收费员：主要负责收取客户预付电费、违约金及相关收费报表上报；负责保管票据、凭证等单据和印鉴。

（3）电费审核员：主要负责责任范围内客户电量、电费计算的准确性；负责责任范围内客户计费信息、日报数据的准确性；负责责任范围内电费回收情况的统计和考核。

（4）电力客户服务中心信息系统管理员：主要负责组织营销业务应用系统的应用工作；负责营销业务应用系统管理制

度、规范的制定，并贯彻执行；负责营销业务应用系统运行维护。

（5）预付费协议管理专责：主要负责预付费协议管理工作；负责预付费协议续签、变更、解除等业务管理工作。

（6）电费管理中心对账员：负责公司实收电费的统计、核对工作；负责欠费数据、实收数据的汇总、核对；负责营销管理信息系统登记的银行进账单与实际银行到账情况的对账工作，负责银行实时代收电费的对账工作。

（7）县供电企业电费会计：主要负责电费账务管理工作；负责填制并上报有关电费账务管理的相关报表；负责保管各种收费票据、银行印鉴，并对保管资料的安全性和真实性负责。

（8）资料管理员：主要负责营销资料的收集、整理、归档、借阅管理等工作；负责资料的安全性、保密性。

（二）业务流程

1. 预付费协议管理流程

预付费协议管理流程图如图 7-1 所示。

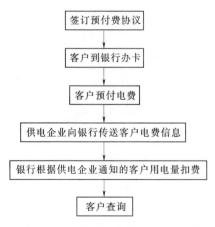

图 7-1 预付费协议管理的流程图

2. 流程管理要求

（1）签订预付费协议。

　　1）供用电双方在平等自愿的基础上签订规范供用电合同或电费结算协议，明确预存电费结算的具体细节。

　　2）签订预付费协议业务流程图如图7-2所示。

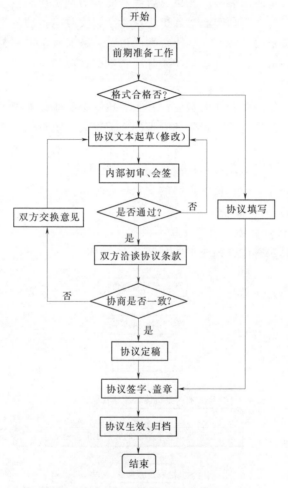

图7-2　预付费协议签订业务流程图

　　3）电费预付费结算协议的基本格式如下：

供电方：××省×××供电公司　　地址：××××××
用电方：××××××（企业）　　地址：××××××

供、用双方就供用电结算方式等事宜，经过协商一致，达成如下协议，条款如下：

第一条：供电方每月、日对用电方用电量计量抄表。

第二条：电费结算采用预付费方式，即供电方、用电方经协商使用"负控预购电"作为结算方式，月末按原计量装置结算电费。

（2）客户到银行办卡。

1）客户到银行办卡须具备的条件如下。

①客户必须在银行开立有实名制个人储蓄账户或信用卡账户，此账户预留有密码。

②客户必须有能够证明身份的有效证件，包括身份证、护照、军官证等。

2）办卡流程。

①客户在仔细阅读银行相关服务协议后，选择"同意"。

②填写客户相关信息，所填写的信息必须真实可靠。

③银行柜台服务人员将对用户所填写的信息录入电脑，如果用户填写信息正确，则成功注册成为银行的客户。

（3）客户预付电费。用电方将购电金额汇入供电企业电费账户，作为下期电费的预付款，银行打印发票。

（4）银行根据供电企业通知的客户用电量扣费。

1）供电方在抄表结算后，通知银行客户用电量。

2）银行根据供电企业通知的客户用电量，抵扣客户的预付电费。

（5）客户查询。客户可以运用两种方式查询。

①客户可拨打"95598"查询预付费业务相关信息。

②客户可使用计算机，登录开户银行网页，选择查询预付费业务，另外，输入银行卡号、卡密码，就可以查询预付费银行卡账户。

（三）质量考核

1. 预付费协议签约质量考核

（1）地（市）供电公司营销部负责质量考核。

（2）考核的主要内容为定期对各供电单位预付费协议的签订、执行情况进行检查，并把检查结果作为考核其工作的重要依据。

（3）各供电单位应严把协议修签率、协议修签质量关，如因预付费协议未签或协议签订质量问题而造成供电企业经济损失的，将根据有关规定，追究当事人责任。

2. 供电企业通知银行客户用电量，银行进行扣费的质量考核

由供电企业营销部门按月进行考核，考核内容如下。

（1）是否在有应收电费时，及时准备数据发送银行，且及时接收回来销账。

（2）是否按日、按月分类统计报表。

3. 客户查询的质量考核

（1）及时接听电话。

（2）按规定时限答复受理情况和处理结果。

（3）工单的正确率为100％。

（4）客户满意度不低于95％。

（四）资料管理

1. 业务内容

业务内容同走收方式。

2. 业务流程图

业务流程图同走收方式。

3. 注意事项

注意事项同走收方式。

4. 质量考核

质量考核同走收方式。

5. 资料目录

（1）签订预付费协议。

1）台账：预付费协议台账。

2）其他资料：预付费协议文本、预付费协议的附件、客户提供的有关资料、预付费协议会签单、预付费协议审批记录。

（2）银行根据客户用电量扣费。

1）报表：实收日／月报、预收日／月报、违约金日／月报、银行代扣情况表。

2）其他：银行回单。

（3）客户服务。

1）业务查询工单。

2）供电优质服务承诺。

3）值班记录。

4）值班表。

四、工作规范

1. 抄表员工作规范

（1）岗位职责。

（2）工作权限。

（3）组织结构图。

（4）岗位技能。

（5）工作内容及要求。

（6）检查与考核。

见附录二。

2. 收费员工作规范

（1）岗位职责。

（2）工作权限。

（3）组织结构图。

（4）岗位技能。

（5）工作内容及要求。

（6）与其他岗位的配合工作。

（7）检查与考核。

见附录三。

3. 电费审核员工作规范

（1）岗位职责。

（2）工作权限。

（3）组织结构图。

（4）岗位技能。

（5）工作内容及要求。

（6）与其他岗位的配合工作。

（7）检查与考核。

见附录四。

4. 电力客户服务中心信息系统管理员工作规范

（1）岗位职责。

（2）工作权限。

（3）组织结构图。

（4）岗位技能。

（5）工作内容及要求。

（6）与其他岗位的配合工作。

（7）检查与考核。

见附录十。

5. 预付费协议管理专责工作规范

（1）岗位职责。

（2）工作权限。

（3）组织结构图。

（4）岗位技能。

（5）工作内容及要求。

（6）与其他岗位的配合工作。

（7）检查与考核。

见附录十五。

6. 电费管理中心对账员工作规范

（1）岗位职责。

（2）工作权限。

（3）组织结构图。

（4）岗位技能。

（5）工作内容及要求。

（6）与其他岗位的配合工作。

（7）检查与考核。

见附录九。

7. 县供电企业电费会计工作规范

（1）岗位职责。

（2）工作权限。

（3）组织结构图。

（4）岗位技能。

（5）工作内容及要求。

（6）与其他岗位的配合工作。

（7）检查与考核。

见附录七。

8. 资料管理员工作规范

（1）岗位职责。

（2）工作权限。

（3）组织结构图。

（4）岗位技能。

（5）工作内容及要求。

（6）与其他岗位的配合工作。

（7）检查与考核。

见附录六。

五、制度规范

（一）抄表、核算的制度规范
抄表、核算的制度规范同走收方式。

（二）电能计量的制度规范
电能计量的制度规范同走收方式。

（三）收费的制度规范

1. **供电企业协议方式的内部规范**

（1）供电企业与工商部门一起制定预付电费流程，政府职能部门进行指导。

（2）规范往来文书，凡是给客户的通知及相关资料均要通过律师审校。

（3）规范员工行为，对抄收人员进行培训，对客户及政府统一口径。

（4）规范办理流程，指定专人谈判，指定专人办理系统建档和财务建账、收款等相关手续。

2. **客户办理业务的要求**

（1）新装用电客户和增容用电客户在设备正式用电前，都必须交纳1个月的预付电费。

（2）客户提出变更用电申请的，必须按最近1个月的电费金额交纳预付电费后，才给予办理变更手续。

（3）销户用电客户，提交销户申请时须按最近1个月电费金额交纳预付电费，销户手续办理结束后按实际结算电费金额多退少补。

（4）因欠费停电的用电客户，在交清所欠电费的同时必须按最近1个月电费金额交纳预付电费，方给予办理复电手续；确实无能力预付电费的用电客户，必须与供电企业签订财产抵押合同，作为预付电费的法律担保。

（5）正式用电的趸售用电客户和大工业用电客户，必须于每月8日至15日之间预付与上月实际电费总额相同的电费，并保证预付电费资金在当月15日之内到达供电企业制定账户；正式用电的小用电客户，将逐步实现预付电费或者办理银行代扣。

（6）所有客户的预付电费，均在抄表核算之后，按月据实滚动抵扣，预付金额不足的须在当月20日前补足，余额则作为下一个月的预付电费滚动抵扣。

3. 供电企业采用协议方式的管理要求

（1）供电企业应建立常态宣传机制，大力灌输"电是商品，先交钱后用电合理合法"的电力商品意识，改变"先用电，后交钱"这一传统消费习惯。

（2）供电企业员工应抓住每一个接触客户的机会，向客户宣传预付电费的合理性、合法性，宣传这种结算方式对缓解月底交费压力和建立供用电双方互动诚信关系的重要性。

（3）供电企业的领导应抓住每一个机会，向当地工商、经委和政府主管领导宣传预付电费对维护当地经济秩序、提高企业诚信度的重要性和必要性，取得政府和各部门对推行预付费的认同和支持。

（4）强化优质服务，取得用户理解。优质服务是推行预付电费制度有力的保障，预付电费制度是保障企业电费回收，为用户提供更加优质服务的有力手段。只有切实履行"人民电业为人民"的宗旨，坚持用户第一的思想，建立科学的服务理念，把为客户提供优质、方便、规范、真诚的服务作为电力企业永恒的主题，取得客户认同，才能使预付电费制度顺畅有效实施。

（5）实施预付电费要心系用户、创新方法。供电企业应提倡优质服务，取得用户的理解，推动预付电费制度的实施。

（6）对新增专变及以上客户，通过在客户业扩报装过程中的优质服务和诚信行为感动客户，与客户在平等自愿的基础上签订预付电费协议。

（7）实施预付电费要完善配套措施。为保证预付电费实施效果，供电企业有必要全方位、多手段，创新思想，采取多种措施配合预付电费制度的实施，确保电费回收。比如对拖欠电费的用户，可以采取一厂一策的方法，缩短抄表收费的周期，专人抄表收费，有针对性地安装预付费购电装置等。

（8）严格执行电费违约金制度，按规定向拖欠电费的客户收取违约金；经多次催交仍不交纳电费的用电客户，将按相关规定对其停止供电。

（9）把好停电复电关。对欠费停电的客户，首先向客户宣传预付电费对缓解交费压力的好处，并依据《中华人民共和国合同法》中有关不安抗辩权的规定与客户协商，签订预付电费协议后再恢复供电。对签订协议后未如约履行的客户，供电企业按照相关程序采取停电措施，直到客户履行协议才能恢复供电，并调整客户信用等级。

（10）提高防范风险的意识，建立有效预警机制。针对经营风险比较大、缴付电费信誉欠佳的用电大户，及时制定既能确保电力供应，又能防范电费欠收、失收风险的合理合法举措及有效预警机制，确保电费回收。

（11）建立预缴电费激励机制，调动客户参与的积极性，进而推动预付费装置和电费预缴收费方式的广泛实施。

4. 协议方式的收费制度规范

（1）电费回收率应达到100%。

（2）加强电费的票据管理，所有电费票据由县及县以上的供电企业统一印刷，并严格领用和使用程序，电费票据应反映出电能表起止码、电量、电价和各种电费等内容，全面推行计算机开票到户。

（3）各县供电企业要加强对供电所电价、电费的管理，定期开展专项检查，发现问题及时解决，要加强内部考核，严格控制电费电价差错率。

（4）供用电双方在平等自愿的基础上签订规范的供用电合同或电费结算协议，明确预存电费结算的具体细节。

（5）各供电营业所必须建立完整的电费应收、实收、未收（欠收）"三收"账。

（6）电费账、卡、票按规定严格管理，并由专人妥善保管。建立账、卡、票传递登记台账，传递借阅时必须执行签章手续。使用过的电费账、卡、票存根及应收、实收凭证等应严格保管，做到完整无缺。一般保存15年，期满后由各单位列出清单，上报地级供电公司。

（7）打印的售电收据一式三份，一份交给客户，一份留供电所，一份交营销部预付费管理员。上交营销部的收据需有供电所公章、经办人签字或盖章。若售电收据缺少供电所公章、经办人签字，每份扣罚责任人 50 元。

（8）各供电所售电收据和银行进账单每月上交两次当月 16 日一次，次月 1 日一次，每延期一天上交扣罚责任人 50 元。若出现不相符或丢失的现象，每发生一户，扣罚责任人 100 元，并由责任人赔偿全部损失，且连带所长 50 元。

（9）客户需终止用电时，应到供电所办理销户手续。经供电所派人员到现场切断电源，拆除电能表，收回电卡。读出电能表剩余电量，记录在《预付费客户详细资料明细单》中，经供电所盖章、经办人员签字、及客户签字认可后报营销部。客户凭明细单到公司营业厅办理退费。预付费客户停用 3 个月以上未上报的，一次扣责任单位人 100 元，连带所长 50 元。

第二节　技术方式（预付费卡表）

一、业务简介

预付费技术是我国近几年形成的新兴技术，旨在解决供电、供水等公用事业收费困难的问题。该技术经过几年的发展已形成产品化，如带有 TM 卡、IC 卡和射频卡的计量器具的使用，为电力和自来水等的销售提供了新的管理模式。IC（集成电路）卡技术成熟克服了磁卡容易掉磁等弊端，因而目前在预付电费系统得到广泛应用。下面着重介绍基于 IC 卡技术的预付电费系统。

IC 卡技术的预付电费系统由预付电费控制箱（包括微电脑控制器、断路器、IC 卡电能表）、IC 卡（钥匙卡、纽扣卡等）、IC 卡读写器、计算机及预付电费管理软件构成。

1. 预付电能表在我国的应用状况

电力是关系国计民生的特殊商品，先用电后缴费是我国长期沿袭的约定俗成规则，正是这个的惯例，使供电企业承担了用户用电后不按期缴费的经营风险。预付费卡式电能表的应用则可大大缓解这种尴尬局面。IC 卡是指用户购买储值 IC 卡，然后将其插入电能表才能享受供电的装置；通过 IC 卡作为传输介质，在用户和管理部门之间传输信息，自动实现计量仪表的抄收以及缴费工作。其最大优点是实现了抄表、收费、控制的三位一体，彻底杜绝了欠费现象的发生，管理人员和管理费用少。因此许多供电公司采用了这种收费方式。

1995 年之前，主要为电钥匙 IC 卡电能表，以 93C46 和 24C01 为主，IC 卡为可擦写存储芯片（E^2PROM）或一般存储卡，IC 卡存储方便、使用简单、价格便宜，安全性不高，存在被破解的可能性，用户以物业小区为主。

1995～1999 年间，主要为电话卡式 IC 卡，以存储卡（24C01）和逻辑加密卡（4442、4428）为主，其中逻辑加密卡的安全性得到进一步提高，内嵌芯片在存储区外增加了控制逻辑，在访问存储区之前需要核对密码，只有密码正确，才能进行操作。用户从单纯物业小区扩展到供电企业，开始大规模普及使用。自 1998 年至今，主要为金融级 IC 卡，以 CPU 卡（CPU 卡和 SAM 模块为加密介质）为主，IC 卡电能表进入成熟时期。CPU 卡内嵌芯片相当于一个特殊类型的单片机，内部除了带有控制器、存储器、时序控制逻辑等，还带有算法单元和操作系统（芯片操作系统，简称 COS），具有存储容量大、处理能力强、信息存储安全等特性。同时 IC 卡水表和 IC 卡气表逐渐进入高速发展期，并逐渐向 CPU 卡和 ESAM 模块方式过渡。一卡通的概念开始出现并引起国家行业管理部门（建设部）的关注，正在酝酿起草一卡通管理规范。

2. 预付费卡表简介

预付费卡表是指客户根据自身用电情况去银行或邮政储蓄交纳所需电力使用费，然后持缴费回单并携带电表磁卡到相关的供电所及营销部充值，电能表读取充电量值后客户即可使用。预付费模式在这里专指预付费电表磁卡收费方式。

预付费卡式电能表的种类较多，主要有以下几种。

（1）按电能表的功能可以分为预付费电能表、预付费复费率电能表、多功能电能表。

（2）按电能表的供电制式可分为单相表和三相表。

（3）按电能表的计量原理可分为机电式、全电子式。

在机电式电能表中，感应式电能表完成功率—脉冲变换，微控制器完成其余功能，而全电子式电能表则完全取消了转动的铝盘。

（4）按电能表的结构可分为分体式、整体式以及集计量组件、互感器、微控制器、接触器（断路器）于一身的 IC 卡电能计量控制箱。

上述电能表适合于各种类型的用户，可以安装在住宅、配电房、开关柜内、变压器上等。

3. 预付费电能表的发展

随着电子电能表的应用，电能表技术正向多元化方向发展。

（1）利用低压载波系统实现抄表、通信以及数据交换的功能。

（2）电能表能够用于音频接收控制，并实现家用节能电器的远程控制。

（3）不必任何人工干预，实现自动抄表的技术。可以利用无线车载抄表系统只要沿街行驶便能接收电能表的高频脉冲信号，通过无线通道发送到用电管理中心的计算机系统，实现对用户的电能计费，或者利用红外无线终端抄表机，电能表可以通过红外线及确认码输出各种电量参数至手持终端。

预付费业务则主要是针对企业用电、农业用电。预付费表则需与磁卡结合专用的电能表其安装分三类：50kVA 及以上的客户使用普通预付费表，100kVA 及以上的客户使用多功能预付费表，315kVA 的客户使用高压多功能预付费表。

三相 IC 卡电能表用于小动力非照明用户。分时计费主要对大中型企业（用电）实行，在单相 IC 卡电能表中实现分时计费成本相对较高。所以，市场上常见的为单一费率的 IC 卡电能表，有单相感应式 IC 卡电能表和单相全电子式 IC 卡电能表。感应式 IC 卡电能表是 IC 卡电能表发展的过渡产物，单相全电子式 IC 卡电能表则充分体现了电子技术的优点，具有体积小、造型美观、精度高、长期使用误差不会改变等特点，它将电能计量和收费结合起来，是今后电能表行业的发展方向。随着电子技术和经济的发展以及人民生活水平的提高，单相全电子式 IC 卡预付费电能表普遍应用的基础上，单相、三相 IC 卡预付费分时多费率电能表应用会越来越普遍。

　　针对预付费电能表的推广使用，原公司营业厅单一的售电地点已经不能满足客户购电要求。在此基础上，和威胜、林洋两个公司进行了技术协调，建立了售电服务器，在各供电所营业厅设立了售电终端，客户持卡到当地营业厅即可实现购电。售电系统与营销技术支持系统接口，营销技术支持系统中开户的客户方可在售电系统中进行开户售电。统一的服务平台，既方便了客户购电，又保证了数据的安全性。

二、应用分析

（一）预付费卡表收费方式的优缺点

1. 预付费卡表收费方式的优点

（1）便电费回收，杜绝欠费，减少电费回收风险。

（2）计量准确、电量精确度高。

（3）防窃电性高并且可以远程控制。

（4）预付费三相表中某相断电不妨碍计量，减少供电损失。预付费表中有提示业务，如报警，方便提示客户，可以使客户及时充卡。供电企业可减少收费人员，达到减人增效的目的。

（5）IC 卡以其存储容量大、保密性能好、携带方便、可反复使用等优点在金融及其他领域中得到广泛的应用。

（6）卡式预付费电能表作为这一时代的产物，从技术上满足了飞速发展的电力工业对电能的计量、控制与管理提出的越来越高的要求，提升了供电服务水平，实现了以下目标：先付费，后用电；实施分时电价计费；自动抄表、收费；解决了收费难的问题；降低了生产成本；有利于优质服务品牌的建设。

2. 预付费卡表收费方式的缺点

（1）预付费电能表存在固有的缺陷。

1）预付费电能表会因表计损坏、开关跳闸设备损坏和人为中断跳闸回路、平均电价升高等原因出现欠费情况，但有些客户对此不理解，认为预付费不会出现欠费。分散式售电系统存在开卡无法监控情况，统一服务器存在预付费系统会因网络不稳定造成售电系统不认卡现象。

2）购电磁卡损坏问题：预付费客户千差万别，虽购电卡背面有使用说明，仍不时出现购电卡损坏问题，致使无法正常购电，需到现场进行处理，增加了工作量，同时引起客户不满意。充卡过程中或系统升级中如丢失数据，则后果严重。同时，客户在携带卡时如果不慎会导致消磁等购电卡损坏问题，预付费客户千差万别，虽购电卡背面有使用说明，仍不时出现购电卡损坏问题，致使无法正常购电，需到现场进行处理，增加了工作量，同时引起客户不满意。

（2）卡表预付费系统存在技术缺陷。

1）IC卡表开放式的读写窗口，经常因受外界攻击、吸收外界杂物、受外界温湿度影响等原因造成电表不能正常工作，接触式IC卡读写机是一项社会公有的技术，密码容易被破译，卡内数据无密可言，容易产生服务纠纷。

2）缺乏在线监控。由于没有有效的监控手段，供电企业不能了解卡表预付费客户的实际用电情况，难以发现IC卡表外破或故障情况，一旦表计损坏，客户可长期免费用电，客户用电处在失控状态，给供电企业造成大量的电费损失。卡表预付费系统不能对客户的用电情况加以分析和判断，不能对客户的合理用电加以指导。往往是卡表跳闸停电后客户才知道需要购电，给客户造成很大损失。客户容易产生抵触情绪，严重影响服务质量。按照有关规定，卡表预付费系统由供电企业投资建设，占用了供电企业大量的建设资金。

3）IC卡表运行不稳定，操作过程复杂，客户经常因操作问题造成停电，产生了很多服务纠纷。分散式售电系统存在开卡无法监控情况，统一服务器存在预付费系统会因网络不稳定造成售电系统不认卡现象。

（3）难以适应电价波动的需求。销售电价变动时，易出现抢购现象，影响供电公司的平均电价。

（4）反馈流程的不通畅。预付费的反馈流程主要是供电所及营销部收取缴费凭证向银行核对的过程，即收取缴费凭证金额的核对。反馈流程的不通畅直接影响电费回收率及最后的汇总核实。

（5）与物业小区预付费卡表的混用。供电企业用户的预付费卡与物业小区内部用电预付费卡容易出现交叉混用，导致电费流失。

3. 预付费卡表收费应注意的问题

（1）做好宣传解释工作，预付费电能表是减少电费风险的预控措施，不作为结算使用，电费结算以预付费电能表计费部分为准。

（2）明确责任，及时发现表计异常，对预付费客户责任到人。对于电费异常情况派客户专责人到现场核查表计运行状况及表内剩余电费金额。若是表计故障，就由技术人员对表计进行处理或更换；若是购电系统原因，应由技术人员对电费余额进行清零处理，并对这些客户列入重点监控对象。

（3）建立统一售电服务器，断点续传功能，解决分散售电模式和网络售电模式的缺点，即可实现售电数据的统一管理，又可在网络不稳定情况下的数据传输，避免因网络中断造成的数据丢失而造成的不认卡现象。

（4）从客户需求及经济发展出发，把收费流程与电力调控整合形成完整的管理流程链条。

（二）效益分析

1. 社会效益

将供用电关系纳入市场经济轨道，有利于用户增强电是商品的意识，使供用电关系进入良性循环；提高电费回收率，减少国家损失的同时也减少了用户用电的盲目性；调整和限制高峰负荷，平抑负荷曲线，进而提高供电质量。

2. 用户效益

杜绝用户纠纷；可节约用电、计划用电；不再受抄表人员的制约；基本不改变原装线路，更换预付费电能表即可，减少改造费用。

3. 供电企业效益

（1）使用预付费电能表的最大优势在于解决供电企业收取电费问题。用户购买的电量输入电能表内后，电能表自动根据用户的使用情况递减电量，当表内电量为零后，电能表自动切断电源，不用供电企业催收电费，用户即需要自行购电，输入表内后，电能表自动送电，用户方可使用。既解决了收费难问题，又减少了抄表工作量，只需保留少量人员半年一次进行抽查，以检验用户使用电量与购买电量是否一致。

（2）提前预收的电费可以作为供电企业的流动资金支配使用。按某地 5 万户家庭使用预付费电能表计算，每户一次平均购买 100kW·h 电量 ［电费 0.5 元/（kW·h）］，预收电费为 250 万元，可作为供电企业的流动资金使用。

（3）可实现银行、供电企业联网，用户所有的购电缴费操作都可通过银行储蓄网点进行，实现了就近购电缴费和异地购电缴费，极大地方便了用户。

（4）售电系统采用了符合 IC 卡国际规范的 CPU 卡，便于进行升级，从而保证售电系统不会由于 IC 卡的更新而被改变，使系统的适应性大为增加，保证了一户一表工程能够长期稳定地进行。

（5）采用 CPU 卡后，已经与金融系统使用的 IC 卡一致，并且售电系统已经保留有与银行系统接轨的接口，具备了与银行发行联名卡的条件，为将来实现一卡多用打下了基础。

4. 综合经济效益

预付费卡式电能表具有可靠性高、安全性好、使用方便、操作速度快等特点。预付费电能表的使用可提前回收电费，安装这类电能表达到一定规模后，可节约人力、减轻收费难度，提高服务质量和水平。实行先买电后用电的预付费用电管理方式，对于改革用电体制、实行电力商品化、有效控制和调节负荷、降损提效，有着不可替代的作用。

三、管理规范

（一）岗位设置

（1）营销部客户服务班班长：主要负责受理客户办理业务、故障报修服务请求，生成工作单传递相关部门处理，并对处理全过程进行跟踪、催办；向客户提供用电政策法规、业务处理过程、电量电费、电价规范等信息的查询、咨询和宣传服务。

（2）营销管理专责：主要负责本所辖区内农村低压电网营销及线损管理工作；负责组织农电工按时间和路线进行抄表和收费；负责农村低压电网营销抄、核、收业务和低压供用电合同的管理。

（3）抄表员：主要负责责任范围内的抄表工作、电费回收工作、线损管理工作。

（4）收费员：主要负责收取客户预付电费、违约金及相关收费报表上报；负责保管票据、凭证等单据和印鉴。

（5）电费审核员：主要负责责任范围内客户电量、电费计算的准确性；负责责任范围内客户计费信息、日报数据的准确性；负责责任范围内电费回收情况的统计和考核。

（6）电费结算员：主要负责审核收费员转来的实收原始凭证、电费收据存根和银行回单；负责审核电费应收凭证的真实性、准确性；有权对收费员的收费情况、票据使用情况进行检查。

（7）县供电企业电费卡制卡员：主要负责根据库存、预订及市场反馈情况进行制卡操作，录入该批次所需电费卡信息，生成新的卡文件和解该文件的密码，并在加密后以电子邮件方式发送到制卡厂家。

（8）县供电企业电费卡管理员：主要负责核对成品电费卡序列号与公司系统生成的电费卡序列号是否一致，检验电费卡是否有损坏或密码区裸露现象，妥善保管电费卡。

（9）电费卡管理员：主要负责根据需要向供电公司电费卡管理员领取电费卡，将领回的电费卡验收入库并保管，以及向代售点批发电费卡。

（10）县供电企业电费会计：主要负责电费账务管理工作；负责填制并上报有关电费账务管理的相关报表；负责保管各种收费票据、银行印鉴，并对保管资料的安全性和真实性负责。

（11）电力计量中心电能专责：主要负责对电能表、互感器实行全面质量管理；配合技术主管进行电能表、互感器新技术的试点、应用和推广；负责管理电能计量器具的检定、核准业务。

（12）资料管理员：主要负责营销资料的收集、整理、归档、借阅管理等工作；负责资料的安全性、保密性。

（二）业务流程

预付费卡表收费管理流程图包括开户管理流程图、购电管理流程图和预付电费管理流程图。

1. 预付费卡表开户管理

（1）预付费卡表开户管理流程。预付费卡表开户管理流

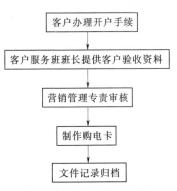

图 7-3 开户管理流程图

程图如图 7-3 所示。

（2）流程管理要求。

1）客户办理开户手续。

①新增预付电能表用户到客户服务中心办理 IC 卡电能表开户业务，售电员录入用户基本数据，这些基本数据有：

a. 户号，识别一个用户的唯一性编号，最多 12 位。

b. 户名，用户姓名或名称，最多 12 位。

c. 地址，用户装表地址，最多 48 位。

d. 电话，用户联系电话，最多 24 位。

e. 电价编号（电价）用户所执行的电价的编号。

f. 电表型号用户所安装的预付费电能表的型号。

g. 电表编号，用户所安装的预付费电能表的编号。

h. 底数，用户所安装的点卡式电能表的底数。

i. 预装电量，用户所安装预付电能表的预装电量。

j. 装表日期，用户所安装预付费电能表的日期。

②供电部门制作用户 IC，写入必要的运行参数，完成开户和购电手续。

2）用户将用户卡插入自己的 IC 卡电能表，将运行参数信息传入 IC 卡电能表，同时将 IC 卡电能表内数据返写到用户卡。

3）客户服务班班长将客户验收资料提供给营销管理专责。

4）收费员根据验收资料提供的客户信息、多功能电子表的型号、互感器变比、电价执行情况，进行新装客户购电钥匙（卡）的制作。

2. 购电管理

（1）购电管理流程。购电管理流程图如图 7-4 所示。

（2）流程管理要求。

1）客户办理购电业务。

①客户到客户服务厅（室）办理购电业务时，各营业人员

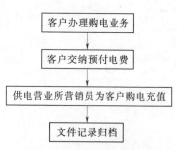

图 7-4　购电管理流程图

应积极为客户办理预付电费手续，开具预付电费收据，为其准确购电。

②10千伏客户办理购电业务时，应先将资金存入供电公司指定的账户上，然后持银行出具的存款凭单到所辖营业场所进行购电。

③"四到户"客户可直接到相应供电所购电。

2）营销员为客户购电充值。

①购电流程图如图7-5所示。

②流程管理要求。

a. 营销员收费写卡。

（a）营销员为客户购电充值，应先录入或通过电子卡得到户号，预付电能表管理系统按照户号找到该户的装表情况、表号、电表类型、实行的电价、购电情况，并根据这些数据进行售电操作。

（b）售电时，营销员应把本次调剂电量和本次购电量写入电卡。如果该用户有调剂电量，则先输入调剂电量，再输入本次购电量。同时，打印购电凭证，检查并显示写入购电卡的操作结果。

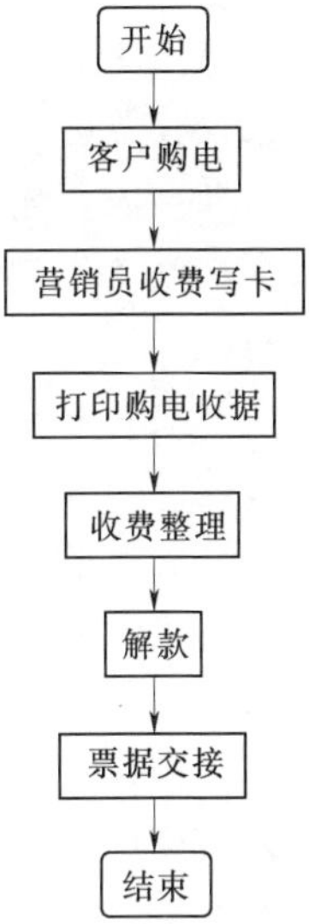

图7-5 购电流程图

（c）收费员对客户采用支票缴费的，应核对支票的收款人、付款人的全称、开户银行、账号、金额等是否准确，印鉴是否齐全、清晰。一张支票可能对应多笔电费，处理时应将多笔电费与支票建立关联关系。

（d）客户采用现金缴款回单、转账支票或银行进账单回单等方式缴费时，如金额大于客户应交电费（含违约金）的金额，一般情况作预收电费处理。如客户要求退款时，应在确认资金已到账的情况，按《退费管理业务流程》处理。

b. 打印购电收据。

（a）对预付电费的客户应开具收据，待客户结清电费后再凭收据换取发票。采用收妥入账方式，对于收取支票、本票等票据的，也仅开具收据，待款项到账时再凭收据换取发票。

（b）对于需要开增值税发票的客户，应按电费与违约金的合计金额出具增值税发票。

（c）应正确收取客户预付电费并开具相应收费凭证。

c. 收费整理。

（a）收费员统计生成日实收电费交接报表，仔细核对电费应收、本期预收、先期预收转实收和电费违约金，清点各类票据、发票存根联、作废发票、未用发票等，核对与日实收电费交接报表相符。

（b）每日收取的现金及支票应当日解交银行。由专人负责每日解款工作并落实保安措施，确保解款安全。当日解款后收取的现金及支票按财务制度存入专用保险箱，于次日解交银行。

（c）及时进行交接，收费员和实收员须在日实收电费交接报表上签字确认。

（d）预付电费收取应做到日清月结，并编制收费日报，不得将未收到或预计收到的电费计入电费实收。

d. 解款。

（a）预付电费收取应做到日清月结，并编制实收电费日报表、日累计报表、月报表，不得将未收到或预计收到的电费计入电费实收。

（b）实收电费应当日入账入行，票款相符。每日应审查各类日报表，确保实收电费明细与银行进账单数据的一致性、实收电费与进账金额的一致性、各类发票及凭证与报表数据的一致性。

（c）对于现金，打印或填写现金解款单；对于票据，打印或填写银行进账单。记录现金解款单和银行进账单相对应的电费清单，将现金解款单和银行进账单以及相应的现金和票据存入指定的银行电费账户。

（d）每日收费结束后应清点各类票据，统计生成日实收电费交接报表。收取的电费资金应及时存入银行账户，资金管理符合有关规定。及时进行交接，交接双方须在日实收电费交接报表上签字确认。

（e）对于票据，应记录票据的开户银行，在进账单打印时打印票据的开户银行以便于出现问题时在银行处查找。在日终解款后，可允许继续收取客户现金，单独保管，与次日所收电费一起解款。

（f）银行进账单打印时要在进账单上打印银行名称。

3）注意事项。

①对于卡表新装客户的首次购电时扣除预置电量。写卡电量＝购买电量－预置电量。

②对于卡表换表客户的首次购电必须扣除预置电量，如果换表时没有把旧表的剩余电量写入新卡表则需加上剩余电量，写卡电量＝购买电量－预置电量＋剩余电量；否则写卡电量＝购买电量－预置电量。

③读写异常换卡：由于电卡损坏，读写卡器无法正常读写电卡时，客户办理更换电卡手续换卡，购电时，把购电信息直接写入新电卡。

④读入异常换卡：客户购电后，电卡信息无法正常读入电表，工作人员现场确认后，是电卡故障并且电量没有读入电表，客户申请办理更换电卡手续换卡，售电人员将购电信息重新写入新电卡。

⑤卡表清零：客户电卡表异常，如非正常报警等，工作人员到现场处理，做表计清零工作，表计恢复正常，记录预置电量和剩余电量，客户购电时扣除预置电量并加上剩余电量，写卡电量＝购买电量－预置电量＋剩余电量。

⑥收费员应穿着整洁的标志服，佩带胸章。为客户提供服务时，应礼貌、谦和、热情。

⑦收费员不准私自委托他人收费，如收费员中途有急事耽搁

时，应告知缴费用户"请稍等"并收拣收据，锁好抽屉方可离开。

3. 预付电费管理

（1）预付电费管理流程。预付电费管理流程图如图 7-6 所示。

（2）流程管理要求。

1）收取预付电费。

①收费员收取预付电费流程图如图 7-7 所示。

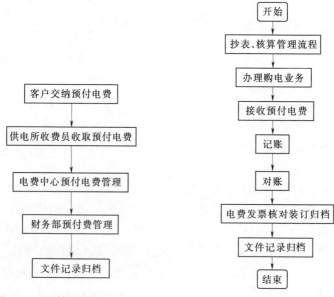

图 7-6　预付电费管理流程图

图 7-7　预付电费收取流程图

②流程管理要求。

a. 收费员收取客户预付电费时，对客户交付的现金、支票等应当面进行清点，注意支票上的日期、用途、大小写金额是否正确，印鉴是否清晰齐全。

b. 收费员应做好收费登记，记录客户名称、收费金额、种类（现金、支票）、收取时间、发票号等，请客户确认签字。

c. 收费员根据收取客户的预付电费收据及财务部开具的收

据作记账凭证。

d. 注意事项。

（a）点算金额时，注意票面是否完整；对有拼接的票面，查看拼接是否符合规定，票面是否符合印版版样，防止颜色相仿而小额充大额。零票及硬币应在收费包内分别存放，纸币和支票应略分面值用票夹夹放，不能与电费收据混杂。

（b）收费必须开具正式发票及收据，严禁无票据或"白条"收费。

（c）各供电营业所必须建立完整的电费应收、实收、未收（欠收）"三收"账。

（d）电费账、卡、票按规定严格管理，并由专人妥善保管。建立账、卡、票传递登记台账，传递借阅时必须执行签章手续。使用过的电费账、卡、票存根及应收、实收凭证等应严格保管，做到完整无缺。一般保存15年，期满后由各单位列出清单，上报地级供电公司。

（e）定期与客户核对一次电费账目，填写《客户电费对账单》，注明对账截止日期、欠费额及分项明细、电费违约金等，对账单一式两份，供用电双方签字盖章后各执一份。

2）电费中心预付电费管理。

①收费员每日收取电费后，将电费存入给电费中心预付电费管理账户。

②电费结算员对电费余额较大的客户进行退补。

③收费员对出现欠费的客户进行催费。

3）财务部预付费管理。

①电费中心电费会计每日规定时间将供电所交纳的预付费交财务部，并开具收据。

②供电所营销员每月规定日期结转本月城区预付大客户电费，结出电费余额。

③供电所营销员每月规定日期结转本月10kV预付费客户电费，结出电费余额。

④供电所营销员每月规定日期结转本月 0.4kV 预付费客户电费,结出电费余额。

(三) 质量考核

1. 预付费卡表开户管理的质量考核

(1) 是否正确录入预付费客户信息。

(2) 客户开户资料验收审核是否准确。

(3) 客户购电钥匙 (卡) 的制作是否正确。

(4) 服务投诉率小于等于 1‰。

2. 购电管理的质量考核

(1) 是否正确为客户购电充值。

(2) 预付电费收费正确率 100%。

(3) 购电信息 (动态) 录入是否及时准确。

3. 预付电费管理的质量考核

(1) 电费发票使用作废率小于 2‰。

(2) 预付电费账务处理正确率 100%。

(3) 电费回收率完成计划指标。

(4) 各类报表是否准确及时。

(四) 资料管理

1. 业务内容

业务内容同走收方式。

2. 业务流程图

业务流程图同走收方式。

3. 注意事项

注意事项同走收方式。

4. 质量考核

质量考核同走收方式。

5. 资料目录

(1) 预付费卡表开户管理。

1) 工作单:用电需求表、营销业务工作单。

2) 报表:用电报表统计分析报表 (月、季、年)。

3）台账：用电业务需求表登记账、营销业务工作单登记账。

4）其他资料：居民身份证复印件、房产证（购房合同）复印件、履约人用电行为担保书。

（2）购电管理：购电卡充值日报、购电卡充值清单。

（3）预付电费管理。

1）报表：预收电费汇总、电费应收日报。

2）台账：预收账款备查账、收费统计台账、发票领用、归还登记台账、发票作废登记台账。

四、工作规范

1. 营销部客户服务班班长工作规范

（1）岗位职责。

（2）工作权限。

（3）组织结构图。

（4）岗位技能。

（5）工作内容及要求。

（6）与其他岗位的配合工作。

（7）检查与考核。

见附录十六。

2. 营销管理专责工作规范

（1）岗位职责。

（2）工作权限。

（3）组织结构图。

（4）岗位技能。

（5）工作内容及要求。

（6）与其他岗位的配合工作。

（7）检查与考核。

见附录十七。

3. 抄表员工作规范

（1）岗位职责。

（2）工作权限。

（3）组织结构图。

（4）岗位技能。

（5）工作内容及要求。

（6）检查与考核。

见附录二。

4. 收费员工作规范

（1）岗位职责。

（2）工作权限。

（3）组织结构图。

（4）岗位技能。

（5）工作内容及要求。

（6）与其他岗位的配合工作。

（7）检查与考核。

见附录三。

5. 电费审核员工作规范

（1）岗位职责。

（2）工作权限。

（3）组织结构图。

（4）岗位技能。

（5）工作内容及要求。

（6）与其他岗位的配合工作。

（7）检查与考核。

见附录四。

6. 电费结算员工作规范

（1）岗位职责。

（2）工作权限。

（3）组织结构图。

（4）岗位技能。

（5）工作内容及要求。

（6）与其他岗位的配合工作。

（7）检查与考核。

见附录五。

7. 县供电企业电费卡制卡员工作规范

（1）岗位职责。

（2）工作权限。

（3）组织结构图。

（4）岗位技能。

（5）工作内容及要求。

（6）与其他岗位的配合工作。

（7）检查与考核。

见附录十八。

8. 县供电企业电费卡管理员工作规范

（1）岗位职责。

（2）工作权限。

（3）组织结构图。

（4）岗位技能。

（5）工作内容及要求。

（6）与其他岗位的配合工作。

（7）检查与考核。

见附录十九。

9. 电费卡管理员工作规范

（1）岗位职责。

（2）工作权限。

（3）组织结构图。

（4）岗位技能。

（5）工作内容及要求。

（6）与其他岗位的配合工作。

（7）检查与考核。

见附录二十。

10. 县供电企业电费会计工作规范

(1) 岗位职责。

(2) 工作权限。

(3) 组织结构图。

(4) 岗位技能。

(5) 工作内容及要求。

(6) 与其他岗位的配合工作。

(7) 检查与考核。

见附录七。

11. 电力计量中心电能专责工作规范

(1) 岗位职责。

(2) 工作权限。

(3) 组织结构图。

(4) 岗位技能。

(5) 工作内容及要求。

(6) 与其他岗位的配合工作。

(7) 检查与考核。

见附录二十一。

12. 资料管理员工作规范

(1) 岗位职责。

(2) 工作权限。

(3) 组织结构图。

(4) 岗位技能。

(5) 工作内容及要求。

(6) 与其他岗位的配合工作。

(7) 检查与考核。

见附录六。

五、制度规范

(一) 抄表、核算的制度规范

抄表、核算的制度规范同走收方式。

（二）电能计量的制度规范

电能计量的制度规范同走收方式。

（三）收费的制度规范

1. 供电企业的内部规范

（1）供电企业与工商部门一起制定预付电费流程，政府职能部门进行指导。

（2）规范往来文书，凡是给客户的通知及相关资料均要通过律师审校。

（3）规范员工行为，对抄收人员进行培训，对客户及政府统一口径。

（4）规范办理流程，指定专人谈判，指定专人办理系统建档和财务建账、收款等相关手续。

2. 供电企业采用技术方式（预付费卡表）的管理要求

（1）供电企业应采用多种形式结合的文明缴费通知，避免张贴公告等通知方式，提高服务意识，整合营业厅、现场和95598电话服务功能。

（2）公司在各供电所驻地开设预付电费专用账户，客户充卡的电费必须全部存入该专用账户。该账户金额的转出业务由营销部营销员负责，存款业务由各供电所预付电费专责人员负责。

（3）完善考核机制，对"解决率"和"满意率"进行目标考核。

（4）做好宣传解释工作，预付费电能表只是减少电费风险的预控措施，不作为结算使用，电费结算以预付费电能表计费部分为准。

（5）明确责任，及时发现表计异常。

1）根据购电系统中客户交费金额及周期，每天对所辖客户购电情况进行统计分析，对交费金额及周期出现变动的客户及时列出明细。

2）每月25日前及时结转预付费客户当月实际使用电费，并结出电费余额，对出现负值的客户列出明细并逐一分析欠费原因。

3) 对电费异常情况，由客户专责人到现场核查表计运行状况及表内剩余电费金额。若是表计故障，就由技术人员对表计进行处理或更换；若是购电系统原因，应由技术人员对电费余额进行清零处理，并对这些客户列入重点监控对象。

（6）建立统一售电服务器，断点续传功能，解决分散售电模式和网络售电模式的缺点，既可实现售电数据的统一管理，又可在网络不稳定情况下的数据传输，避免因网络中断造成的数据丢失而造成的不认卡现象。

（7）供电企业应解决售电程序中出现的"售电撤还"漏洞。卡表的铅封都应带有唯一编号，该编号在送电前连同电表号都被同时录入到售电系统中，保证电表本体无法被做手脚，电表的机械表码反映出的是该客户的实际累计用电量，客户在售电系统中的实际总购电量应等于机械表码显示的累计用电量与电表存有剩余电量之和，若不相等便证明该客户购、用电环节有问题。

（8）远景规划。从未来客户需求及经济发展出发，把收费流程与电力调控整合形成完整的管理流程链条。

3. 技术方式（预付费卡表）收费的制度规范

（1）电费回收率应达到100%。

（2）加强电费的票据管理，所有电费票据由县及县以上的供电企业统一印刷，并严格领用和使用程序，电费票据应反映出电能表起止码、电量、电价和各种电费等内容，全面推行计算机开票到户。

（3）各县供电企业要加强对供电所电价、电费的管理，定期开展专项检查，发现问题及时解决，要加强内部考核，严格控制电费电价差错率。

（4）售电员受理用电业务时，应主动向客户说明该项业务需客户提供的相关资料、办理的基本流程、相关的收费项目和规范，并提供业务咨询和投诉电话号码。同时，准确无误地录入预付费电能表用户基本数据。

（5）银行确认盖章的进账单要妥善保管，按公司规定日期上交营销部备存记账。未按程序及时办理结账的，一次扣责任人50元，连带所长30元。

（6）打印的售电收据一式三份，一份交给客户，一份留供电所，一份交营销部预付费管理员。上交营销部的收据需有供电所公章、经办人签字或盖章。若售电收据缺少供电所公章、经办人签字，每份扣罚责任人50元。

（7）各供电所售电收据和银行进账单每月上交两次当月16日一次，次月1日一次，每延期一天上交扣罚责任人50元。若出现不相符或丢失的现象，每发生一户，扣罚责任人100元，并由责任人赔偿全部损失，且连带所长50元。

（8）营销部预付费管理员负责各供电所预付费专用账户的对账工作，每月与供电所对账两次（16日一次，次月1日一次），与银行对账两次。无故影响对账的，发生一次扣责任人50元。

（9）客户需终止用电时，应到供电所办理销户手续。经供电所派人员到现场切断电源，拆除电能表，收回电卡。读出电能表剩余电量，记录在《预付费客户详细资料明细单》中，经供电所盖章、经办人员签字、及客户签字认可后报营销部。客户凭明细单到公司营业厅办理退费。预付费客户停用3个月以上未上报的，一次扣责任单位人100元，连带所长50元。

（10）加大依法交费的宣传力度。各供电所进一步采用办板报、喷刷标语、悬挂横幅、印发宣传单、电视广播宣传等多种形式，开展"用电是权利，交费是义务"的宣传活动，并将之经常化、制度化。同时，在给用电客户发放的《安全用电手册》上，也加入自觉交纳电费的内容，全方位、多角度地给客户灌输自觉交费的思想意识。

（11）实行经营风险抵押金制度。

第八章 远程缴费模式

远程缴费模式是随着信息技术的发展逐渐形成的，基本内涵是供电企业与用电客户双方借助信息网络技术平台，完成电费缴纳的全过程。远程缴费模式的主要特点是：有稳定的技术平台为依托；供电企业与用电客户可以互不见面；基本实现了非现金交易。

远程缴费模式是信息化社会发展成果在供电业务中的具体体现，所依托的信息网络技术平台，既可以由供电企业自建，也可以借助行业或公共资源。与其他收费模式相比，远程缴费模式下的收费方式更丰富多样，并且随着信息技术的发展不断增加。目前，比较成熟的在各地应用的收费方式主要有电费卡（包括用电客户信息卡和电费充值卡）、自助缴费系统、POS机（包括固定POS机和移动POS机）。

第一节 电 费 卡

一、业务简介

电费卡是供电企业借鉴银行信用卡、移动通信运营商交费充值卡、公交IC卡的成功业务模式，结合供电业务特点，面向居民客户及一般中小客户制作发放，用于交纳电费的专用卡。电费卡的产生顺应了信息社会建设、倡导电子支付的发展潮流，是现行电费交纳方式的有效补充。电费卡既方便了客户"随时、随地"交纳电费，又实现了从传统的"先用电、后交费"方式到"先交费、后用电"或"边交费、边用电"方式的转换。

(一) 远程收费管理系统

1. 远程收费管理系统的组成和功能

远程收费管理系统主要由两部分组成：部署于代办点的远程收费终端（POS 机）和部署于供电企业的远程收费主站系统，终端通过 GPRS 通信网与主站系统进行数据交互，主站系统与供电营销 MIS 系统通过数据接口进行数据交互，实现终端与供电营销系统的数据交互，实现远程电费缴费、电费查询等业务。由于本方案是基于强大的 GPRS 通信网络，终端可以部署于有 GPRS 网络的任何地方，从而实现"电费营业网点进社区"的模式。

远程收费终端功能。部署于代收点的远程收费终端是一台移动终端，具有缴费、客户用电信息查询、余额查询、打印收据、打印流水账等功能。终端可以方便地布置在商场、超市、店铺、小区物业、报刊亭等与供电企业签约的电费回收点。POS 终端一般采用 GPRS 移动联网方式，不用布线安装，一旦签约代理商发生变化可以随时变更经营场所，非常方便灵活。移动 POS 终端经由 GPRS 网络连接数据中心后，与数据中心形成一个数据实时交互、数据同步的网络架构。当用电客户到与供电公司签约收费网点办理缴费业务时，移动 POS 终端可以完成电量电费的查询、电费收取、收据打印、本地收费明细记录，以便完成与数据中心的对账功能。

2. 电费卡的种类

根据电费卡实际使用中的功能和操作方式的差异，又可分为电费信息卡和电费充值卡。

（1）电费信息卡。电费信息卡存有用电客户基本信息，能在供电企业各营业厅、各代收银行及授权代收点正常使用。初始状态下，信息卡本身没有面值，只存储用电客户基本信息及交费信息，但通过供电营业厅、各授权充值点或购买电费充值卡后便具有一定价值，以后再交费时可直接划卡交费（不用进行现金交易），打印交费凭据；没有充值的信息卡或充值金额不足时在交费点划卡时，提供语音或图像显示客户信息及交费信息，用现金结算，打印交费凭据。

电费信息卡采用规范 PVC 制作，卡表面上印制卡号、客户用电地址、用电编号、使用方法简介等信息，初始卡内电子存有用电客户的基本信息，经充值后存储交费金额、时间等记录。在授权代收点配备接受系统与充值系统，并与供电公司主服务站连接，实现数据共享，执行主站控制信息、终端使用信息原则，确保信息安全。用电客户在初次办理电费信息卡时需要预留联系电话，供电企业在每月抄表结算后，通过短信方式、固定电话自动语音提示方式向客户通知本月用电情况，包括使用电量、应交电费金额、交费时间等，对欠费户可自动进行短信、语音电话催收，提醒用电客户到就近银行或授权点划卡交费，打印交费凭据。

（2）电费充值卡。电费充值卡是具有一定面值，但不具备信息功能的卡，用电客户利用充值卡通过充值操作完成电费交纳和电费预存。其原理和使用方式与移动运营商的话费充值卡基本一致，可通过拨打 95598 或其他特服号码实现对用户用电账户的充值，也可以通过发送短信到指定的特服号码实现短信充值，还可以登录到电力网上营业厅网站上实现 WEB 充值。客户购买定额充值卡后，可以使用电话、短信、网络来完成费用交纳或电费预存，不受交费时间、交费地点的限制，使客户摆脱规定的交费周期与交费数额。

电费卡是以技术系统为支持的，比如网络、通信、供电营销系统等。因此，在基本具备操作条件的地方都可使用，在县城、乡镇等现代技术条件完备的地方，会具有更高的推广价值；在交通不便，但有基本通信条件的边远地区，只要制订出完善的管理制度，能让用电客户接受，也会解决交费难与收费难的问题；电费卡一般存储金额不会很大，较适宜居民客户和用电量较小的中小工商企业客户。该方法对于正常上班的客户来说，也特别方便、实用。

3. 电费充值卡设点销售方案

（1）销售渠道设定。全公司所有的充值卡销售，在全市各边远村落选择代售点，以农电工为主体，保证边远村落电力充值卡的销售；农村小卖部或其他单位及个人（包括公司职工家属）按自愿原则参加，并签订代售协议。表8-1是对各种销售方式的比较。

表8-1　　　　　　　　　各种方式的比较

项　目	农电工为主体	农村小卖部为主体
稳定性	农电工专职为农村客户服务，较为稳定	一旦代售者因各种原因中止代售，将再出现销售空白，不可靠
代售费1%	农电工原有催收义务，利用充值卡可提高农电工的工作效率（由家人代售），且增加一定的收入	利润相对低，对许多小卖部来说，业绩好的不看中，业绩差点的又不敢承担假币及安全等问题
联系强弱	是实质上的劳务关系，有较强相依存关系，有相关的权利和义务	只有代售费一条线联系，互相的权利和义务非常少，随时都可能中止联系
服务水平	长时间在电力服务，有一定的电力知识及服务知识，且相对较清楚公司的动态。供电所有定期的开会及培训，培训只需少量时间	只存在代为买卖关系，无相关的电力知识及服务知识，且不清楚公司的动态。需大量的时间进行培训
服务质量	对服务质量较差的，公司可通过经济及行政手段进行约束和规范	只有经济关系，可卖可不卖，最终的服务质量问题仍由公司承担，无约束手段
责任追查	有劳务关系，可通过经济甚至法律手段解决	只有微弱的经济手段，对造成的严重后果责任难追查

（2）代售费确定。代售费以1%为基数，根据农村各台区距公司营业点的远近、路况及生活用电量，进行系数调整。

二、应用分析

(一) 电费卡收费方式的优缺点

1. 电费卡收费方式的优点

(1) 与现金交电费相比，缴费一卡通节省时间，客户免去排队烦恼，账户更清晰。

(2) 随时性，客户可不受时间的限制，在供电企业规定的交费时限内自由安排；随地性，只要具备相应的技术条件或通信条件，客户就可实现"足不出户"交电费的愿望，特别能解决交通不便、排队等待等问题。

(3) 电费卡的预付费模式，让供电企业能及时回收资金，其实质是形成了客户"先交费、后用电"习惯。抄表时，工作人员随身携带电力充值卡和缴费通知单，可以在抄表后向客户销售电费卡，方便了客户，减轻了工作人员的工作量，加快了电费回收。

(4) 催费时，可在对欠费客户采取停电措施以前向客户销售电费卡，立即充值缴费或代客户充值缴费，最大限度避免客户停电，提高对优质客户的服务质量，实现了较大的社会效益。

(5) 对欠费将被停电的客户，可通过抄表人员现场向欠费客户销售电费卡，通过拨打95598马上进行电费充值交费，最大限度避免欠费停电和复电电费充值，不受时间、地域限制，可实现一次缴交多月电费，有效解决供电企业电费回收难和部分客户缴费难的问题。

(6) 减轻了窗口收费和上门催费的压力，实现了减员增效。利用电费卡版面搭载电力或其他行业的广告宣传，是电费卡价值的进一步体现，同时也可减少电费卡的成本。客户只要购买电费卡，便能随时随地通过拨打电力热线95598，进行电费在线充值和充值结果提示等功能，实现实时缴纳电费或预存电费。

2. 电费卡收费方式的缺点

(1) 电费卡安全性问题。电费卡是一种新的收费方式，其安全发放、安全使用有待进一步检验。

（2）费用较高。电费卡费用包括充值卡制作费、代售商代理费等。

（3）使用范围有限。这种方式使用人群范围不大。

（二）电费卡收费应注意的问题

（1）要不断完善技术方案。

（2）要健全管理制度。

（3）要建立完整的电费卡管理体系和运行监督体系。

三、管理规范

（一）岗位设置

（1）营销部用电技术管理员：负责电费卡管理系统的建设、开发与日常维护，并处理异常情况。

（2）县供电企业电费会计：主要负责审核电费卡结算员转来的应收凭证、实收凭证、电费发票记账联、银行回单等。

（3）县供电企业电费卡制卡员：主要负责根据库存、预订及市场反馈情况进行制卡操作，录入该批次所需电费卡信息，生成新的卡文件和解该文件的密码，并在加密后以电子邮件方式发送到制卡厂家。

（4）县供电企业电费卡管理员：主要负责核对成品电费卡序列号与公司系统生成的电费卡序列号是否一致，检验电费卡是否有损坏或密码区裸露现象，妥善保管电费卡。

（5）营销管理员：负责电费卡款的回收及电费电价的管理工作，供电所电费单据和电费台账的审核、打印及发放工作，并负责选择电费卡代售点及与代售点签订代售协议。

（6）抄表员：按规定的抄表日程抄表，回登并保管好抄表卡片，负责责任范围内的线损管理工作。

（7）电费审核员：审核客户信息资料和计费参数的一致性和准确性，统计电量电费差错，及时上报供电营业所领导和相关部门。

（8）电费卡结算员：主要负责对供电营业所的电费卡售卡款项进行财务处理，对账、统计、报送相关财务报表。

（9）电费卡管理员：主要负责根据需要向供电公司电费卡管理员领取电费卡，将领回的电费卡验收入库并保管，以及向代售点批发电费卡。

（10）电费卡售卡员：负责供电营业所营业厅的电费卡出售工作，保管相关票据、凭证等单据，并负责为客户提供电费卡咨询服务。

（二）业务流程

1. 电费卡制作

（1）电费卡制作流程。电费卡制作流程图，如图8-1所示。

（2）流程管理要求。

1）县供电企业设专职或兼职制卡员，根据省电力公司制定的营销政策，地级及以下供电公司根据上级要求和当地用电市场变化情况及电费卡库存、预订和市场反馈情况，进行制卡操作。

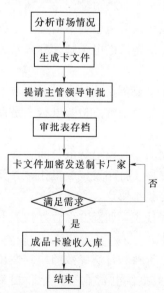

图8-1　电费卡制作流程图

2）录入该批次所需充值卡的信息，生成一个新的卡文件和解该卡文件的密码。

3）主管领导确定生成的卡文件信息是否符合要求，符合要求的予以审批，不符合要求的返回重新生成。

4）供电公司电费卡制卡员负责将电费卡审批表存入电费卡制作档案。

5）为确保卡文件在传输过程中的安全，电费卡制卡员负责将卡文件以电子邮件方式发送给制卡厂家。

6）供电公司电费卡管理员负

责对制卡厂家制成的电费卡成品进行验收，验收合格后对电费卡办理入库签收手续。

2. 电费卡发放

（1）电费卡发放流程。电费卡发放流程图，如图 8-2 所示。

（2）流程管理要求。

1）填写领卡审批表，履行公司审批手续：供电营业所设专职或兼职电费卡管理员，根据供电营业所实际库存及业务需要，由电费卡管理员填写领卡审批表，由所长审核签字后交由供电公司电费卡管理员签字审批。

2）出库：供电公司电费卡管理员领电费卡出库单一式两份，签字后留存备查。

3）对电费卡重新验收：电费卡管理员对照领卡审批表核对成品

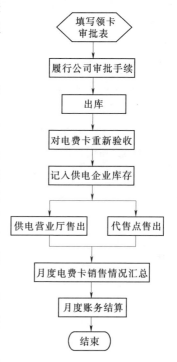

图 8-2　电费卡发放流程图

电费卡序列号与供电公司系统生成的电费卡序列号是否一致，同时检验电费卡是否有损坏或密码裸露现象。

4）记入供电营业所库存：验收合格后办理入库签收手续，记入供电营业所库存。

5）供电营业所的电费卡可采用两种方式售出：供电营业所营业厅售出和电费卡代售点售出。对于供电营业所营业厅售出的情况，当日售卡完毕后，售卡款进入电费专用账户，填写售卡日报表，并将日报表和收据存根联、进账单及时传送给供电营业所电费卡结算员；对于电费卡代售点售出的情况可参照下文的电费卡代售流程图和管理要求。

6）月度电费卡销售情况汇总：每月结账时，电费卡管理员与供电公司电费卡管理员核对充值卡的领取、售出及库存情况，并将当月售卡数量、售卡金额进行汇总打印，与公司财务部进行账目核对。

7）建立《差错记录清单》，对账目核对发现的错误逐笔登记，注明差错原因和责任人。

3．电费卡代售

（1）电费卡代售流程。电费卡代售流程图，分为电费卡代售点管理流程图和代售费用结算流程图，分别如图 8-3 和图 8-4 所示。

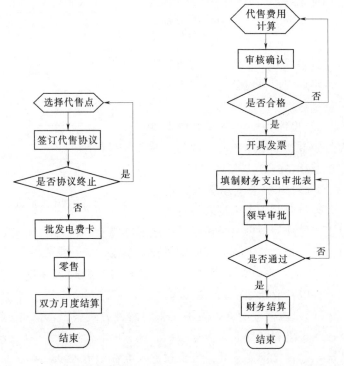

图 8-3　电费卡代售点管理流程图　　　图 8-4　代售费用结算流程图

（2）流程管理要求。

1）所有代售点均应签订统一的电费卡代售协议书，明确违约条款，如果协议终止应重新签订，遇代售点停止代售电费卡业务时应提前一个月告知供电企业，供电公司应及时以公告形式告知该代售点适用范围内的客户，并及时收回标示牌。

2）代售点开展代售电费卡业务之前，供电公司应提前向用电客户进行告示通知，县供电企业应建立社会代售点情况一览表，每季度末上报地市供电公司营销部。

3）代售点必须悬挂供电公司统一制作的标示牌，标示牌由县供电企业营销部负责统一制作，以流水号编制，对标示牌的领用、发放实行严格的登记备案制度。

4）代售商应严格遵守《电费卡管理办法（试行）》及《电费卡代售协议书》中规定的职责与义务，各级人员应严格监督与指导各代售点的工作，必要时进行培训。

5）电费卡领取：各代售商直接到就地供电营业窗口取卡，各营业窗口必须做好各项记录资料。考虑边远地区现状，可由代售商写张欠款单抵押先领卡，但累计总欠款金额最多不大于2000元。

6）财务结算：代售费暂定基准数为1%（含税），根据片区距公司营业点的远近、路况及生活用电量，进行系数调整。各营业窗口负责人每月核实各代售点的销售总额，并计算填制应付给代售商的《代售费用结算审批单》，经供电部门审核后，再开具小额劳务票据办理财务结算手续。每月的代售费用次月结清，遇年终应当月结清。各代售商次月直接与各营业窗口结算，费用的计算与划拨由各营业窗口负责人办理并与代售商办理支取手续。

4．电费卡款财务处理

（1）电费卡款财务处理流程。电费卡款财务处理流程图，如图8-5所示。

（2）流程管理要求。

1）各电费卡管理员按统一格式单独开设电费卡售卡款统计台账，根据售卡数据逐日登记，每日登记的数据必须由电费卡结算员审核后签字确认后存入电费卡指定账户。电费卡结算员根据每日收到的电费卡售卡款进账单逐笔进行登记，登记时须注明进账单类型、电费卡管理员名字等内容。

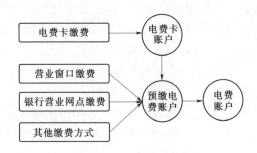

图 8 - 5　电费卡款财务处理流程图

2）月末将电费卡指定账户中的资金与其他缴费方式的资金一并转入预缴电费账户中，经核算后将实际应扣除的电费资金存入最终的电费账户。

3）账簿登记应严格遵循财务部门账簿登记规定，不得随意涂改。

4）每月银行电费账户合计数必须与财务部门核对一致，发现不一致应及时查找原因，确保数据准确、及时。

（三）质量考核

（1）业务办理符合规范要求，流程监控逐级到位。

（2）按照流程规定的时限完成工作。

（3）资料完整、真实，手续齐备，归档及时。

（4）报表差错率不大于 1‰。

（5）遵循财务集中处理模式。

（6）遵循严格管理电费账户、电费单据的原则。

（7）遵循电费"日清月结"的原则，日终对账工作完成准确率 100%。

（8）报表、台账、进账单一一对应，没有漏登、错登情况发生。

（四）资料管理

1. 业务内容

业务内容同走收方式。

2. 业务流程图

业务流程图同走收方式。

3. 注意事项

注意事项同走收方式。

4. 质量考核

质量考核同走收方式。

5. 资料目录

（1）工作单。供电营业所电费交结清单、供电营业所电费卡代售费用结算审批单、县供电企业电费卡制作审批表、县供电企业电费卡成品卡验收入库单、供电营业所电费卡领卡审批表、供电营业所电费卡月度销售情况记录、电费卡代售协议书、县供电企业电费卡财务支出审批表。

（2）报表。供电营业所电费卡营业报表、供电营业所月电能表抄表率报表、供电营业所月电费回收率统计表、供电营业所月电费差错率统计表。

（3）台账。供电营业所电费卡款月度账单、县供电企业与银行对账单。

四、工作规范

1. 营销部用电技术管理员工作规范

（1）岗位职责。

（2）工作权限。

（3）组织结构图。

（4）岗位技能。

（5）工作内容及要求。

（6）与其他岗位的配合工作。

（7）检查与考核。

见附录十四。

2. 县供电企业电费会计工作规范

（1）岗位职责。

（2）工作权限。

（3）组织结构图。

（4）岗位技能。

（5）工作内容及要求。

（6）与其他岗位的配合工作。

（7）检查与考核。

见附录七。

3. **县供电企业电费卡制卡员工作规范**

（1）岗位职责。

（2）工作权限。

（3）组织结构图。

（4）岗位技能。

（5）工作内容及要求。

（6）与其他岗位的配合工作。

（7）检查与考核。

见附录十八。

4. **县供电企业电费卡管理员工作规范**

（1）岗位职责。

（2）工作权限。

（3）组织结构图。

（4）岗位技能。

（5）工作内容及要求。

（6）与其他岗位的配合工作。

（7）检查与考核。

见附录十九。

5. **营销管理员工作规范**

（1）岗位职责。

（2）工作权限。

（3）组织结构图。

（4）岗位技能。

（5）工作内容及要求。

（6）与其他岗位的配合工作。

（7）检查与考核。

见附录二十二。

6. 抄表员工作规范

（1）岗位职责。

（2）工作权限。

（3）组织结构图。

（4）岗位技能。

（5）工作内容及要求。

（6）检查与考核。

见附录二。

7. 电费审核员工作规范

（1）岗位职责。

（2）工作权限。

（3）组织结构图。

（4）岗位技能。

（5）工作内容及要求。

（6）与其他岗位的配合工作。

（7）检查与考核。

见附录四。

8. 电费卡结算员工作规范

（1）岗位职责。

（2）工作权限。

（3）组织结构图。

（4）岗位技能。

（5）工作内容及要求。

（6）与其他岗位的配合工作。

（7）检查与考核。

见附录二十三。

9. 电费卡管理员工作规范

（1）岗位职责。

（2）工作权限。

（3）组织结构图。

（4）岗位技能。

（5）工作内容及要求。

（6）与其他岗位的配合工作。

（7）检查与考核。

见附录二十。

10.电费卡售卡员工作规范

（1）岗位职责。

（2）工作权限。

（3）组织结构图。

（4）岗位技能。

（5）工作内容及要求。

（6）与其他岗位的配合工作。

（7）检查与考核。

见附录二十四。

五、制度规范

（一）抄表、核算制度规范

抄表、核算制度规范同走收方式。

（二）电能计量制度规范

电能计量制度规范同走收方式。

（三）收费制度规范

1.电费卡售卡员的服务规范

（1）遵守国家法律法规，诚实守信，爱岗敬业，秉公办事，廉洁自律，服务意识强，真心实意为客户着想。

（2）熟知本岗位业务知识和操作规范，具备相关业务技能，并达到合格的专业技术水平。

（3）掌握专业的服务技巧，具备较强的沟通能力和良好的合作精神。必要时，至少一名服务人员应具有外语和手语能力。

（4）按规定统一着装，服装整洁无污渍。并在规定位置佩带有统一编号的工号牌。

（5）在工作时间应保持精神饱满，面带微笑，仪表仪容端正大方，耐心解答客户的电费卡缴费疑问。

2. 电费卡代售点管理

（1）代售点的设立需要符合下列基本条件：

1）方便客户原则，能满足供电公司设点布置要求。

2）有独立的办公环境，易于辨识。

3）主要选择在村镇有正规营业手续的店铺或现有的移动、联通、电信的营业点内，或有其他公共服务内容的优先，对无营业店铺的村镇，可选择村委会作为代售点。

（2）所有代售点均应签订统一的电费卡代售协议书，明确违约条款，遇代售点停止代售卡业务时应提前一个月告知供电企业。

（3）代售点必须悬挂供电公司统一制作的标示牌，停止代售卡业务时，供电企业应及时收回标示牌。

（4）代售点停止售卡或地点变更时，供电公司应立即以公告形式告知该代售点范围内的客户，标示牌由县供电企业营销部负责统一制作，以流水号编制，对标示牌的领用、发放实行严格的登记备案制度。

（5）代售点开展代售卡业务之前，供电公司应提前向用电客户进行告示通知，县供电企业应建立社会代售点情况一览表，每季度末上报地市供电公司营销部。

第二节　自动缴费系统

一、业务简介

随着电力的发展和电力市场的不断扩大，客户缴费难问题日趋困扰着供电企业。银电互联虽然在一定程度上弥补了供电企业营业网点少的不足，但不能实现全天候的服务。电话、网上自助缴费作为电力服务的延伸，使客户足不出户即可完成缴费但难以适应大多数客户的缴费行为习惯。自助缴费终端系统正是在客户服务技术支持系统和供电局 lC 预付费卡表系统的基础上开发的，以丰富客户缴费方式和拓展服务渠道。

自助缴费系统（自助缴费机）是新兴起的数字终端设备系统，它以计算机为运行平台，可以直接与供电企业内部的数据库相连接。将自助交纳电费、预付费电表卡自助充值、自助历史记录查询、多媒体业务宣传查询、自助打印的功能合为一体，为用电客户提供轻松、方便、快捷、安全、可靠的缴费环境。普通电表后付费用电客户可以持现金到自助缴费机交纳本月及其他月份所欠电费。预付费电表客户可以持现金到自助缴费机给预付费电表卡充值。

具体功能如下：支持普通电表（后付费电表）客户现金缴费，当缴费金额大于应交金额时，作为预存电费处理，存入本客户账户，下月结转自动从应交金额中扣除账户余额；支持普通电表（后付费电表）客户银联卡缴费；支持预付费电表客户用现金给电表卡（IC 卡）充值；支持预付费电表客户银行卡圈存（即从银行卡转出到电表卡）；可以进行供电公司政策宣传、信息发布之用；实时监测自助缴费终端的电费交纳情况，如出现异常，及时处理，消除故障；系统设有两个打印机，其中一个热敏打印机打印现金收据（只要控制主机可以运行，就可以打印，一旦网络发生故障，客户可以凭现金缴费凭条到营业大厅办理相关业务），另一个针式打印机作为打印电费收据之用，可以长期保存；客户可以自助查询自己的电费交纳和欠费情况。

自助缴费系统比较适宜在人口密度较大或商业较发达的城区，也可设置于基层供电所营业厅内。如果布置于供电部门自建营业厅的室内或者室外，通信方式可以选择局域网连接数据服务器；如果该系统布置于大型商场或者人口流动比较密集的场所，可以采用无线（GPRS）通信方式。一般居民用电户和电费金额较小的客户会选择自助缴费系统交缴费。

　　国内主要银行均已为客户开通了电话银行、网上银行、自动柜员机、自动存取款机、多媒体服务终端等客户自助服务渠道。通过对各种缴费渠道的优化和扩展，增加自助缴费服务功能和与服务供应商联网收费的设置，客户即可选择利用银行开通的电话银行、网上银行、自动柜员机、自动存取款机、多媒体服务终端服务完成自主查询待缴费用和自行决定是否缴纳费用以及缴费的操作。费用缴纳成功后，服务供应商负责将服务发票送达（邮寄）客户本人。

　　多媒体服务终端、自动柜员机、自动存取款机缴费流程：客户插入银行卡并输入个人密码后登录自助终端；根据屏幕提示在屏幕键盘（触摸屏）或数字键盘上选择缴费服务及服务供应商，输入待缴费用的服务号码（可直接选择历史数据记录的缴费号码）；在线/脱机查询待缴费用，如无异议，确定缴费朋员务终端扣客户账，发销账请求（联网时）给收费单位，服务商户确认收费后，打印缴费凭条。在条件许可时，银行可利用自动存取款机开通现金缴费功能，现金缴费的功能应建立在服务供应商开通预付费业务的基础之上。

　　使用 ATM 自助柜员机作为终端的电力客户自助缴费系统由自助服务终端、ATM 服务器、电力营销系统三大部分组成。

　　自助缴费终端系统的主要功能：

　　（1）购电功能。对采用 CPU 卡式电表的用户通过电力自动柜员机可以进行购电服务。只使用云南电网公司统一规范的 CPU 购电卡。

　　（2）缴费功能。对普通用电户，只需要持有用电 CPU 卡就可以通过电力自动柜员机进行自助缴费服务。针对接入系统的不同可进行足额缴费（可大于应收电费）、分次缴费等（最低缴费金额不应少于滞纳金数额和柜员机最小限额）。如果没有用电 CPU 卡可输入用户号进行查询欠费和缴纳欠费。

　　（3）账单查询功能。用户使用用电 CPU 卡，可以通过自动柜员机查询历史账单和账单打印，便于用户了解自己的历史用电和缴费情况。

（4）IE 地址链接功能。自动柜员机可以根据配置进行指定 IE 链接的访问如原系统已经存在的触摸屏系统、业务介绍网站等。在用户不进行缴费和购电操作时．通过自动柜员机的 IE 地址链接可以直接访问已有的系统。

（5）业务广告宣传。在自动柜员机空闲的时候根据配置自动柜员机可以播放制作好的业务或广告宣传，目前自动柜员机支持 AVIMPEG、WMVASFSWF 格式的多媒体文件。

（6）对账功能。在更换钱箱时自动柜员机会启动对账程序对已发生的业务进行对账处理，并生成对账结果输出至流水打印机，管理员可根据对账结果进行销账或者错误处理。

下面以客户通过自动柜员机 ATM 自助缴纳中国移动月结话费为例说明自助缴费服务的具体操作过程。

（1）客户选择具有自助缴费服务功能的自动柜员机，插入指定的银行卡，输入卡密码，进入服务选择画面，见图 8-6。

```
请选择服务内容
1. 余额查询          2. 取款
3. 修改密码          4. 转账
5. 自助缴费          6. 退卡
```

图 8-6　服务选择画面

（2）客户按数字键"5"或屏幕左侧第三个屏幕键后选择自助缴费服务功能，进入缴费类别选择画面，见图 8-7。

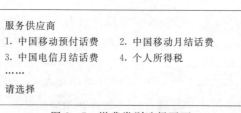

```
服务供应商
1. 中国移动预付话费      2. 中国移动月结话费
3. 中国电信月结话费      4. 个人所得税
……
请选择
```

图 8-7　缴费类别选择画面

（3）客户按数字键"2"或屏幕右侧第一个屏幕键后，选定自助缴纳中国移动月结话费，系统自动查询最近四次成功缴费号码后，进入服务号码输入画面，见图 8 - 8。

```
请选择历史缴费号码
1. 1372568888        2. 13582249907
3. 1390879666        4. 13473456789
```

图 8 - 8　服务号码输入画面

（4）客户按数字键输入缴费号码后，为保证缴费号码的正确，系统提示客户重复输入一次待缴费用号码，如客户两次输入的号码完全一致，或者客户通过屏幕两侧屏幕键直接选择历史缴费号码，系统自动查询客户的移动通信月结话费，并进入话费确认画面，见图 8 - 9。

```
缴费号码 1372568888
缴费总额 113.34
1. 缴费确认
2. 取消缴费
```

图 8 - 9　话费确认画面

（5）客户按数字键"1"或屏幕左侧第一个屏幕键后，系统自动发起销账交易，销账成功后，进入缴费成功通知画面，打印缴费通知凭条。否则，进入缴费失败画面，打印服务取消凭条。凭条打印结束后返回服务选择画面，见图 8 - 10 和图 8 - 11。

```
        缴费成功
缴费号码 13582249907
缴费总额 78.89
缴费确认
流水号：0056789
```

图 8 - 10　缴费成功

```
        缴费不成功

原因：对方系统忙
```

图 8 - 11　缴费不成功

（6）助缴费过程中，如客户选择放弃缴费，则系统返回服务选择画面；缴费不成功时，除错误原因为账户余额不足外，其他原因可由服务供应商反馈，银行应做冲账处理。

二、应用分析

（一）自动缴费系统的优点及缺点

1. 自动缴费系统的优点

（1）交费安全、简单、方便、快速，不受营业时间限制，可以全天 24 小时服务。

（2）对于持有 IC 卡的客户，在供电企业下班后如突发欠费断电的情况，也可通过自助柜员机办理充值购电业务。

（3）用现代化的服务设备代替人工营销模式，既降低了人力成本，又提高了工作效率。

（4）使用自助柜员机可以向客户提供更加标准化、规范化、差错少的优质服务，防止因工作人员业务水平和工作态度不同而出现的服务质量上的差别。

（5）可有效解决未来新增交易量，只要合理布局自助缴费服务网点，能够极大缓解人工柜台服务网点的压力。

（6）系统实用，易操作，易维护。

2. 自动缴费系统的缺点

（1）前期建设成本高。自助缴费系统需要一定的前期建设投入，建设成本较高。

（2）在技术管理存在漏洞的情况下，机器本身识别假币功能较弱，易出现收到假币问题。

（3）技术系统出现故障，系统维护不及时，会影响到供电企业的客户满意度，影响到供电企业的社会形象。

（4）增加供电企业宣传成本和管理成本。如果缺乏宣传，会导致系统闲置，造成浪费。社会接受程度低时，供电企业管理人员仍要每天回收现金，有可能增加企业管理成本。

（二）自动缴费系统应注意的问题

（1）加强自助缴费机的日常管理巡视，做到系统 100% 的正常运行。

（2）增加自助缴费机的布点设置，真正让客户体会到方便快捷。

（3）加强宣传引导，让更多客户了解并使用这种新型交费方式。

（4）组织技术攻关，开发自助缴费系统的更多功能，吸引客户形成使用自助缴费系统的习惯。

三、管理规范

（一）岗位设置

（1）营销部用电技术管理员：主要负责自助缴费系统终端业务界面的设计，及时更新版面信息和进行系统升级，并对自助缴费系统进行实时维护，保证系统安全、稳定运行，出现异常情况时及时处理。

（2）县供电企业电费会计：主要负责审核自助缴费系统结算员转来的应收凭证、实收凭证、电费发票记账联、银行回单等。

（3）县供电企业自助缴费系统管理员：主要负责组织、指导和监督各单位开展自助缴费终端系统的应用业务，并负责县供电企业自助缴费终端设备的管理工作。

（4）营销管理员：负责自助缴费系统扣收电费资金的回收及电费电价的管理工作，供电所电费单据和电费台账的审核、打印及发放工作，并负责选择自助缴费系统代理网点及与代理网点签订代理协议。

（5）抄表员：按规定的抄表日程抄表，回登并保管好抄表卡片，负责责任范围内的线损管理工作。

（6）电费审核员：审核客户信息资料和计费参数的一致性和准确性，统计电量电费差错，及时上报供电营业所领导和相关部门。

（7）自助缴费系统结算员：主要负责自助缴费系统扣收电费资金的财务处理工作，协调县供电企业、银行、银联、系统开发商，解决账务差异问题。

（8）自助缴费系统管理员：主要负责保管自主缴费系统终端设备，确保终端设备的完整及正常使用。

（二）业务流程

1. 自助缴费系统管理

（1）自助缴费系统管理流程。自助缴费系统管理流图（未包含现金缴费），如图 8-12 所示。

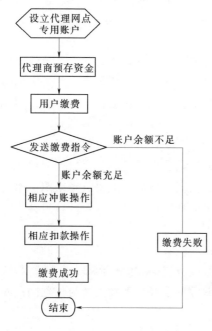

图 8-12　自助缴费系统管理流程图

（2）流程管理要求。

1）设立代理网点专用账户，代理商/代办户可以在该账户预存金额，用户缴费时，缴费资金从该账户划拨到缴费用户账户上。

2）代理商/代办户到县供电企业预存资金。

3）用户缴费给代理商/代办户。

4）通过电力缴费终端发送缴费指令到主站系统（营销系统），电力缴费系统主站管理平台进行代办网点账户余额判断，判断代办网点账户是否足够进行缴费金额的账户划拨，足够则向营销系统发送用户缴费指令和代办网点账户扣款指令，不足则返回"缴费失败，代办网点账户余额不足"。

5）营销系统按收到指令的缴费金额，对缴费账户进行相应金额的冲账操作。

6）营销系统及主站管理平台，对代办网点账户进行相应金额的扣款操作。

7）营销系统账户划拨完成，发送缴费成功指令给终端，终端按交易成功发生金额打印出缴费凭条，代办户、缴费用户确认，缴费成功。

2. 自助缴费系统新增设备申报管理

（1）自助缴费系统新增设备申报管理流程。自助缴费系统新增设备申报管理流程图，如图 8-13 所示。

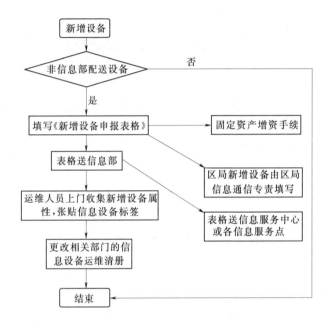

图 8-13　自助缴费系统新增设备申报管理流程图

（2）流程管理要求。

1）在自助缴费系统管理中加强对新增终端设备审批的管理尤为关键。区局新增设备由区局信息通信专责填写《新增设备申报表格》，同时设备使用部门（区局）办好固定资产增值手续。

2）区局信息通信专责填写完《新增设备申报表格》后将表格送信息服务中心或各信息服务点。

3）信息部运维人员将上门搜集新增设备的属性，并张贴信息设备标签。

4）信息部更改相关部门的信息设备运维清册。

（三）质量考核

（1）业务办理符合规范要求，流程监控逐级到位。

（2）按照流程规定的时限完成工作。

（3）资料完整、真实，手续齐备，归档及时。

（4）报表差错率不大于 1‰。

（5）遵循财务集中处理模式。

（6）遵循严格管理电费账户、电费单据的原则。

（7）遵循电费"日清月结"的原则，日终对账工作完成准确率 100%。

（8）报表、台账、进账单一一对应，没有漏登、错登情况发生。

（四）资料管理

1. 业务内容

业务内容同走收方式。

2. 业务流程图

业务流程图同走收方式。

3. 注意事项

注意事项同走收方式。

4. 质量考核

质量考核同走收方式。

5. 资料目录

（1）工作单。供电营业所电费交结清单、自助缴费系统新增设备申报表格、自助缴费系统信息设备运维清册、自助缴费设备采购单、自助缴费系统营销分析报告、工作计划和工作小结、自助缴费系统代理协议。

（2）报表。自助缴费系统营业报表、供电营业所月电能表抄表率报表、供电营业所月电费回收率统计表、供电营业所月电费差错率统计表。

（3）台账。自助缴费系统营业资料台账、县供电企业与银行对账单。

四、工作规范

1. 营销部用电技术管理员工作规范

（1）岗位职责。

（2）工作权限。

（3）组织结构图。

（4）岗位技能。

（5）工作内容及要求。

（6）与其他岗位的配合工作。

（7）检查与考核。

见附录十四。

2. 县供电企业电费会计工作规范

（1）岗位职责。

（2）工作权限。

（3）组织结构图。

（4）岗位技能。

（5）工作内容及要求。

（6）与其他岗位的配合工作。

（7）检查与考核。

见附录七。

3. 营销管理员工作规范

（1）岗位职责。

（2）工作权限。

（3）组织结构图。

（4）岗位技能。

（5）工作内容及要求。

（6）与其他岗位的配合工作。

（7）检查与考核。

见附录二十二。

4. 抄表员工作规范

（1）岗位职责。

（2）工作权限。

（3）组织结构图。

（4）岗位技能。

（5）工作内容及要求。

（6）检查与考核。

见附录二。

5. 电费审核员工作规范

（1）岗位职责。

（2）工作权限。

（3）组织结构图。

（4）岗位技能。

（5）工作内容及要求。

（6）与其他岗位的配合工作。

（7）检查与考核。

见附录四。

6. 自助缴费系统结算员工作规范

（1）岗位职责。

（2）工作权限。

（3）组织结构图。

（4）岗位技能。

（5）工作内容及要求。

（6）与其他岗位的配合工作。

（7）检查与考核。

见附录二十六。

7. 自助缴费系统管理员工作规范

（1）岗位职责。

（2）工作权限。

（3）组织结构图。

（4）岗位技能。

（5）工作内容及要求。

（6）与其他岗位的配合工作。

（7）检查与考核。

见附录二十七。

五、制度规范

（1）抄表、核算制度规范同走收方式。

（2）电能计量制度规范同走收方式。

（3）自助缴费系统收费制度规范。

1）加强自助缴费机的日常管理巡视，做到系统 100％ 的正常运行。

2）增加自助缴费机的布点设置，真正让客户体会到方便快捷。

3）加强宣传引导，让更多客户了解并使用这种新型交费方式。

4）组织技术攻关，开发自助缴费系统的更多功能，吸引客户形成使用自助缴费系统的习惯。

第三节　POS 机 缴 费

一、业务简介

POS 是英文 point of sales 的缩写，意为销售点终端。销售点终端通过网络与主机系统连接，工作时，将信用卡在 POS 机上"刷卡"并输入有关业务信息（交易种类、交易金额、密码等），由 POS 机将获得的信息通过网络送给主机进行相应处理后，向 POS 机返回处理结果，从而完成一笔交易。它具有支持消费、预授权、余额查询和转账等功能。

POS 机缴费是供电企业为方便客户、提高工作效率、消除现金交易弊端采用的新型收费手段。POS 机缴费系统融合了通信技术、网络技术、计算机应用技术等为一体，主要由缴费系统主站管理平台和缴费终端（POS 机）两部分组成。终端可以以有线或 GPRS 无线网络与主站系统进行数据交换，主站系统与供电营销系统通过数据接口进行数据交换，从而实现终端与供电营销系统和数据交换，完成远程电费信息查询、电费缴纳等业务。

作为一种技术手段，POS 机既是一种新兴的收费方式，又以收费工具的形式存在于其他收费方式中。当 POS 机以有线通信网络与主站系统相连时，称为固定 POS 机系统；当 POS 机以 GPRS 无线网络与主站系统相连时，称为移动 POS 机或无线 POS 机系统。当客户用银行卡在 POS 机上支付电费时，具有银电合作性质；当客户在电费代缴点的 POS 机上支持电费时，具有社会化代收性质。POS 机设在基层供电所、供电营业厅时，具有坐收性质；供电企业员工持 POS 机上门收费时，则具有走收性质。

POS 机的灵活多样性和广泛适用性，得到了供电企业和用电客户的高度认可，非现金支付方式又减少了许多不必要的麻烦，因而得到了较广泛的应用。特别是各地结合实际情况，以 POS 机为收费工具，实现与公共服务系统的有效结合，比如有的县供电企业借助"粮补卡"推广之际，实现 POS 机刷卡交电费等，最大限度地利用了社会资源。POS 机收费系统一些不可替代的优势，以及拓展农村用电收费方式的必要性和紧迫性，决定了 POS 机收费系统将更广泛地被各地供电企业推广应用。

（一）POS 收费方式

（1）超市代收。到开通代收电费业务的超市收费柜台报出用户编号，采用联网 POS 机收费，超市出具供电企业的电费发票。

（2）供电营业厅柜台交费。直接到各供电营业厅付现金交纳电费，由供电企业出具电费发票。

(二) POS 收费方式的特点

（1）采用 POS 收费方式能够极大的方便广大用电客户，分设在各条主要街道、小区和农村的电费代收点，使客户不论在上班时间还是休息时间都可以就近缴纳电费。

（2）POS 机社会化代收电费不仅提高了代收点的收入，还解决了一些下岗职工的就业问题。

（3）为实现集中抄表和营销管理"抄表与管理、核算、收费、稽查、计量等 5 项营销业务相分离"（以下简称"五分离"）打下了坚实的基础。"五分离"是营销体制改革的方向，一年来的实践表明：社会化代收电费方式正是顺应了这一改革潮流，不仅化解了供电企业欠费风险，解决了收费难题，杜绝了个别内部员工私自截留电量、电费现象，使关系电、权力电、人情电没有了生存的土壤；还使广大客户享受到了方便快捷的缴费服务，基本杜绝了缴费难方面的投诉，客户满意度不断提高。

（4）方便、灵活是 POS 机收费系统的主要特点，重点解决电费金额小的用电客户交费不便的问题。因此，POS 机主要针对用电量较小的工商企业户和广大城镇、农村居民客户。在县城、乡镇，POS 机具有设点方便的特性；在农村、特别是在边远农村，POS 机则有携带方便、能实现非现金交易的特点，因此，POS 机适合在县城、乡镇和广大农村广泛使用。

（5）移动 POS 收费管理中心（后台）功能。

1）操作员的增、删、改，清除操作员密码。授权管理权限的增、删、改。修改自己的登录密码。查询、统计某时间段现金缴费用户电费情况。查询、核对移动 POS 收费终端某时间段的收费明细。移动 POS 收费终端开户、充值、过户、销户。修改移动 POS 收费终端信息，修改收费终端档案。查询移动 POS 收费终端余额，查询收费终端预存余额。移动 POS 收费终端退余额，将收费终端可用余额退回。统计对应的移动 POS 收费终端某时间段的收费汇总。

2）电力移动缴费终端放置在代办网点处，主要实现功能包括当前欠费查询、历史电量电费查询、历史缴费记录查询、电费缴费、电费冲正等日常电费缴费业务相关功能，同时具备终端收费记录与统计功能。

3）电力缴费主站管理平台部署在供电企业，主站系统包括电力缴费主站管理平台及主站服务器两部分。电力缴费系统主站管理平台作为电力缴费系统的重要组成部分，通过 GPRS 与终端进行数据交互，通过营销系统接口与供电营销系统进行数据交互，实现了终端到营销系统数据交互的桥梁作用，具备网点设备的档案管理、交易的记录与统计、代理网点的账户管理等功能。系统的主要功能见表 8 - 2。

表 8 - 2　　　　　　　　系统的主要功能表

序号	功能	说　　明
1	电费查询	（1）终端可以发起电费查询业务，实时向营销系统查询用电户的电费相关信息 （2）查询的信息可以包当前欠费情况、历史缴费信息、历史用电信息等
2	实时缴费	（1）终端可以根据用户实际需要的缴费的用电户号和缴费金额，实现远程实时缴费，营销系统实时销账；缴费成功后，终端可以自动打印出缴费凭条，缴费凭条为两联（一联为客户联，一联为存根联） （2）系统可以针对不同的网点设置不同的缴费规则，如可设置允许收费的用户类型、电压类型、允许收费的金额范围、允许收费的用户号段等
3	缴费冲正	（1）操作员或客户在缴费完成后，发现缴费出现错误的情况，可以通过电费冲正业务实现撤销电费缴费交易；缴费冲正成功后终端自动打印出冲正凭条 （2）系统可以针对不同的网点设置不同的冲正规则，如只允许充正最后一笔交易，或只允许冲正当天的交易等
4	操作员管理	（1）系统可以进行收费员管理 （2）收费员必须通过工号和密码认证才可以进行收费活动

序号	功能	说　　明
5	网点账户管理	（1）代理网点可以实时查询网点的账户余额信息 （2）缴费时，可以进行网点账户余额判断，判断网点是否可以进行缴费 （3）可以设置网点的账户属性，设置网点是否允许透支等功能 （4）可以进行网点代理账户的充值，进行网点账户交易的记录，可以实现网点账户报表生成以及报表打印功能
6	交易记录与统计	（1）系统可以自动记录所有缴费及冲正业务，具备日统计、月统计功能 （2）具备报表生成、导出、打印功能

电力缴费系统方案基于强大的 GSM/GPRS 通信网络，终端可以部署于有 GPRS 网络的任何地方，可以灵活部署，可以使用于定点收费、移动收费两种应用方式。

根据需要可以应用于不同的场合，采用不同的收费方式，其适用范围及优点见表 8 - 3。

综上所述，系统以"电费营业网点进社区"的方式将代办网点开设到城市的每个社区、乡镇、农村等人群密集地，通过发展"便民缴费网点"的方式，实现不受空间和时间限制的电费缴费方式，用电户在家门口、社区里、村子里便能实现轻松缴费，下班后也可以缴费。

二、应用分析

（一）POS 机缴费的优缺点

1. POS 机缴费的优点

（1）对运行环境要求简单，能够实现简单投入情况下的密布点设置；POS 机对场地没有特殊要求，代收费网点只要有固定场所就可以代收电费。对于用电客户来讲，无需排队等候、不出社区就可以轻松交纳电费，改善了供电企业的服务质量，提高了客户满意度。

表 8 - 3　　　　　POS 机不同收费方式的适用范围及优点

应用方式	收费单位	收费方式	适用范围	优　　点
定点收费	供电单位	坐收（供电所）	营业厅、供电所	只要一台设备便可实现收费，不需要进行电脑设备、网络设备等投入
		流动营业厅	营业厅、供电所	可以随时、随地进行收费活动，深入社区开展优质服务
		临时收费点	营业厅、供电所	解决收费渠道存在问题的区域的收费问题
	社会代办点	连锁网点机构	连锁超市	通过连锁机构建立收费网点，统一的收费网点及管理方式
		代办点	社区、农村的零售店、食杂店	可以将网点发展到生活社区、农村等其他收费渠道没办法覆盖的区域
移动收费	电工	走收	农村	可以实现实时查询、实时缴费的问题，可以实时掌握走收人员的收费情况

（2）能广泛应用于县城、乡镇和边远农村等所有地区，适宜大面积推广，利用社会资源，在一定程度上缓解了供电企业"收费难"困境，也能做到电费资金的可控、在控，保证电费资金安全；满足用电客户的交费需求，也免除了过去电工走收产生的人身安全隐患，避免了现金交易方式由于找零不足引起的用电客户不满。

（3）由于代收电费是根据收费数量计算务费用，所以代收点可以起到义务宣传的作用。有了广泛的宣传，供电企业才可以真正减轻收费大厅的压力。

（4）供电企业可以采取预先收取电费代收点保证金的方式，

允许代收点在保证金范围内收取电费，一旦保证金余额不足以交纳用电客户电费时，POS 收费终端会自动提醒代收点及时到供电企业管理中心充值，所以对于供电企业来讲，资金会提前到位，不存在任何资金风险。

（5）电费代收点可以实时统计、查询所用 POS 机可用余额、代收电费明细、已代收总金额 、代收笔数等信息，并具有对账功能，可由供电企业发起双方对账，确保双方利益不受侵害。

（6）电费 POS 终端易于部署、覆盖范同广。POS 终端只需要一根电话线或者具备无线通信信号就能联网收费。该特点便于电费 POS 机灵活广泛部点。有效延伸了供电局服务范围，而且大大降低运营成本。这样一来，在极大地方便客户轻松交费的同时，也推动了电费回收工作的开展。

（7）电费 POS 查询交费系统使用户通过 POS 终端可同时完成电费查询、交纳和票据打印，实现了轻松的一体化终端自助服务。收费服务更加灵活、更加人性化。

（8）电费 POS 交费网点营业时间灵活，用户交费不再受限于银行营业时间，不仅方便用户，而且使交费时段相对分散，有助于减轻营销系统应用压力。

（9）电费 POS 机实时查询交费依托银行卡丰富的理财功能，使用户通过手中的各种银行卡即能够轻松完成交费，省去了现金交易的麻烦，也进一步增加了交易安全性。

2. POS 机缴费的缺点

（1）POS 机缴费系统存在缺陷。目前该系统只能使用热敏纸打印电费收据，不能打印电费专用税票，客户如需要税票还需到客户服务中心更换。并且只能使用数字输入，不能使用汉字输入，给用户带来了不便。同时，受移动公司信号影响，有时候收费终端会出现数据连接较慢和短暂中断现象，不能与银行联网（受信息安全的约束），客户不能刷银联卡，只能交现金，影响客户缴费。只能对普通电度表抄表用户使用，不能对磁卡表用户进行充值和缴费。

（2）代收人员服务意识和质量的问题。设立电费代收点的，代收人员的服务质量将直接影响到供电企业的客户满意度，代收电费资金的安全性也直接关系到供电企业的切身利益。

（3）投入成本大。刷卡支付的交费方式，改变了用电客户、特别是广大农村居民客户一手接电费发票、一手交现金的传统方式，让这些客户接受 POS 机收费方式，前期需要做大量的细致的宣传解释工作和周密的工作布置；依托供电企业技术系统的 POS 机收费系统，需要前期较大的投入；依托金融交易系统和采用 GPRS 通信模式的 POS 机收费方式，会产生相关运行费用成本，成本高低依双方协商结果确定；技术系统的稳定性和安全性成为影响 POS 机收费质量的关键因素之一，为保证技术系统的安全稳定运行，需要发生相应的运行维护费。

（二）POS 机缴费应注意的问题

（1）POS 机收费系统由供电企业自建的，加强安全性能建设投入，确保技术系统的安全、稳定、可靠。

（2）POS 机收费系统依托金融行业和移动通信行业的，选择规模大、技术力量雄厚的合作对象。

（3）供电企业建立针对 POS 机收费方式的应急预案，确保出现异常情况后的稳定有序。

（4）在电费代收点设置 POS 机的，除制定严格的合作条件、签订代收协议外，应考虑向代收点收取一定金额的保证金。

（5）组织技术力量，整合相关系统平台的缴费短信告知、公告短信发布及短信群发等功能，提升技术系统的应用价值。

（6）POS 机管理中应注意的细节问题。

1）安全性考虑。系统在通过光纤线路与银联系统进行交流的同时也对供电局核心营销数据进行读写操作，因此系统需要一套高安全级别的通信网络，在确保银联和供电局各自核心业务系统独立的同时，允许并保证必要的专用交易数据流通。

2）性能考虑。系统必须支持用户在任意时间、地点进行刷卡交费，这就要求系统具有良好的业务处理效率和持续稳定运行能力。

3）业务一体化完整性考虑。需要定义一个全面的数据传输处理协议和服务规范，在一个平台上同时实现查询、交费、账务核对等一系列完整的收费业务流程。

4）业务兼容方面考虑。目前的供电局有多种收费渠道和终端，因此必须保证不同收费终端（银行终端、企业终端）之间的数据一致性与整体事务完整性。

三、POS 机缴费方式的管理规范

（一）岗位设置

（1）营销部用电技术管理员：主要负责整个 POS 机主站管理平台的日常运行维护，保障代收平台稳定运行、与移动运营商及各下属单位网络连接通畅。

（2）县供电企业电费会计：主要负责审核 POS 机结算员转来的应收凭证、实收凭证、电费发票记账联、银行回单等。

（3）县供电企业 POS 机管理员：主要负责组织、指导和监督各单位开展 POS 机的应用业务，并负责县供电企业 POS 机的管理工作。

（4）营销管理员：主要负责按照代办网点业务申请流程，审核申请人资格，审核合格后与代办网点签订代理协议，并负责监管代收人员的服务质量和代收电费资金的安全。

（5）抄表员：按规定的抄表日程抄表，回登并保管好抄表卡片，负责责任范围内的线损管理工作。

（6）电费审核员：审核客户信息资料和计费参数的一致性和准确性，统计电量电费差错，及时上报领导和相关部门。

（7）POS 机结算员：从事票据领用发放管理（领用、发放及登记等）的工作，包括电费、增值税、业务发票及供电营业所各类应收、实收台账登陆工作，并在各级部门之间传递凭证及进账单据。

（8）POS 机操作员：主要负责运用 POS 机收取电费，保管缴费凭条存根联，并对收费金额进行每日统计，上交到承担管理的供电营业所或供电营业厅管理专责。

（二）业务流程

1. POS 机缴费方式代收点管理

（1）POS 机缴费方式代收点管理流程。POS 机缴费方式代收点管理流程图，如图 8-14 所示。

（2）流程管理要求。

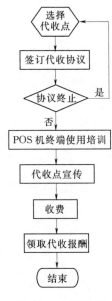

图 8-14　POS 机缴费方式代收点管理流程图

1）选择代收点：根据周边客户集中情况按照代收点自愿的原则综合考虑设点，既方便客户就近缴费又不能使两点之间过于接近。

2）签订代收协议。

①确定选点后，与之签订电费代收协议，明确双方的权利和义务、代收的适用范围、收费方式、期限及报酬。

②代收点应垫付一定额度的电费或保证金。

3）POS 机终端使用培训：由客户服务中心和电费管理中心的人员对代收点操作人员进行培训，确保其能熟练使用 POS 机终端设备。

4）代收点宣传：在代收点处，悬挂县供电企业统一制作的电费代收点标识牌，并在客户服务中心明显位置张贴各代收点的位置、电话、负责人，还应在电视台或采取其他方式公布授权电费代收点。

5）收费：代收点在电费管理中心领取并装好了移动数据卡的收费终端、热敏纸和本代收点的专用代收印章后，到客户服务中心预存电费，然后回代收点收取电费。

6）领取代收报酬：每月 20 日，县供电企业客户服务中心将各代收点的收费明细、总额和应得报酬，与代收点核对无误后，由代收点到当地地税部门以劳务费名义开具税票，经客户服务中心主任、主管局长、局长签字后到县供电企业财务科报销。

2．POS 机管理

（1）POS 机管理流程。POS 机管理流程图，如图 8-15 所示。

（2）流程管理要求。

1）POS 机采购：POS 机批量采购应采用招标方式。对于计划采购的 POS 机，属于首次入网、招标或采购的，应进行型式试验，择优使用。根据进货批次确定抽样数量，对照抽样检定规定内容和招标技术要求进行测试，不符合则退货或换货，符合则进入整个批次的检定，同时进行抽样合格率的评定、相关记录和统计。

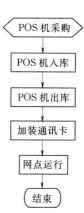

图 8-15　POS 机
管理流程图

2）POS 机入库：对于新购的 POS 机必须由有关部门对仓库下达入库通知，核对数量、规格、型号及是否有破损后，对核点通过的 POS 机办理入库签收手续。

3）POS 机出库：有关部门对 POS 机仓库下达出库通知单，领用人员与仓库保管员当面核点 POS 机的数量、规格等确认无误后，在《领用单》上签字，社会送检客户在《委托协议书》上签字，核点有问题则双方核对出库通知，重新登记。领用人员领取 POS 机出库，搬运过程中轻拿轻放。

4）POS 机加装通信卡：对无线 POS 机加装通信卡，通信卡由地（市）县供电企业或县供电企业统一采购，统一支付通信费。

5）POS 机网点运行：各使用部门和下属单位应安排专人管理 POS 机网点运行终端设备。

3．POS 机缴费方式对账

（1）POS 机缴费方式对账流程。POS 机缴费方式对账流程图，如图 8-16 和图 8-17 所示。

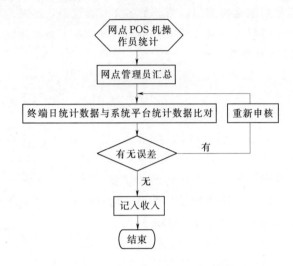

图 8-16 POS 机缴费方式日对账流程图

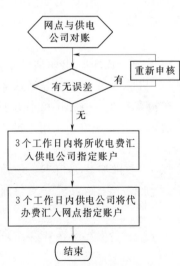

图 8-17 POS 机缴费方式月
对账流程图

（2）流程管理要求。

1）POS 机缴费采取日对账制度，即每位 POS 机操作员需要保管好收费时终端打印的缴费凭条存根联，于每日下班时将本日各自的收费金额、收费笔数进行统计，并上交到承担管理的供电营业所或供电营业厅管理专责。

2）网点管理人员根据各网点 POS 机操作员上交的缴费凭条存根联进行操作员及网点的收费日统计，要做到逐笔进行登记，登记时必须注明缴费凭条存根联类型、POS 机操作员名字等内容。

3）县供电企业营销部通过终端对当日营业额进行统计，并与系统平台统计结果进行查询比对，核对无误差计入收入；如有差异应在第 2 个工作日申请核对。

4）每位 POS 机操作员通过终端的"对账"功能查询各自的收费金额与收费笔数，与缴费凭条存根联进行比对，如有异常则向网点管理人员通报。

5）账簿登记应严格遵循财务部门账簿登记规定，不得随意涂改。

6）月末，根据审核无误的每日台账数据汇总当月合计，并打印本人收费月报及汇总凭证进行核对，自审无误后交审核员审核，审核员审核无误签字认可。

7）POS 机网点与县供电企业采取月对账制度，代办网点于月对账无误后的 3 个工作日内，将本月代收电费资金汇入县供电企业指定账户，县供电企业应在月对账无误后的 3 个工作日内，将代办费汇入网点指定账户。

（三）质量考核

（1）业务办理符合规范要求，流程监控逐级到位。

（2）按照流程规定的时限完成工作。

（3）资料完整、真实，手续齐备，归档及时。

（4）报表差错率不大于 1‰。

（5）遵循财务集中处理模式。

（6）遵循严格管理电费账户、电费单据的原则。

（7）遵循电费"日清月结"的原则，日终对账工作完成准确率 100%。

（8）报表、台账、进账单一一对应，没有漏登、错登情况发生。

（四）资料管理

1. 业务内容

业务内容同走收方式。

2. 业务流程图

业务流程图同走收方式。

3. 注意事项

注意事项同走收方式。

4. 质量考核

质量考核同走收方式。

5. 资料目录

（1）工作单。供电营业所电费交结清单、POS 机代收协议书、POS 机采购单、POS 机入库单、POS 机出库单。

（2）报表。POS 机营业报表、供电营业所月电能表抄表率报表、供电营业所月电费回收率统计表、供电营业所月电费差错率统计表。

（3）台账。POS 机缴费凭条存根联、POS 机缴费终端日统计数据、系统平台日统计数据、POS 机收费款汇款单。

四、工作规范

1. 营销部用电技术管理员工作规范

（1）岗位职责。

（2）工作权限。

（3）组织结构图。

（4）岗位技能。

（5）工作内容及要求。

（6）与其他岗位的配合工作。

（7）检查与考核。

见附录十四。

2. 县供电企业电费会计工作规范

（1）岗位职责。

（2）工作权限。

（3）组织结构图。

（4）岗位技能。

（5）工作内容及要求。

（6）与其他岗位的配合工作。

（7）检查与考核。

见附录七。

3. 县供电企业 POS 机管理员工作规范

（1）岗位职责。

（2）工作权限。

（3）组织结构图。

（4）岗位技能。

（5）工作内容及要求。

（6）与其他岗位的配合工作。

（7）检查与考核。

见附录二十八。

4. 营销管理员工作规范

（1）岗位职责。

（2）工作权限。

（3）组织结构图。

（4）岗位技能。

（5）工作内容及要求。

（6）与其他岗位的配合工作。

（7）检查与考核。

见附录二十二。

5. 抄表员工作规范

（1）岗位职责。

（2）工作权限。

（3）组织结构图。

（4）岗位技能。

（5）工作内容及要求。

（6）检查与考核。

见附录二。

6. 电费审核员工作规范

(1) 岗位职责。

(2) 工作权限。

(3) 组织结构图。

(4) 岗位技能。

(5) 工作内容及要求。

(6) 与其他岗位的配合工作。

(7) 检查与考核。

见附录四。

7. POS 机结算员工作规范

(1) 岗位职责。

(2) 工作权限。

(3) 组织结构图。

(4) 岗位技能。

(5) 工作内容及要求。

(6) 与其他岗位的配合工作。

(7) 检查与考核。

见附录二十九。

8. POS 机操作员工作规范

(1) 岗位职责。

(2) 工作权限。

(3) 组织结构图。

(4) 岗位技能。

(5) 工作内容及要求。

(6) 与其他岗位的配合工作。

(7) 检查与考核。

见附录三十。

五、制度规范

(1) 抄表、核算制度规范同走收方式。

（2）电能计量制度规范同走收方式。

（3）POS 机管理制度规范。

1）POS 机收费系统由供电企业自建的，加强安全性能建设投入，确保技术系统的安全、稳定、可靠。

2）POS 机收费系统依托金融行业和移动通信行业的，选择规模大、技术力量雄厚的合作对象。

3）供电企业建立针对 POS 机收费方式的应急预案，确保出现异常情况后的稳定有序。

4）在电费代收点设置 POS 机的，除制定严格的合作条件、签订代收协议外，应考虑向代收点收取一定金额的保证金，注重代收人员的服务质量和代收电费资金的安全性的监督。

5）组织技术力量，整合相关系统平台的缴费短信告知、公告短信发布及短信群发等功能，提升技术系统的应用价值。

附　　录

附录一　抄表班长工作规范

1. 岗位职责

（1）认真执行《中华人民共和国电力法》、《电力供应与使用条例》、《供电营业规则》及国家电价政策和各项规章与制度。

（2）按期编排年度抄表日程，报上级批准，组织全班人员严格执行。

（3）负责组织实施本班抄表日常工作。

（4）负责本班抄表质量的监督管理，杜绝出门差错和事故。

（5）负责处理抄表、结算中出现的疑难问题，对客户反映的有关问题作相应处理。

（6）负责组织本班范围内的电费回收工作。

（7）定期组织业务技能学习。

（8）领导交办的其他工作。

2. 工作权限

（1）对抄表人员的工作进行安排和分工。

（2）对抄表员工作质量、工作效果等提出考核意见。

3. 组织结构图

组织结构图如图 F1-1 所示。

4. 岗位技能

（1）熟悉《中华人民共和国电力法》、《电力供应与使用条例》、《供电营业规则》，电网销售价格，以及电力营销的各项法

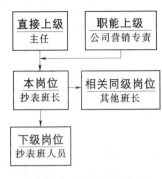

图 F1-1　抄表班长岗位组织结构图

规、政策和有关规定。

（2）精通电量、电费计算，掌握电力系统、电能计量等相关知识，能正确解决用电业务中的复杂问题。

（3）熟悉各种电费结算业务。

（4）具有较强的组织电费回收和处理用电纠纷的能力。

5.工作内容及要求

（1）严格执行电力营销各项有关法规、政策及业务规定，正确执行电价政策。

（2）监督检查抄表日程执行情况，特殊情况需变动，按管理权限逐级审批。

（3）对抄表质量进行定期或不定期的全面检查和部分抽查。确保抄表卡片填写清楚完整，突增、突减或异常情况原因明晰，抄表工本（抄表器）、计费清单、抄表应收日报数据准确一致。对出门差错和事故，及时组织分析，查找原因，制定防范措施。

（4）定期检查电费催收情况，分析欠费原因。充分运用法律、行政、技术、经济、服务等手段，严格依照"一通知、二警告、三停电"的程序催缴电费，完成电费回收任务。

（5）严格执行电费违约金制度。

（6）定期进行线损分析，采取降损措施，完成上级下达的线损计划。

（7）工作安排与分工合理，业务学习针对性强。

（8）定期考核本班人员的工作质量、电费回收率、线损率等工作完成情况。

（9）完成上级领导交办的其他工作。

6.与其他岗位的配合工作

（1）根据抄表过程中发现的电能计量异常情况填写业务工作

单，提交给电能计量岗位处理。

（2）根据超标过程中发现的违章用电、窃电和其他异常情况填写业务工作单，分别提交给用电检查、业务变更、电费审核岗位处理。

（3）根据用电报装、电能计量、业务变更、电费审核等岗位传递的工作单变更抄表卡信息并现场核实。

7. 检查与考核

（1）本岗位的工作由直接上级和职能上级按月检查与考核。

（2）考核内容：本规范规定的责任、工作权限、工作内容及要求部分，见表 F1-1。

（3）考核依据：上级单位或部门以及本单位制定的各项规章制度和考核办法。

（4）考核办法：分别由本岗位的直接上级、职能上级、被考核者填写本岗位的考核表。

（5）考核结果可与当月、季度或全年的工资、奖励挂钩兑现。

表 F1-1　　　　抄表班长工作业绩考核内容及工作要求

序号	考核内容	工作要求
1	抄表日程监督管理	及时有效
2	抄表质量监督管理	及时有效
3	对班员考核	准确
4	班内电费回收情况	完成下达指标
5	班内线损完成情况	完成下达指标
6	电价执行	准确到位
7	其他工作	按要求完成

附录二　抄表员工作规范

1. 岗位职责

（1）认真执行《中华人民共和国电力法》、《电力营销电力供应与使用条例》、《供电营业规则》及国家电价政策和管理的各项规章与制度。

（2）负责责任范围内的抄表工作，了解掌握电能计量装置运行、客户用电状况等情况，及时向抄表班长或单位领导反映。

（3）按规定的抄表日程抄表，回等抄表卡片，保记抄表质量。

（4）负责责任范围内的线损管理工作。

（5）负责责任范围内的电费回收工作。

（6）负责责任范围内的其他日常工作。

2. 工作权限

（1）对责任范围内的抄表数据准确性负责。

（2）对证据确凿的窃电行为有权现场制止。

3. 组织结构图

组织结构图如图 F2-1 所示。

4. 岗位技能

（1）熟悉《中华人民共和国电力法》、《电力营销电力供应与使用条例》、《供电营业规则》以及电力营销的各项法规、政策和有关规定。

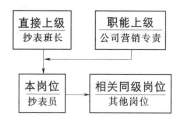

图 F2-1　抄表员岗位组织结构图

（2）熟悉电量、电费计算，掌握电力系统、电能计量等相关知识。

（3）熟悉营业、抄、核、收各环节的基本程序，正确处理电力营销业务中出现的问题。

（4）取得营销岗位培训合格证。

5. 工作内容与要求

（1）严格执行电力营销各项有关法规、政策及业务规定，正确执行电价政策。

（2）建立健全责任范围内的各项营业台账、抄表卡片等基础资料。

（3）提前做好抄表准备工作，严格按照规定的抄表日程到位抄表，不错抄、不估抄，严禁电话抄表及代抄，保证抄表质量。

（4）现场抄表时，应仔细核对客户户名、地址、电能表表号、互感器倍率等基本信息是否正确。特别对新增客户第一次抄表或老客户变更后的第一次抄表，更应仔细核实。如发现问题，应做好现场记录，待抄表结束后，出具业务工作单及时反映。

（5）抄表时，如发现表计烧坏、表停、表盗、卡字、封印缺损、表计丢失、用电量突增、突减等情况，应告知客户并了解有关情况，做好记录（必要时请客户签字认可），及时出具业务工作单转有关人员核查处理。

（6）抄表时，应该对客户用电类别及各类用电的比例，对发生变更的做好记录，及时向抄表班长汇报并出具业务工作单。

（7）完整准确回登抄表卡片，对客户电量电费波动原因进行分析，发现异常，及时向班长汇报。

（8）对责任范围内的线损情况进行分析，开展营业自查工作，监督计量装置的完好程度，协助计量装置的转换，发现客户违约用电和窃电，及时报告。

（9）积极宣传电力法律、法规、政策和安全用电、节约用电常识，耐心解答客户咨询。

6. 检查与考核

（1）本岗位的工作由直接上级和职能上级按月检查与考核。

（2）考核内容：本规范规定的责任、工作权限、工作内容及要求部分，见表 F2－1。

（3）考核依据：上级单位或部门以及本单位制定的各项规章制度和考核办法。

（4）考核方法：分别由本岗位的直接上级、职能上级、被考核者填写本岗位的考核表。

（5）考核结果可与当月、季度或全年的工资、奖励挂钩兑现。

表 F2－1　　　　　抄表员工作业绩考核内容及工作要求

序号	考核内容	工作要求
1	抄表日程执行	不准随意变更
2	照明客户实抄率	照明客户抄表率≥98％
3	动力客户实抄率	动力客户抄表率为100％
4	抄表差错事故情况	抄表差错率≤2％
5	抄表卡填写质量	完整、准确、清晰
6	异常情况报告	及时
7	电费回收情况	完成指标
8	线损完成情况	完成指标

附录三 收费员工作规范

1. 岗位职责

（1）严格执行电力营销有关法律、法规、政策、文明服务行为规范和发票管理制度。

（2）负责收取电费、违约金、预售电费及相关收费报表上报。

（3）负责保管票据、凭证等单据和印鉴。

（4）负责为客户提供电费、电价咨询服务。

2. 工作权限

（1）有权对有错误的电费实收凭证作退单处理。

（2）有权退回有错误的银行存款回单。

（3）有权对收费员的收费情况、票据使用情况进行检查。

3. 组织结构图

组织结构图如图 F3-1 所示。

4. 岗位技能

（1）熟悉《中华人民共和国电力法》、《电力供应与使用条例》、《供电营业规则》以及营销管理、财务管理工作中的各项法规、政策和有关规定。

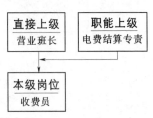

图 F3-1 收费员岗位
组织结构图

（2）熟悉各种用电类别的电费计算方法，能正确处理用电业务中较复杂的问题。掌握各种业务费收取规范。

（3）熟悉营业、抄、核、收各环节的基本程序，具备一定的协调能力。

（4）熟悉文明服务行为规范，具备相应的服务技能。

5. 工作内容及要求

（1）熟悉了解本营业区的客户缴费规律和以往缴费情况。

（2）认真核对客户信息、缴费金额、缴费类别，杜绝出现收费错误，针对不同的收费方式在营销管理信息系统中销账。

（3）收费员应穿着整洁的标志服，佩带胸章。到达客户现场后，核对客户的户名、地址，进屋时先招呼一声"收电费"，并告知电费金额。（走收方式）。

（4）对客户服务时要遵循个人基本礼仪、服务礼仪，接待客户时要做到"来由应声去有送声"微笑服务，使用文明用语，语言表达清楚；为客户办理购电业务时要做到"唱收唱付"。（坐收方式）。

（5）每天及时对现金和支票进行清点，无误后填制缴款单。现金、支票必须当日全额进账，不得存放它处。对票据应审核其有效性，及时发现假票、错票等。

（6）负责将收到的现金及时进账，并在营销管理信息系统中登记收到的转账支票、银行进账单等票据。

（7）收费日结束后，统计相关报表，进行日终对账工作，核对进账金额和系统销账金额是否一致。

（8）将整理无误的银行单据和报表、电费发票记账联交付电费结算员审核，并做好相关台账。

（9）完成需要隔日退电费的退费申请和最后的退费业务，并做好相关记录。

（10）协助收集客户基础档案缺项信息。

（11）完成领导交办的其他任务。

6. 与其他岗位的配合工作

（1）配合未达账项客户电费的催收工作。

（2）对跨所收费的数据，应该及时向县供电企业电费会计反馈。

7. 检查与考核

（1）本岗位的工作由直接上级和职能上级按月检查与考核。

（2）考核内容：本规范规定的责任、工作权限、工作内容及要求部分，见表 F3-1。

（3）考核依据：上级单位或部门以及本单位制定的各项规章制度和考核办法。

（4）考核方法：分别由本岗位的直接上级、职能上级、被考核者填写本岗位的考核表。

（5）考核结果可与当月、季度成全年的工资、奖励挂钩兑现。

表 F3-1　　　　收费员工作业绩考核内容及工作要求

序号	考核内容	工作要求
1	票据管理	有票据使用情况统计报表
2	票据作废	电费票据使用作废率＜2‰
3	收费差错	收费差错率为 0
4	报表按理	按时统计各类报表，并及时装订和传递
5	实收核对	及时核对实收，做到银行收款回执和营业站（所）实收相一致；对当天未入账的要做好记录和登记
6	服务质量	投诉率≤1‰

附录四 电费审核员工作规范

1. 岗位职责

（1）对责任范围内客户电价执行的正确性负责。

（2）对责任范围内客户电量、电费计算的准确性负责。

（3）对责任范围内客户计费信息、日报数据的准确性负责。

（4）负责各类用电申请书、工作单、业务凭证的签收及数据录入，并完成分类及归档销号管理工作。

2. 工作权限

（1）有权对责任范围内的电价执行情况进行监督、检查。

（2）对审核出的电价、电量、电费差错，并提出对应的应退补申请。

（3）对责任范围内的电费回收情况进行统计和考核。

3. 组织结构图

组织结构图如图 F4-1 所示。

4. 岗位技能

（1）熟悉《中华人民共和国电力法》、《电力供应与使用条例》、《供电营业规则》、电价分类规范以及电力营销工作的各项法规、政策和有关规定。

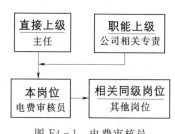

图 F4-1 电费审核员
岗位组织结构图

（2）熟悉抄、核、收工作业务流程，能正确处理用电业务中出现的问题。

（3）熟悉电量、电费、变损、线损计算方法。

（4）熟悉电力营销管理信息系统操作方法。

（5）取得营销岗位培训合格证。

5. 工作内容与要求

（1）严格执行用电营业有关法律、法规及业务规章，正确执行国家电价政策。

（2）熟练掌握电价、电费专业知识。正确解答客户提出的相关问题，对相关岗位给予业务指导；向上级业务部门反映电价执行中遇到的问题。

（3）按照抄表日程，定期完成抄表数据下装、各类新装（增容）客户的立户及客户用电变更的动态记录工作。认真审核客户户名、用电地址、容量、电压等级、电能表厂名、电能表表号、电能表位数、互感器倍率等信息资料和计费参数的一致性和准确性。

（4）计算并审核抄表上装后的电量、电费数据，重点审核各类变更业务异常情况，如电量突增、突减、零度、动态信息等。

（5）计算并审核增（减）账、缺抄、余度等另账电量、电费。

（6）审核抄表日报中各项内容，并核对日报与计费清单是否相符，保证统计数据的准确性。

（7）统计电量电费差错，及时上报领导和相关部门。

（8）按时准确制作、上报相关报表。

（9）完成领导交办的其他工作。

6. 与其他岗位的配合工作

（1）对审核中发现的问题，填写业务工作单，传递到相应岗位（电能计量、业务变更、用电检查、抄表等）。

（2）向电费账务岗位传递应收电量电费信息。

7. 检查与考核

（1）本岗位的工作由直接上级和职能上级按月检查与考核。

（2）考核内容：本规范规定的责任、工作权限、工作内容及要求部分，见表 F4-1。

（3）考核依据：上级单位或部门以及本单位制定的各项规章制度和考核办法。

（4）考核方法：分别由本岗位的直接上级、职能上级、被考核者填写本岗位的考核表。

（5）考核结果可与当月、季度或全年的工资、奖励挂钩兑现。

表 F4-1　　　　　电费审核员工作业绩考核内容及工作要求

序号	考核内容	工作要求
1	按抄表日程下装抄表信息	严格按抄表日程提前一天完成
2	电费差错	电费差错率≤0.5‰
3	动态是否及时准确	按时限准确完成
4	各类报表质量、及时性	按时准确完成

附录五　电费结算员工作规范

1. 岗位职责

（1）在主任的领导下，在县供电企业电费会计的指导下，负责电费账务管理。

（2）负责审核电费应收凭证的真实性、准确性。

（3）负责审核收费员转来的实收原始凭证、电费收据存根和银行回单。

（4）负责电费相关账务、台账的开设及登记。

（5）负责电费账务各类凭证的制作、传递和装订。

（6）负责保管各种收费票据、银行印鉴，并对保管资料的安全性和真实完整性负责。

（7）负责填制并上报有关电费账务管理的相关报表。

（8）负责定期与客户通过函证方式核对（预）收账款余额。

（9）负责完成上级交办的其他工作。

2. 工作权限

（1）有权对有错误的电费实收凭证作退单处理。

（2）有权退回有错误的银行存款回单。

（3）有权对收费员的收费情况、票据使用情况进行检查。

3. 组织结构图

组织结构图如图 F5-1 所示。

4. 岗位技能

（1）掌握账务会计的基本原理和账务处理的基本操作技能。

（2）熟悉电力营销管理知识并能熟练操作电力营销管理信息系统。

（3）具有一定经济分析能力和文字表达能力。

（4）掌握会计电算化的基本知识。

5．工作内容及要求

（1）定期到县供电企业财务部门领取各类票据。根据有关票据的管理办法对本所的票据的领用和回收进行登记、管理，并按规定统计和上报票据使用情况有关报表。

（2）按期对电费清单、应收日报进行审核并制作有关应收电费凭证转交县供电企业电费会计。

（3）每日对收费员转来的实收原始凭证、电费发票记账联、银行回单进行审核，发现有误及时返还收费员重新处理。审核无误后统计生成实收日报并制作有关实收电费凭证转交县供电企业电费会计，并办理交接手续。

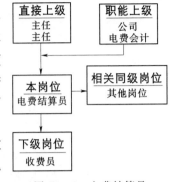

图 F5-1 电费结算员
岗位组织结构图

（4）每月末对电费应收、实收、欠费数据进行统计并制作应收、实收、欠费月汇总报表和凭证并转交县供电企业电费会计。

（5）每月末对营销管理信息系统中生成的各类电费应、实、欠数据与县供电企业电费会计各类账目数据进行核对，做到账账相符。

（6）完成领导交办的其他工作。

6．与其他岗位的配合工作

（1）发生客户电费款未到账时，要及时通知收费人员进行催收，在规定期限内不能收回的应督促收费员作相应的账务处理。

（2）对跨所收费的数据应该及时向相关电费账务管理人员通报。

7．检查与考核

（1）本岗位的工作由直接上级和职能上级按月检查与考核。

（2）考核内容：本规范规定的责任、工作权限、工作内容及要求部分，见表 F5-1。

（3）考核依据：上级单位或部门及本单位制定的各项规章制

度和考核办法。

（4）考核办法：分别由本岗位的直接上级，职能上级、被考核者填写本岗位的考核表。

（5）考核结果可与当月、季度或全年的工资、奖励挂钩兑现。

表 F5-1　　　　　电费结算员工作业绩考核内容及工作要求

序号	考核内容	工作要求
1	票据管理	有票据领用记录、台账，有票据使用情况统计报表
2	报表管理	按时制作各类报表，并及时装订和传递
3	应收账款管理	按时统计应收日报，汇总日报，并及时传递和装订
4	实收凭证管理	审核实收凭证，并根据审核无误的凭证制作传递实收日报，做到账证相符
5	账务核对	及时核对有关账目，做到日清月结、账账相符

附录六 资料管理员工作规范

1. 岗位职责

（1）负责营销资料的收集、整理、归档、借阅管理等工作。

（2）按照资料存档年限规定，编制并申报资料封存、销毁等计划。

（3）对资料的安全性、保密性负责。

2. 工作权限

（1）有权从事其他相关部门或岗位收集资料。

（2）有权对使用不当，丢失损毁资料的部门或岗位提出处理意见。

3. 组织结构图

组织结构图如图 F6-1 所示。

4. 岗位技能

（1）取得营销岗位培训合格证。

（2）了解电力营销有关电价政策、业务知识。

（3）了解供电营业所日常业务工作流程。

（4）掌握相关资料档案管理知识。

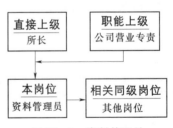

图 F6-1 资料管理员
岗位组织结构

5. 工作内容及要求

（1）按时做好本所日常经营活动中形成的各种营销资料的整理归档。

（2）对客户的新装、用电变更等客户信息资料、业务工作单及时准确归档，在客户资料袋目录中记录工作单编号及简要内容。

（3）及时按月分类整理、装订供电营业所各类报表等基础资料。

（4）发放各类业务工作单、报表等资料，建立清晰完整的领用台账。

（5）上级领导交办的其他工作。

6. 与其他岗位的配合工作

（1）其他岗位人员应将各种资料传递到资料管理人员。

（2）根据其他岗位工作需要，提供相关档案资料。

7. 检查与考核

（1）本岗位的工作由直接上级和职能上级按月检查与考核。

（2）考核内容：本规范规定的责任、工作权限、工作内容及要求部分，见表 F6-1。

（3）考核依据：上级单位或部门以及本单位制定的各项规章制度和考核办法。

（4）考核方法：分别由本岗位的直接上级、职能上级、被考核者填写本岗位的考核表。

（5）考核结果可与当月、季度或全年的工资、奖励挂钩兑现。

表 F6-1　　　　资料管理员工作业绩考核内容及工作要求

序号	考核内容	工作要求
1	资料归档、存放	各类资料归档及时准确
2	工作记录台账	发放、回收时间及领用人等级齐全
3	资料保管	资料保管安全、保密
4	资料借阅	准确及时

附录七 县供电企业电费
会计工作规范

1. 岗位职责

（1）在电费管理中心的指导下，负责电费账务管理工作。

（2）负责电费相关账户，台账的开设、登记。

（3）配合电费管理中心对未达账进行跟踪管理。

（4）配合电费管理中心负责异地交费、银行实时代收业务支持工作。

（5）负责审核电费结算员转来的应、实收凭证、电费发票记账联、银行回单等。

（6）负责电费账务各类凭证的制作、装订，并登录各类电费账户。

（7）负责保管各种收费票据，银行印鉴，并对保管资料的安全性和真实完整性负责。

（8）负责实收账务的核对，将银行收款加执、银行票据转交电费管理中心工作。

（9）负责填制并上报有关电费账务管理的相关报表。

（10）负责完成上级交办的其他工作。

2. 工作权限

（1）有权对有错误的电费实收凭证作退单处理。

（2）有权退回有错误的银行存款回单。

（3）有权对电费账务管理、票据管理工作进行检查。

3. 组织结构图

组织结构图如图 F7-1 所示。

4. 岗位技能

（1）熟悉会计学原理，掌握财会专业基础知识。

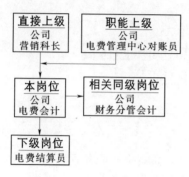

图 F7-1　县供电企业电费
会计岗位组织结构

（2）熟悉电力营销管理知识并能熟练操作营销管理信息系统。

（3）具有一定经济分析能力和文字表达能力。

（4）掌握财务电算化基本知识。

5. 工作内容及要求

（1）按规定开设电费总账、分类账、明细账、分户账。

（2）定期向供电营业所发放各类票据。根据有关票据的管理办法对票据的领用和回收进行登记、管理，并按规定统计和上报票据使用情况报表。

（3）负责收集审核供电营业所上交的银行收款回执、银行票据、相关报表。按日审核本单位营业所的报表，汇总本公司报表，确保系统实收金额与银行进账单金额的一致性。

（4）按照电费管理中心的要求定期上交本单位的银行收款回执、银行票据和相关报表，并按要求建立实收电费台账。

（5）配合电量管理中心对银行未达账和公司未达账查明原因，并通知该电费责任单位，负责跟踪管理，确保电费资金的实际到账和系统销账数据的正确性。

（6）对隔日退费工作单进行核查，并报主任审批，对供电营业所进账单纠错工作进行监督和管理，并做相应记录。

（7）负责本营业单位月末账务报表的统计汇总和审核工作。

（8）负责市场营销科和财务科之间的数据传递工作，负责电费管理中心和本公司之间的数据传递工作。

（9）对退费工作单进行核查，报科长及上级主管审批。

（10）完成领导交办的其他工作。

6. 与其他岗位的配合工作

（1）发生客户电费款未账时，要及时通知供电营业所进行催收，在规定期限内不能收回的应作相应的账务处理。

（2）就银行代收电费信息及时和相关电费账务管理人员沟通。

7. 检查与考核

（1）本岗位的工作由直接上级和职能上级按月检查与考核。

（2）考核内容：本规范规定的责任、工作权限、工作内容及要求部分，见表 F7-1。

（3）考核依据：上级单位或部门以及本单位制定的各项规章制度和考核办法。

（4）考核方法：分别由本岗位的直接上级、职能上级、被考核者填写本岗位的考核表。

（5）考核结果可与当月、季度或全年的工资、奖励挂钩兑现。

表 F7-1　　县供电企业电费会计工作业绩考核内容及工作要求

序号	考核内容	工作要求
1	票据管理	有票据领用记录、台账，有票据使用情况统计报表
2	应收账款管理	按时统计应收日报、汇总日报，并及时传递和装订
3	实收凭证管理	实收凭证无差错，做到凭证和附件相符，证账相符
4	账务核对	及时核对有关账目，做到各类账目 数据和供电营业所相一致

附录八　电费管理中心
出纳工作规范

1. 岗位职责

（1）负责电费管理中心出纳的工作。

（2）负责审核、接收、登记、保管营业部门转来的银行承兑汇票，并定期上交公司财务部。

（3）负责电费资金的安全和完整。

（4）负责编制银行存款余额调节表。

（5）负责保管电费专户银行印鉴。

（6）负责向银行传输代收电费数据。

（7）负责完成领导交办的其他工作。

2. 工作权限

（1）有权退回不符合要求的银行承兑汇票。

（2）发生客户电费账款未达时，有权要求对账员及时催收，在规定的期限内未能收回的作相应处理。

3. 组织结构图

组织结构图如图 F8-1 所示。

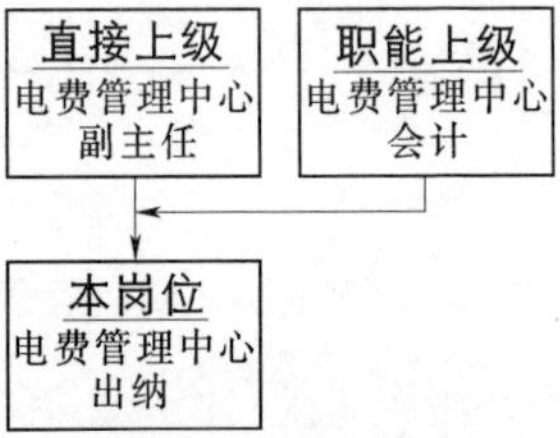

4. 岗位技能

（1）熟悉会计学原理，掌握财会专业基础知识。

（2）熟悉电力营销管理知识并能熟练操作营销管理信息系统。

（3）具有一定经济分析能力和文字表达能力。

直接上级 电费管理中心 副主任	职能上级 电费管理中心 会计

本岗位 电费管理中心 出纳	

图 F8-1　电费管理中心
出纳岗位组织结构

5. 工作内容及要求

（1）按规定建立银行存款明细账及银行承兑汇票台账，保管好各类有价证券及银行印鉴。

（2）负责查询、提供电费资金到账信息，保管收取有关凭证。

（3）对营业单位上交的银行承兑汇票进行审核后，及时登记应收票据台账，并上交省公司财务部。

（4）不定期查询、核对银行实际到账情况，确保电费资金的安全与完整。

（5）将复核确认的银行收款回执、银行票据以及相关报表交中心会计。

（6）定期取得银行对账单，按月编制银行存款余额调节表，记录当月每一笔未达账情况，同一笔未达账的未达时间不能超过1个月。

6. 与其他岗位的配合工作

（1）配合对账员查询汇款电费的到账情况以及对银行未达账的跟踪管理。

（2）出纳在处理业务时，其他岗位应予以配合。

7. 检查与考核

（1）本岗位的工作由直接上级和职能上级按月检查与考核。

（2）考核内容：本规范规定的责任、工作权限、工作内容及要求部分，见表F8-1。

（3）考核依据：上级单位或部门以及本单位制定的各项规章制度和考核办法。

（4）考核方法：分别由本岗位的直接上级、职能上级、被考核者填写本岗位的考核表。

（5）考核结果可与当月、季度或全年的工资、奖励挂钩兑现。

表 F8-1　　　　电费管理中心对账员工作业绩考核内容及工作要求

序号	考核内容	工作要求
1	票据管理	有票据领用记录、台账，有票据使用情况统计报表
2	应收账款管理	按时统计应收日报、汇总日报，并及时传递和装订
3	账务核对	按时和银行核对实收数，跟踪银行未达账
4	信息反馈	及时向上级部门反馈实收和欠费信息

附录九　电费管理中心对账员工作规范

1. 岗位职责

（1）负责公司实收电费的统计、核对工作，跟踪考核基层供电营业所账务日终业务。

（2）负责营业单位上交的银行收款回执和商业票据的签收、核对和移交工作；负责对上交的银行收款回执与营销管理信息系统对应客户的销账金额进行核对。

（3）负责营销管理信息系统登记的银行进账单与实际银行到账情况的对账工作，负责未达账的跟踪管理工作，负责银行实时代收电费的对账工作。

（4）负责欠费数据、实收数据的汇总、核对。

（5）负责向银行发放电费发票，回收已打印发票的存根。

（6）负责向银行传输代收电费数据。

（7）负责银行代收电费账务各类业务凭证的制作、装订和传递。

（8）负责保管各类收费票据。

（9）负责填制并上报银行代收电费账务管理的相关报表。

（10）负责完成上级交办的其他工作。

2. 工作权限

（1）有权对银行返回的有错误的数据及银行收款回单作退回处理。

（2）有权对电力未达账情况进行跟踪处理。

3. 组织结构图

组织结构图如图 F9-1 所示。

4. 岗位技能

（1）熟悉会计学原理，掌握财会专业基础知识。

（2）熟悉电力营销管理知识并能熟练操作营销管理信息系统。

（3）具有一定经济分析能力和文字表达能力。

（4）掌握财务电算化基本知识。

5. 工作内容及要求

（1）定期向各代收电费的银行发放各类票据。根据有关票据的管理办法对票据的领用和回收进行登记、管理，并按规定统计和上报票据使用情况报表。

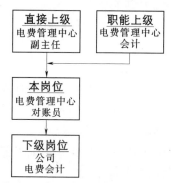

图 F9-1 电费管理中心对账员岗位组织结构

（2）定期向银行传输代收电费数据、接收银行返回的实收数据并核对。

（3）对银行实时代收数据进行对账，核对银行到账资金与系统销账金额是否一致，审核实时代收费的移动收款回执，完成营销系统内的账务处理工作。

（4）负责收集审核营业单位上交的数据资料，确保系统销账金额与银行进账单金额的一致性。

（5）将复核确认的银行收款回执、银行票据以及相关报表交中心会计。

（6）负责营销管理信息系统中登记的进账单与银行实际到账明细的对账工作，查明对银行未达账原因并通知该电费责任单位，负责跟踪管理，确保电费资金的实际到账和系统销账数据的正确性。

（7）对隔日退费工作单进行核查，对各营业单位进账单纠错工作进行审核，并报主任审批，并报主任审批。

（8）负责汇款电费到账查询销账的审核工作。

（9）完成领导交办的其他工作。

6. 与其他岗位的配合工作

（1）发生客户电费款未账或银行存款不足时，及时通知供电营业所进行催收。

（2）对客户的汇款电费，及时通知电费管理中心出纳进行到账查询。

7. 检查与考核

（1）本岗位的工作由直接上级和职能上级按月检查与考核。

（2）考核内容：本规范规定的责任、工作权限、工作内容及要求部分，见表 F9 - 1。

（3）考核依据：上级单位或部门以及本单位制定的各项规章制度和考核办法。

（4）考核方法：分别由本岗位的直接上级、职能上级、被考核者填写本岗位的考核表。

（5）考核结果可与当月、季度或全年的工资、奖励挂钩兑现。

表 F9 - 1　　　　　电费管理中心对账员工作业绩考核内容及工作要求

序号	考核内容	工作要求
1	票据管理	有票据领用记录、台账，有票据使用情况统计报表
2	应收账款管理	按时统计应收日报、汇总日报，并及时传递和装订
3	账务核对	按时和银行核对实收数，跟踪银行未达账
4	信息反馈	及时向上级部门反馈实收和欠费信息

附录十　电力客户服务中心信息系统管理员工作规范

1. 岗位职责

（1）贯彻执行《中华人民共和国电力法》、《电力供应与使用条例》、《供电营业规则》以及用电营业管理的各项规章与制度。

（2）负责参与实施营销业务应用系统建设项目工程。

（3）负责参与营销业务应用系统消缺和完善、新功能需求的评审和设计、应用软件的升级方案的制订和评审，以及开发、测试、验收、新版软件的发布等工作。

（4）负责对系统数据定期备份；负责营销业务应用系统的应用管理、运行维护、故障处理工作。

（5）负责营销业务应用系统管理制度、规范的制定，并贯彻执行。

（6）负责建立系统运行维护日志记录，并将记录存档，定期组织相关单位和人员开展对系统运行情况的分析总结，积累系统运行维护及故障处理经验，提出系统建设及升级完善的建议及合理方案。

（7）负责应用系统故障、异常情况下的系统恢复的即时启用工作。

（8）按照上级业务应用系统应急预案的预演工作计划，协同开展应急预案的预演工作。

（9）负责与相关部门、业务合作方的协调、沟通工作。

（10）负责完成领导交办的其他工作。

2. 工作权限

（1）有权合理安排营销业务应用系统的工作。

（2）有权向上级反映问题，提出加强管理、提高工作质量和效率的意见和建议。

（3）对上级授权的工作有相应的处置权。

3. 组织结构图

组织结构图如图 F10 - 1 所示。

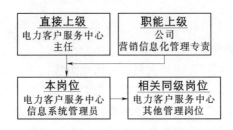

图 F10 - 1 电力客户服务中心信息系统管理员岗位组织结构图

4. 岗位技能

（1）具有一定的政策和理论水平，较强的组织协调能力。

（2）具有较强的计算机专业技能。

（3）熟知与电力生产、经营管理有关的法律法规。

（4）熟悉《中华人民共和国电力法》、《中华人民共和国合同法》、《电力供应与使用条例》等相关法律、法规。

（5）熟悉电力市场营销的有关知识。

5. 工作内容及要求

（1）组织营销业务应用系统的应用工作。

（2）负责营销业务应用系统运行维护。

（3）负责营销业务应用系统的故障处理的管理与协调工作。

（4）根据业务变化，收集、汇总系统功能需求，协调相关部门进行处理。

（5）编制客户服务中心营销业务应用系统的运行维护计划，对计划落实情况进行考核。

（6）负责客户服务中心营销业务应用系统的现场安全管理工作。

（7）按时完成上级下达的其他各项工作任务。

6. 与其他岗位的配合工作

（1）配合科技信息部做好营销业务应用系统中的相关管理工作。

（2）配合调度通信中心做好营销业务应用系统中的相关管理工作。

（3）配合银行（代收合作方）做好客户缴费系统的相关管理工作。

7. 检查与考核

（1）本岗位的工作由直接上级和职能上级按月检查与考核。

（2）考核内容：本规范规定的责任、工作权限、工作内容及要求部分，见表 F10-1。

（3）考核依据：上级单位或部门以及本单位制定的各项规章制度和考核办法。

（4）考核办法：分别由本岗位的直接上级，职能上级、被考核者填写本岗位的考核表。

（5）考核结果可与当月、季度或全年的工资、奖励挂钩兑现。

表 F10-1　　　　电力客户服务中心信息系统管理员
工作业绩考核内容及工作要求

序号	考 核 内 容	工作要求
1	故障处理时限达标情况	故障处理及时率≥98％
2	维护计划落实情况	维护计划实施率≥98％
3	系统实用化评价情况	达到实用化评价办法的要求
4	杜绝运行责任事故、现场安全事故	发生率为0
5	上级下达的各项其他工作任务完成情况	其他工作任务完成率≥99％

附录十一　网络管理员工作规范

1. 岗位职责

（1）根据抄表中心输入的抄表数据，计算电费，编制计量箱、分盘对照表，并计算加差，将结果输入网络系统。

（2）将发现的问题进行及时处理，处理完毕后负责生成应注意的事项。

（3）负责维护公司网络系统的安全，满足客户网上安全缴费。

2. 工作权限

（1）有权对公司网络升级为域管理网络。

（2）有权对袭击网络的病毒或者出现的事故等采取措施，从而维护公司的网络安全。

（3）有权对计算机完成的各项工作质量进行检查并提出考核意见。

3. 组织结构图

组织结构图如图 F11 - 1 所示。

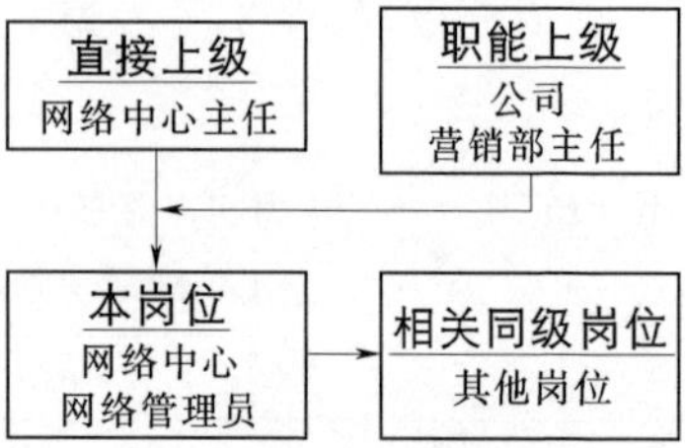

图 F11 - 1　网络管理员岗位组织结构图

4. 岗位技能

（1）具有一定的文字与语言表达能力、计算机操作能力、组织与沟通协调能力、较强的执行力和学习能力。

（2）掌握公文处理软件、办公自动化系统和用电 MIS 等系统的使用。

（3）熟悉营销部电费电价管理、销售等方面的情况，具有全面系统的业务知识。

（4）坚持原则，正确贯彻执行国家电费电价等有关规定、法规等照章办事，一丝不苟。

（5）在网络操作系统、网络数据库、网络设备、网络管理、网络安全、应用开发等六个方面具备扎实的理论知识和应用技能。

（6）具有较强的语言表达能力和沟通能力，具备服务意识。

5．工作内容及要求

（1）基础设施管理。

1）确保网络通信传输畅通。

2）掌握主干设备的配置情况及配置参数变更情况，备份各个设备的配置文件。

3）对运行关键业务网络的主干设备配备相应的备份设备，并配置为热后备设备。

4）负责网络布线配线架的管理，确保配线的合理有序。

5）掌握客户端设备接入网络的情况，以便发现问题时可迅速定位。

6）采取技术措施，对网络内经常出现的客户需要变更位置和部门的情况进行管理。

7）掌握与外部网络的连接配置，监督网络通信状况，发现问题后与有关机构及时联系。

8）实时监控整个局域网的运转和网络通信流量情况。

9）制定、发布网络基础设施使用管理办法并监督执行情况。

（2）操作系统管理。

1）在网络操作系统配置完成并投入正常运行后，为了确保网络操作系统工作正常，网络管理员首先应该能够熟练地利用系统提供的各种管理工具软件，实时监督系统的运转情况，及时发现故障征兆并进行处理。

2）在网络运行过程中，网络管理员应随时掌握网络系统配置情况及配置参数变更情况，对配置参数进行备份。网络管理员还应该做到随着系统环境的变化、业务发展需要和客户需求，动态调整系统配置参数，优化系统性能。

3) 网络管理员应为关键的网络操作系统服务器建立热备份系统，做好防灾准备。

（3）应用系统管理。

1) 确保各种网络应用服务运行的不间断性和工作性能的良好性，出现故障时应将故障造成的损失和影响控制在最小范围内。

2) 对于要求不可中断的关键型网络应用系统，除了在软件手段上要掌握、备份系统参数和定期备份系统业务数据外，必要时在硬件手段上还要建立和配置系统的热备份。

3) 对于客户访问频率高、系统负荷的网络应用服务，必要时网络管理员还应该采取分担的技术措施。

（4）安全保密管理。

1) 安全与保密是一个问题的两个方面，安全主要指防止外部对网络的攻击和入侵，保密主要指防止网络内部信息的泄漏。

2) 对于普通级别的网络，网络管理员的任务主要是配置管理好系统防火墙。为了能够及时发现和阻止网络黑客的攻击，可以加配入侵检测系统对关键服务提供安全保护。

3) 对于安全保密级别要求高的网络，网络管理员除了应该采取上述措施外，还应该配备网络安全漏洞扫描系统，并对关键的网络服务器采取容灾的技术手段。

4) 更严格的涉密计算机网络，还要求在物理上与外部公共计算机网络绝对隔离，对安置涉密网络计算机和网络主干设备的房间要采取安全措施，管理和控制人员的进出，对涉密网络客户的工作情况要进行全面的管理和监控。

（5）信息存储备份管理。

1) 采取一切可能的技术手段和管理措施，保护网络中的信息安全。

2) 对于实时工作级别要求不高的系统和数据，最低限度网络管理员也应该进行定期手工操作备份。

　　3）对于关键业务服务系统和实时性要求高的数据和信息，网络管理员应该建立存储备份系统，进行集中式的备份管理。

　　4）最后将备份数据随时保存在安全地点更是非常重要。

6. 与其他岗位的配合工作

与其他岗位人员配合回收电费。

7. 检查与考核

（1）本岗位的工作由直接上级和职能上级按月检查与考核。

（2）考核内容：本规范规定的责任、工作权限、工作内容及要求部分，见表 F11-1。

（3）考核依据：上级单位或部门以及本单位制定的各项规章制度和考核办法。

（4）考核方法：分别由本岗位的直接上级、职能上级、被考核者填写本岗位的考核表。

（5）考核结果可与当月、季度或全年的工资、奖励挂钩兑现。

表 F11-1　　网络管理员工作业绩考核内容及工作要求

序号	考核内容	工作要求
1	维护网络客户安全缴费	成功维护
2	维护公司网络安全系统	及时维护公司网络安全

附录十二　县供电企业实时交费系统管理员工作规范

1. 岗位职责

（1）负责组织、指导和监督各单位开展实时交费终端系统的应用业务。

（2）负责组织、指导和监督各单位开展实时交费终端设备的管理工作。

（3）负责建立系统运行维护日志记录，并将记录存档，定期组织相关单位和人员开展对系统运行情况的分析总结，积累系统运行维护及故障处理经验，提出系统建设及升级完善的建议及合理方案。

（4）负责应用系统故障、异常情况下的系统恢复的即时启用工作。

（5）按照上级业务应用系统应急预案的预演工作计划，协同开展应急预案的预演工作。

2. 工作权限

（1）有权管理供电公司实时交费终端系统的应用业务。

（2）有权处理应用系统故障、异常情况下的系统恢复的即时启用工作。

3. 组织结构图

组织结构图如图 F12-1 所示。

4. 岗位技能

（1）具有一定的政策和理论水平，较强的组织协调能力。

（2）具有较强的计算机专业技能。

（3）熟知与电力生产、经营管理有关的法律法规。

（4）熟悉《中华人民共和国电力法》、《中华人民共和国合同

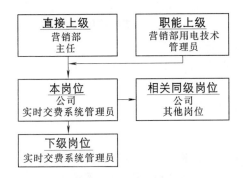

图 F12-1　县供电企业实时交费系统管理员岗位组织结构图

法》、《电力供应与使用条例》等相关法律、法规。

（5）熟悉电力市场营销的有关知识。

5. 工作内容及要求

（1）组织实时交费系统终端业务界面的设计，及时更新版面信息；组织自助服务终端扣收电费的账务核对工作，协调公司、银行、银联、系统开发商，解决账务差异问题。

（2）组织开展实时交费终端系统的运行维护工作，确保各应用服务系统稳定运行、保障数据安全和通信网络畅通。

（3）实时交费终端系统出现故障时，可通过电话方式指导实时交费系统管理员自行解决故障，若无法通过电话解决，应及时到现场处理，无法在现场处理的故障信息设备，要带回信息服务点维修。

（4）按时完成上级下达的其他各项工作任务。

6. 与其他岗位的配合工作

（1）实时交费系统出现故障时，与实时交费系统管理员协作排除故障。

（2）与相关岗位配合做好电费回收工作。

7. 检查与考核

（1）本岗位的工作由直接上级和职能上级按月检查与考核。

（2）考核内容：本规范规定的职责、工作权限、工作内容及要求部分，见表 F12-1。

（3）考核依据：上级单位或部门以及本单位制定的各项规章制度和考核办法。

（4）考核方法：分别由本岗位的直接上级、职能上级、被考核者填写本岗位的考核表。

（5）考核结果可与当月、季度或全年的工资、奖励挂钩兑现。

表 F12-1　　　　县供电企业实时交费系统管理员工作业绩
考核内容及工作要求

序号	考核内容	工作要求
1	更新版面信息	及时
2	扣收电费的账务核对工作	按时统计应收日报、汇总日报，并及时核对
3	实时交费终端系统运行	故障率≤5％
4	处理异常情况	及时准确

附录十三　实时交费系统管理员工作规范

1. 岗位职责

（1）贯彻执行《中华人民共和国电力法》、《电力供应与使用条例》、《供电营业规则》以及用电营业管理的各项规章与制度。

（2）负责保管实时交费系统终端设备，确保终端设备的完整及正常使用。

（3）加强宣传引导，让更多的客户了解并使用这种新型的缴费方式。

2. 工作权限

（1）有权根据应用情况做好本单位的实时交费终端设备的使用及改造需求申请。

（2）有权结合各基层单位的应用情况提出系统功能完善方案，并跟进系统功能升级改造进度。

3. 组织结构图

组织结构图如图 F13-1 所示。

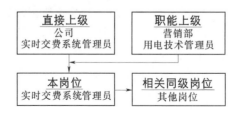

图 F13-1　实时交费系统管理员岗位组织结构图

4. 岗位技能

（1）具有一定的政策和理论水平，较强的组织、协调、交际能力。

（2）具有较强的计算机专业技能。

（3）熟知与电力生产、经营管理有关的法律法规。

（4）熟悉《中华人民共和国电力法》、《中华人民共和国合同法》、《电力供应与使用条例》等相关法律、法规。

（5）熟悉电力市场营销的有关知识。

5. 工作内容及要求

（1）及时将实时交费终端系统发现的问题和功能完善需求向公司营销部反映，营销部结合各基层单位的应用情况提出系统功能完善方案，并跟进系统功能升级改造进度。

（2）编制客户服务中心营销业务应用系统的运行维护计划，对计划落实情况进行考核。

（3）负责客户服务中心营销业务应用系统的现场安全管理工作。

（4）按时完成上级下达的其他各项工作任务。

6. 与其他岗位的配合工作

（1）与供电营业所其他人员配合进行非金融机构代收的宣传引导，让更多的客户了解并使用这种新型的缴费方式。

（2）实时交费系统出现故障时，与县供电企业实时交费系统管理员协作排除故障。

7. 检查与考核

（1）本岗位的工作由直接上级和职能上级按月检查与考核。

（2）考核内容：本规范规定的职责、工作权限、工作内容及要求部分，见表F13-1。

（3）考核依据：上级单位或部门以及本单位制定的各项规章制度和考核办法。

（4）考核方法：分别由本岗位的直接上级、职能上级、被考核者填写本岗位的考核表。

（5）考核结果可与当月、季度或全年的工资、奖励挂钩兑现。

表 F13-1   实时交费系统管理员工作业绩考核内容及工作要求

序号	考核内容	工作要求
1	扣收电费的账务核对工作	按时统计应收日报、汇总日报，并及时核对
2	实时交费终端系统运行	故障率≤5%
3	处理异常情况	及时准确

附录十四　营销部用电技术管理员工作规范

1. 岗位职责

（1）负责实时交费系统、电费管理系统的建设、开发与日常维护，并处理异常情况。

（2）负责在部门主任的直接领导下，主管营销技术，并组织部门开展创一流、QC 活动及同业对标工作。

（3）负责制定营销技术管理制度，并拟定有关技术协议。

2. 工作权限

（1）有权对影响营销支持系统安全运行的一切行为或现象进行制止。

（2）有权要求本部门及供电所相关人员及时报送营销技术资料档案。

3. 组织结构图

组织结构图如图 F14-1 所示。

4. 岗位技能

（1）具有一定的文字与语言表达能力、计算机操作能力、组织与沟通协调能力、较强的执行力和学习能力。

（2）掌握公文处理软件、办公自动化系统、数字化营销系统和生产 MIS 等系统的使用。

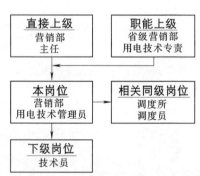

图 F14-1　营销部用电技术管理员岗位组织结构图

（3）熟悉并严格遵守国家和上级制定的法规、规范、规程及计量工作方针、政策。

（4）具备较丰富的营销管理知识；熟悉计算机数据的维护管理、熟练掌握网络信息查询能力。

5. 工作内容及要求

（1）根据《用电管理信息系统技术规范》有关规定，结合公司营销管理现状，制定营销技术管理规章制度和有关技术协议。（非金融机构实时联网方式）

（2）根据《用电管理信息系统技术规范》有关规定，结合公司营销管理现状，制定营销技术管理规章制度和有关技术协议，不断完善电费卡管理技术，形成完整的电费卡管理体系和运行监督体系，确保电费账户充值后的欠费记录及时消除。（电费卡方式）

（3）根据《用电管理信息系统技术规范》有关规定，结合公司营销管理现状，制定营销技术管理规章制度和有关技术协议，不断完善 POS 机管理技术，形成完整的 POS 机管理体系和运行监督体系，确保 POS 机技术系统的稳定性和安全性。（POS 机方式）

（4）根据自助缴费系统营销技术发展规划，向软件开发商提出软件开发技术要求，组织开发自助缴费系统营销技术支持系统。（自助缴费系统方式）

（5）配合招标办对营销技术系统建设进行招标。

（6）根据营销技术发展规划，向软件开发商提出软件开发技术要求，组织开发营销技术支持系统。

（7）依据同业对标管理规范，每年 3 月份组织供电服务专业现状分析、4 月份组织供电服务专业标杆选定、5 月份组织供电服务专业对标比较、6 月份组织供电服务专业最佳实践、12 月份组织供电服务专业进行改进评价。（电费卡方式、自助缴费系统、POS 机）

（8）对营销管理员核实的电费卡系统异常情况进行处理。（电费卡方式）

（9）对不适用的营销技术支持系统提出修改建议，组织进行系统升级改造，并监督、评价软件应用效果，尤其要注意提高自助缴费系统识别假币的功能，将因接收假币给供电公司带来的经济损失降低到最低限度。（自助缴费系统方式）

（10）对营销管理员核实的自助缴费系统异常情况进行处理。（自助缴费系统方式）

（11）对营销管理员核实的 POS 机系统异常情况进行处理。（POS 机方式）

6. 与其他岗位的配合工作

当实时交费系统出现异常情况时与营销管理员配合进行异常处理。

7. 检查与考核

（1）本岗位的工作由直接上级和职能上级按月检查与考核。

（2）考核内容：本规范规定的责任、工作权限、工作内容及要求部分，见表 F14-1。

（3）考核依据：上级单位或部门以及本单位制定的各项规章制度和考核办法。

（4）考核方法：分别由本岗位的直接上级、职能上级、被考核者填写本岗位的考核表。

（5）考核结果可与当月、季度或全年的工资、奖励挂钩兑现。

表 F14-1　　营销部用电技术管理员工作业绩考核内容及工作要求

序号	考核内容	工作要求
1	营销系统稳定率	故障率在可接受范围之内
2	QC 小组注册登记及时率	及时
3	QC 成果申报及时率	及时
4	电子档案录入及时率	按时准确
5	同业对标先进率	在市公司范围内排名为前 80%

附录十五　预付费协议管理专责工作规范

1. 岗位职责

（1）贯彻执行《中华人民共和国电力法》、《电力供应与使用条例》、《供电营业规则》以及用电营业管理的各项规章与制度。

（2）负责责任范围内预付费协议初稿的起草、修改和会签组织工作。

（3）负责责任范围内预付费协议文本（含副本）管理工作。

（4）负责责任范围内预付费协议续签、变更、解除等业务管理工作。

（5）负责对本营业范围内预付费协议履行情况的督促、检查与考核。

（6）负责完成领导交办的其他工作。

2. 工作权限

（1）协助预付费协议签约人处理和协调预付费协议签约过程中双方有争议问题。

（2）协助预付费协议签约人处理和协调预付费协议履行中发生的法律纠纷。

3. 组织结构图

组织结构图如图 F15-1 所示。

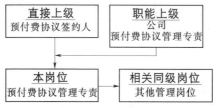

图 F15-1　预付费协议管理专责岗位组织结构图

4. 岗位技能

（1）具有一定的政策和理论水平，较强的组织协调能力。

（2）熟知与电力生产、经营管理有关的法律法规。

（3）熟悉《中华人民共和国电力法》、《中华人民共和国合同法》、《电力供应与使用条例》等相关法律、法规。

（4）熟悉电力市场营销的有关知识。

5. 工作内容及要求

（1）起草责任范围内的预付费协议文本初稿。

（2）组织有关部门（岗位）对预付费协议进行会签。

（3）对责任范围内的预付费协议文本进行归档。

（4）接收上级管理部门传来的协议副本。

（5）督促用电客户履行预付费协议。

（6）填写预付费协议管理台账和报表。

6. 与其他岗位的配合工作

（1）根据预付费协议会签情况，与上级法律顾问等相互配合，提高协议质量。

（2）与其他相关岗位配合处理协议纠纷。

（3）发现预付费协议签订和履行中的重大问题，及时向有关部门汇报。

（4）将协议内容及管理信息提供给营业及其他岗位。

7. 检查与考核

（1）本岗位的工作由直接上级和职能上级按月检查与考核。

（2）考核内容：本规范规定的责任、工作权限、工作内容及要求部分，见表 F15-1。

（3）考核依据：上级单位或部门以及本单位制定的各项规章制度和考核办法。

（4）考核办法：分别由本岗位的直接上级、职能上级、被考核者填写本岗位的考核表。

（5）考核结果可与当月、季度或全年的工资、奖励挂钩兑现。

表 F15 - 1　　预付费协议管理专责工作业绩考核内容及工作要求

序号	考核内容	工作要求
1	预付费协议修签率	修签率100%
2	预付费协议修签质量	修签内容正确
3	填报预付费协议管理台账报表	准确、及时

附录十六　营销部客户服务班
班长工作规范

1. 岗位职责

（1）贯彻执行《中华人民共和国电力法》、《电力供应与使用条例》、《供用电营业规则》等法规政策。

（2）在营销部主任的领导下，负责客户服务班的日常管理工作。

（3）协助营销部主任做好优质服务的管理工作。

（4）负责客户工程的现场勘查、业扩流程传递工作，组织客户工程竣工后的验收工作。

（5）参与用电 MIS 的日常维护、更新、业务拓展工作。

（6）协助主任做好业扩工程各部门之间的协调工作。

（7）协助各供电所做好低压业扩工作。

（8）完成上级领导下达的其他工作。

2. 工作权限

（1）有权对客户的业扩申请内容进行审查，并核对现场情况，供电方案按照有关规定决定是否办理。

（2）有权监督业扩各流程的办理时间是否超时限。

（3）有权对业扩工程各环节中不符合规定的地方提出考核。

（4）有权协调与工程有关的各部门之间的工作，搞好电力优质服务。

3. 组织结构图

组织结构图如图 F16－1 所示。

4. 岗位技能

（1）熟悉国家、上级单位及公司有关的法律、法规、政策、规范及规定。

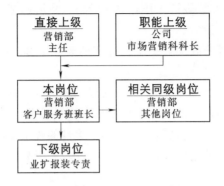

图 F16-1　营销部客户服务班班长岗位组织结构图

（2）熟悉电力系统各专业基本管理流程和相关专业基础知识。

（3）熟悉电费、电价工作方针、政策、制度、方法。

（4）具有一定的文字表达能力，具有较系统的电气专业知识，具有相对独立的工作能力。

（5）掌握各种技术规范及电气设备运行规程。

（6）掌握各种配电设计规范及电气设备验收规范。

（7）熟悉本公司电网结构，熟悉高、低压配电线路的地理结构及负荷情况。

5. 工作内容与要求

（1）做好业扩管理工作。

1）按照《业扩报装管理规范》要求，全面负责高压新装、增容用电业务，优化业扩流程，提高业扩工作效率。

2）受理新装、增容用电申请，核对客户提供的文件和资料是否符合受理报装的要求，协助客户按照不同用电需求填写"用电登记表"。

3）根据电力客户高压业扩报装情况，拟定现场勘察计划，参加报装容量 800kVA 及以上新装、增容用电申请的现场勘察，并负责组织供电方案的审核、审批工作。

4）协助客户办理业扩工程设计的委托手续，并监督、协调承办单位及时完成设计工作，并负责组织、协调客户配电工程设计文件的审核工作。

5）协助客户办理业扩工程施工的委托手续，并监督、协调承办单位及时完成施工工作。

6）参加对隐蔽工程的中间检查及施工质量抽检。

7）组织协调各部门对客户配电工程的验收工作，参加报装容量 800kVA 及以上新装、增容用电申请的竣工验收。

8）对送电的用电客户进行回访，及时了解掌握业扩工程中的不足和缺陷。

（2）全面落实供用电合同签订工作。

1）负责供电容量 2000kVA 以下客户的供用电合同的审核工作。

2）负责组织特殊情况客户、专线客户、双电源客户、供电容量 2000kVA 及以上客户的供用电合同会审工作。

3）负责供用电合同签订计划的制订工作。

4）对高低压供用电合同版本的变更，及时确定适合公司使用的合同版本。

5）规范合同管理，供用电合同签订率 100%。

6. 与其他岗位的配合工作

配合职能部门考核下级单位的客户服务质量水平、业扩管理工作。

7. 检查与考核

（1）本岗位的工作由直接上级和职能上级按月检查与考核。

（2）考核内容：本规范规定的责任、工作权限、工作内容及要求部分，见表 F16-1。

（3）考核依据：上级单位或部门以及本单位制定的各项规章制度和考核办法。

（4）考核方法：分别由本岗位的直接上级、职能上级、被考核者填写本岗位的考核表。

（5）考核结果可与当月、季度或全年的工资、奖励挂钩兑现。

表 F16 - 1　　营销部客户服务班班长工作业绩考核内容及工作要求

序号	考核内容	工作要求
1	业扩管理工作	严格遵守业扩管理"四个办法",严格遵守供电服务"十项承诺"
2	供用电合同签订工作	供用电合同率 100%

附录十七　营销管理专责工作规范

1. 岗位职责

（1）在主任的领导下，负责本所辖区内农村低压电网营销及线损管理工作。

（2）负责国家电价政策在农村低压电网的贯彻执行，并负责电费电价的咨询解答工作。

（3）负责组织农电工按规定时间和路线进行抄表和收费。

（4）负责本所农村低压电网的业扩报装和用电变更工作，严格按照业扩报装流程和服务承诺，为客户办理相关手续。

（5）负责指导、监督检查电工组的计量管理工作，建立完善计量装置台账，组织计量检查和轮换工作。

（6）定期开展营业普查和"三公开"、"四到户"、"五统一"的执行。

（7）定期开展辖区内农村低压电网理论线损计算。

（8）编制辖区内 10kV 及农村低压电网线损指标分解方案，制定落实降损措施，并严格考核到人。

（9）协助主任定期召开经济分析会，并提供各种分析资料。

（10）按时、准确填报各种农电营销统计报表。

（11）负责完成本所农电营销各项考核指标，及时反映和汇报工作中出现的问题，并提出改进意见。

（12）完成主任交办其他工作。

2. 工作权限

（1）有权检查电工（组）营业工作质量，并提出奖惩考核意见。

（2）有权提出线损管理整改意见和降损措施并督促落实。

（3）有权决定和处理职责范围内的日常工作。

3. 组织结构图

组织结构图如图 F17-1 所示。

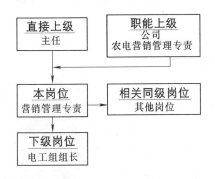

图 F17-1 营销管理专责岗位组织结构图

4. 岗位技能

（1）熟悉《中华人民共和国电力法》、《电力营销电力供应与使用条例》、《供电营业规则》以及相关的政策、文件。

（2）熟悉线损管理、计量管理及营销抄、核、收业务。

5. 工作内容与要求

（1）按时保质完成上级下达的农村低压电网营销经济指标。

（2）负责农村低压电网营销抄、核、收业务和低压供用电合同的管理。

（3）组织开展农村低压电网线损理论计算。

（4）科学分解下达农村低压电网营销计划指标。

（5）贯彻落实上级有关降损工作措施，并对农村低压电网营销指标完成情况进行奖惩考核。

（6）完成县供电企业农电营销管理专责交办的相关工作。

（7）完成主任交办的其他工作。

6. 与其他岗位的配合工作

（1）协助主任开展相关工作。

（2）配合其他岗位人员开展工作。

7. 检查与考核

（1）本岗位的工作由直接上级和职能上级按月检查与考核。

（2）考核内容：本规范规定的责任、工作权限、工作内容及要求部分，见表 F17－1。

（3）考核依据：上级单位或部门以及本单位制定的各项规章制度和考核办法。

（4）考核方法：分别由本岗位的直接上级、职能上级、被考核者填写本岗位的考核表。

（5）考核结果可与当月、季度或全年的工资、奖励挂钩兑现。

表 F17－1　　　农电营销管理专责工作业绩考核内容及工作要求

序号	考核内容	工作要求
1	农电营销指标	科学分解、严格奖惩
2	理论线损计算	定期开展
3	线损管理	定期开展线损分析，落实降损措施
4	营销管理	按规范管理与考核
5	各类报表	及时、准确上报

附录十八　县供电企业电费卡
制卡员工作规范

1. 岗位职责

（1）认真执行国家和行业及上级颁发的法规、规程、规范及规章制度。

（2）在供电公司电费管理中心主任的领导下，负责电费卡制作的全面工作。

（3）负责电费卡卡号和密码生成规则的保密工作。

（4）保证语音充值系统正常运行，并维护数据库的安全与稳定。

2. 工作权限

（1）对本规范规定的职责和工作内容全面负责。

（2）有权对电费充值系统的运行状况进行不间断地监控。

3. 组织结构图

组织结构图如图 F18-1 所示。

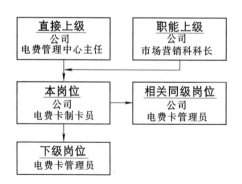

图 F18-1　县供电企业电费卡制卡员岗位组织结构图

4. 岗位技能

（1）计算机水平达到国家计算机二级以上，熟练掌握数据库技术，并能熟练运用计算机进行各项日常工作。

（2）具有较高的政策水平和语言表达能力，较强的组织协调能力。

5. 工作内容及要求

（1）负责生成充值卡密码和卡的序列号，并将该批次制卡审批表提请主管领导批准，审批表一式两份由公司制卡员和电费卡管理员分别留存备查。

（2）制卡员需将制卡文件通过电子邮件的形式传发给制卡厂家进行制卡。

（3）制卡员不得向制卡厂家透露充值卡号和密码的生成规则。

（4）负责电费充值系统管理，不间断地对电费充值系统的运行状况进行监控，及时处理各单位在运行中提出的问题。

（5）维护数据库的安全、稳定，保证语音充值系统正常运行，并将服务器进行加密处理。

（6）对电费卡的质量和数量严格把关，确保每张电费卡都能够有效充值，出现问题应及时与制卡厂家进行协商。

6. 与其他岗位的配合工作

与县供电企业电费卡管理员相互协调，保证成品电费卡的数量、金额、质量等满足要求。

7. 检查与考核

（1）本岗位的工作由直接上级和职能上级按月检查与考核。

（2）考核内容：本规范规定的职责、工作权限、工作内容及要求部分，见表 F18-1。

（3）考核依据：上级单位或部门以及本单位制定的各项规章制度和考核办法。

（4）考核方法：分别由本岗位的直接上级、职能上级、被考核者填写本岗位的考核表。

（5）考核结果可与当月、季度或全年的工资、奖励挂钩兑现。

表 F18-1　县供电企业电费卡制卡员工作业绩考核内容及工作要求

序号	考核内容	工作要求
1	将制卡文件通过电子邮件的形式传发给制卡厂家	及时准确
2	保守充值卡号和密码的生成规则	按规定保守
3	电费卡质量问题	出现率≤5%
4	电费充值系统故障	故障率≤1%

附录十九 县供电企业电费卡 管理员工作规范

1. 岗位职责

（1）贯彻执行国家有关的法律、法规、政策、上级单位及本公司的规范和规定。

（2）按照工作流程开展日常工作，负责电费卡成品的验收、入库、出库等全面工作。

2. 工作权限

（1）对本规范规定的职责和工作内容全面负责。

（2）有权对电费卡管理员的售卡情况进行监督检查。

（3）有权处理电费卡的返卡和废卡业务。

3. 组织结构图

组织结构图如图 F19-1 所示。

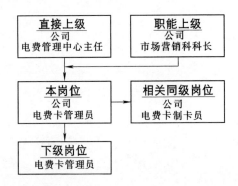

图 F19-1 县供电企业电费卡管理员岗位组织结构图

4. 岗位技能

（1）熟练掌握材料验收、保管的相关知识。

（2）具有较强的语言表达能力、沟通能力和团队合作能力。

（3）熟悉《中华人民共和国电力法》、《供电营业规则》、《充值卡特殊情况的业务处理规定》以及电力营销的相关法规、政策和规定。

5. 工作内容及要求

（1）电费卡管理员负责把公司制成的电费卡进行验收，验收合格后将电费卡进行入库、出库等项目管理。

（2）负责电费卡的返卡和废卡的业务的审批，履行完废卡和退卡业务手续后单据留存。

（3）负责对已入库的电费卡进行管理，按照各供电营业所提出的需求数量对电费卡进行审批签字，并进行具体操作。

（4）电费卡出库前履行相关审批手续，并将电费卡出库单打印，双方签字后留存，经过电费管理中心主任签字审批后，方可执行。

（5）负责对电费卡管理员的售卡情况进行监督检查，及时跟踪电费卡管理员的售卡情况。

6. 与其他岗位的配合工作

与县供电企业电费卡制卡员相互协调，保证成品电费卡的数量、金额、质量等满足要求。

7. 检查与考核

（1）本岗位的工作由直接上级和职能上级按月检查与考核。

（2）考核内容：本规范规定的职责、工作权限、工作内容及要求部分，见表 F19-1。

（3）考核依据：上级单位或部门以及本单位制定的各项规章制度和考核办法。

（4）考核方法：分别由本岗位的直接上级、职能上级、被考核者填写本岗位的考核表。

（5）考核结果可与当月、季度或全年的工资、奖励挂钩兑现。

表 F19 - 1　县供电企业电费卡管理员工作业绩考核内容及工作要求

序号	考核内容	工作要求
1	电费卡管理基本知识	熟悉
2	电费卡出入库	账、卡、单据三相符
3	电费卡出入库信息的录入	及时、准确
4	电费卡损坏率	不允许有损坏情况出现

附录二十　电费卡管理员工作规范

1. 岗位职责

（1）在主任的领导下，在分管市场营销主任的指导下，负责电费卡管理工作。

（2）负责电费卡的验收入库及发放工作。

（3）工作积极负责，严格执行电费卡管理规定，保证电费卡的完整性和安全性。

2. 工作权限

（1）有权退回从县供电企业领取的不合格电费卡。

（2）有权制止电费卡销售人员的随意加价行为。

3. 组织结构图

组织结构图如图 F20－1 所示。

4. 岗位技能

（1）熟悉物资管理的基本知识。

（2）能熟练操作电费卡管理信息系统。

5. 工作内容及要求

（1）负责向县供电企业电费卡管理员提出领卡申请（周一），电费卡的领取必须由卡管理员亲自领取，不准代领。

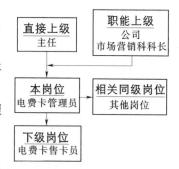

图 F20－1　电费卡管理员
岗位组织结构图

（2）对领回的电费卡重新验收合格后入库，妥善保管已入库的电费卡，不得丢失和损坏。

（3）应做好电费卡的保管工作，严禁随处乱放或他人代保管等，保证电费卡的完整性、安全性，防止丢失，电费卡管理员对电费卡的完整性、安全性负责。

（4）每月结账时电费卡管理员必须与县供电企业卡管理员核对电费卡的领取、售出及剩余情况，对不相符的卡数或金额及时查找原因，以免造成经济损失。

6. 与其他岗位的配合工作

电费卡管理员受理业务时应与县供电企业电费卡管理员及电费卡售卡员相互配合。

7. 检查与考核

（1）本岗位的工作由直接上级和职能上级按月检查与考核。

（2）考核内容：本规范规定的职责、工作权限、工作内容及要求部分，见表 F20-1。

（3）考核依据：上级单位或部门以及本单位制定的各项规章制度和考核办法。

（4）考核方法：分别由本岗位的直接上级、职能上级、被考核者填写本岗位的考核表。

（5）考核结果可与当月、季度或全年的工资、奖励挂钩兑现。

表 F20-1　　　　电费卡管理员工作业绩考核内容及工作要求

序号	考核内容	工作要求
1	电费卡管理基本知识	熟悉
2	电费卡出入库	账、卡、单据三相符
3	电费卡出入库信息的录入	及时、准确
4	电费卡损坏率	不允许有损坏情况出现

附录二十一　电力计量中心电能专责工作规范

1. 岗位职责

（1）在电力计量中心业务科长的直接领导下，负责对电能表、互感器的全面质量管理。

（2）配合技术主管进行电能表、互感器新技术的试点、应用和推广。

（3）负责管理电能计量器具的检定、核准业务。

（4）负责进行电能计量器具的资产管理。

（5）负责完成本业务承担的各项经营指标和工作任务。

（6）积极主动地为上级领导当好参谋，为合理应用电能计量器具提供具有参考价值的报告或建议。

2. 工作权限

（1）协助分管领导搞好资产经营责任制及有关业务各项指标的考核工作。

（2）对检定班组的日常工作进行管理。

（3）有权要求其他相关部门，班组和专责单位提供与电能计量业务有关的资料、报表、分析等材料。

（4）在企业经营和管理工作中，有权对相关班组提出经营指标考核意见。

（5）对检定工作中出现的工作和产品质量问题有权提出意见和建议。

3. 组织结构图

组织结构图如图 F21－1 所示。

4. 岗位技能

（1）熟知电能计量检定业务全过程。

（2）具有较高的政策和理论水平，较强的组织协调能力，事业心强，工作积极、热情且具有一定的开拓创新精神。

（3）熟知与电能计量有关的法律法规。

5. 工作内容及要求

（1）按时对入网电能表、互感器进行选型试验，对新购、检定中、运行中和故障后的电能表、互感器进行及时的全面质量控制、跟踪、分析和评估。

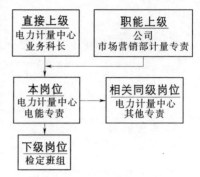

图 F21-1　电力计量中心电能专责岗位组织结构图

（2）对电能计量资产实行电能表、互感器的条形码管理。

（3）对电能表、互感器检定数据、证书进行管理。

（4）对电能表、互感器的检定业务合理安排。

6. 与其他岗位的配合工作

与其他岗位配合做好电费回收工作。

7. 检查与考核

（1）本岗位的工作由直接上级和职能上级按月检查与考核。

（2）考核内容：本规范规定的责任、工作权限、工作内容及要求部分，见表 F21-1。

（3）考核依据：上级单位或部门以及本单位制定的各项规章制度和考核办法。

（4）考核办法：分别由本岗位的直接上级、职能上级、被考核者填写本岗位的考核表。

（5）考核结果可与当月、季度或全年的工资、奖励挂钩兑现。

表 F21 - 1　　电力计量中心电能专责工作业绩考核内容及工作要求

序号	考核内容	工作要求
1	电力计量器具检定、校准管理	合理安排业务、保证检定、校准质量
2	电力计量器具的资产管理	建立台账并维护
3	新技术的推广、应用	提供有价值的报告并组织实施
4	电力计量器具的全过程控制管理	形成统计、分析报告

附录二十二　营销管理员工作规范

1. 岗位职责

（1）负责电费卡款的回收及电费电价的管理工作，供电所电费单据和电费台账的审核、打印及发放工作。

（2）负责选择电费卡代售点及与代售点签订代售协议。

（3）电费卡管理系统出现异常情况时，由营销部电费管理员进行核实。

2. 工作权限

（1）掌握供电所营销管理工作，并对营销管理工作提出建议和意见。

（2）有权检查电费卡营业工作质量，并提出奖惩考核意见。

（3）有权决定和处理职责范围内的日常工作。

3. 组织结构图

组织结构图如图 F22－1 所示。

4. 岗位技能

（1）具有一定的文字与语言表达能力、计算机操作能力、组织与沟通协调能力、较强的执行力和学习能力。

（2）熟悉有关电力营销法律、法规和规章制度。

（3）熟悉电力营销基本业务与技能。

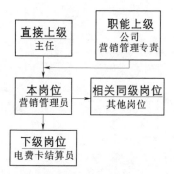

图 F22－1　营销管理员岗位组织结构图

（4）掌握用电管理 MIS 系统、预付费表购电系统和账务管理系统的使用方法。

（5）掌握公文处理软件、办公自动化系统的使用方法。

5．工作内容及要求

（1）负责电网营销抄、核、收业务和低压供用电合同的管理。

（2）严格执行电费卡代售点的选择规范选择代售点，并与之签订统一的电费卡代售协议书，明确违约条款，同时监督代售点的服务管理和资金管理情况。（电费卡方式）

（3）对电费卡管理系统的异常情况进行核实，确有异常情况时应通知营销部用电技术管理员进行处理。（电费卡方式）

（4）完成县供电企业营销管理专责交办的与电费卡有关的其他工作。（电费卡方式）

（5）负责对自助缴费系统收费方式进行宣传，避免因系统闲置而造成的资源和资金浪费。（自助缴费系统方式）

（6）严格按照自助缴费系统代理网点的选择规范选择代理网点，并与之签订统一的自助缴费系统代理协议书，明确违约条款，同时监督代理网点的服务管理和资金管理情况。（自助缴费系统方式）

（7）对自助缴费管理系统的异常情况进行核实，确有异常情况时应通知营销部用电技术管理员进行处理。（自助缴费系统方式）

（8）完成县级供电公司营销管理专责交办的与自助缴费系统有关的其他工作。（自助缴费系统方式）

（9）严格执行 POS 机代办网点的选择规范选择代办网点，并与之签订统一的 POS 机代收协议书，明确违约条款，并负责监管代收人员的服务质量和代收电费资金的安全。（POS 机方式）

（10）对 POS 机管理系统的异常情况进行核实，确有异常情况时应通知营销部用电技术管理员进行处理。（POS 机方式）

（11）完成县供电公司营销管理专责交办的与 POS 机有关的其他工作。（POS 机方式）

6. 与其他岗位的配合工作

（1）协助主任开展相关工作。

（2）配合其他岗位人员开展工作。

7. 检查与考核

（1）本岗位的工作由直接上级和职能上级按月检查与考核。

（2）考核内容：本规范规定的责任、工作权限、工作内容及要求部分，见表 F22-1。

（3）考核依据：上级单位或部门以及本单位制定的各项规章制度和考核办法。

（4）考核方法：分别由本岗位的直接上级、职能上级、被考核者填写本岗位的考核表。

（5）考核结果可与当月、季度或全年的工资、奖励挂钩兑现。

表 F22-1　　　营销管理员工作业绩考核内容及工作要求

序号	考核内容	工作要求
1	营销管理	按规范管理与考核
2	各类报表	及时、准确上报
3	选择电费卡代售点及与代售点签订代售协议	按规定规范执行，资料保管安全、保密
4	核实异常情况	准确及时

附录二十三　电费卡结算员工作规范

1. 岗位职责

（1）按规定开设电费卡款专用账户，负责电费资金的安全。

（2）负责准确提供电费卡款管理的有关信息。

（3）负责保管电费卡款专户银行印鉴和相关账目。

（4）负责完成领导交办的其他临时性工作。

2. 工作权限

（1）有权退回有错误的银行进账回执。

（2）发生电费卡款未到时，有权要求对账员及时落实，并要求将当月售卡张数及售卡金额进行汇总打印。

3. 组织结构图

组织结构图如图 F23－1所示。

4. 岗位技能

（1）掌握财务会计的基本原理和财务处理的基本操作技能。

（2）熟悉电力营销管理知识，并能熟练操作电力营销管理信息系统。

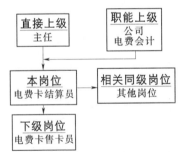

图 F23－1　电费卡结算员岗位组织结构图

（3）掌握财务管理制度规定，熟悉《中华人民共和国电力法》、《供电营业规则》以及电力营销的相关法规、政策和规定。

（4）具有一定的经济分析能力和文字表达能力，并掌握会计电算化的基本知识。

5. 工作内容及要求

（1）电费卡结算员负责将当月供电营业所营业厅和电费卡代

售点所售电费卡款存入公司指定账户的监督与检查工作，尤其要确保电费卡代售点的电费卡代收资金按时、全额转入供电公司指定账户。

（2）要求各供电营业所将当月售卡张数及售卡金额进行汇总打印，与公司财务部进行核对账目，要求履行签字手续。

（3）定期到县供电企业财务部门领取各类票据。根据有关票据的管理办法对本所的票据的领用和回收进行登记、管理，并按规定统计和上报票据使用情况报表。

（4）按时对电费清单、应收日报进行审核并制作有关应收电费凭证转交县供电企业财务管理部门。

（5）每月末对电费应收、实收、欠费数据进行统计并制作应收、实收、欠费月汇总报表和凭证并转交县供电企业电费会计。

（6）每月对营销信息管理系统中生成的各类电费应收、实收、欠费数据与县供电企业电费会计各类账目数据进行核对，做到账账相符。

（7）完成领导交办的其他工作。

6. 与其他岗位的配合工作

（1）每日对电费卡售卡员转来的电费卡发票记账联、银行回单进行审核，审核无误后生成实收日报并制作有关实收电费凭证转交县供电企业电费会计，并办理交接手续。

（2）对跨所收费的数据应该及时向相关电费账务管理人员通报。

7. 检查与考核

（1）本岗位的工作由直接上级和职能上级按月检查与考核。

（2）考核内容：本规范规定的职责、工作权限、工作内容及要求部分，见表 F23 - 1。

（3）考核依据：上级单位或部门以及本单位制定的各项规章制度和考核办法。

（4）考核方法：分别由本岗位的直接上级、职能上级、被考核者填写本岗位的考核表。

（5）考核结果可与当月、季度或全年的工资、奖励挂钩兑现。

表 F23 - 1　　　　电费卡结算员工作业绩考核内容及工作要求

序号	考核内容	工作要求
1	票据管理	有票据领用记录、台账，有票据使用情况统计报表
2	报表管理	按时制作各类报表，并及时装订和传递
3	应收账款管理	按时统计应收日报，汇总日报，并及时传递和装订
4	实收凭证管理	审核实收凭证，并根据审核无误的凭证 制作传递实收日报，做到账证相符
5	账务核对	及时核对有关账目，做到日清月结、账账相符

附录二十四　电费卡售卡员工作规范

1. 岗位职责

（1）严格执行电力营销有关法律、法规、政策、文明服务行为规范和发票管理制度。

（2）负责电费卡的销售及相关销售报表的上报。

（3）负责保管票据、凭证等单据和印鉴。

（4）负责为客户提供电费卡咨询服务。

2. 工作权限

（1）有权退回有错误的银行存款回单。

（2）有权在所属营业厅受理电费卡销售业务。

3. 组织结构图

组织结构图如图 F24-1 所示。

4. 岗位技能

（1）熟悉《中华人民共和国电力法》、《电力供应与使用条例》、《供电营业规则》以及电力营销管理、财务管理工作中的各项法规、政策和有关规定。

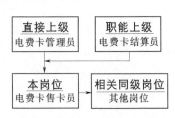

图 F24-1　电费卡售卡员岗位组织结构图

（2）熟悉文明服务行为规范，具备相应的服务技能。

5. 工作内容及要求

（1）负责对营业厅终端充值设备的管理和维护。

（2）必须遵守财务管理制度规定，当日收取的电费卡现金当日全额存入银行，严禁公款私存、挪用、占用，或以其他不正当理由，将卡款存入不指定银行或个人账户。

（3）在售卡过程中，严禁将电费卡转借或委托他人临时代售，如发现电费卡款短缺，应追究电费卡售卡员职责和所长的职责。售卡员售卡时必须按照电费卡的面值进行销售，不得随意加价。

（4）电费卡售卡员在当日电费卡结账前，应核对电费卡的售出情况、现余卡数、金额完全相符后，将电费卡款存入银行，出现差错时应立即向领导汇报。

（5）将整理无误的银行单据、报表、电费卡销售发票记账联交付电费卡结算员审核，并做好相关台账。

6. 与其他岗位的配合工作

（1）配合电费卡结算员进行电费卡账务审核工作。

（2）配合电费卡管理员进行电费卡数量、金额等的统计工作。

7. 检查与考核

（1）本岗位的工作由直接上级和职能上级按月检查与考核。

（2）考核内容：本规范规定的责任、工作权限、工作内容及要求部分，见表 F24－1。

（3）考核依据：上级单位或部门以及本单位制定的各项规章制度和考核办法。

（4）考核方法：分别由本岗位的直接上级、职能上级、被考核者填写本岗位的考核表。

（5）考核结果可与当月、季度或全年的工资、奖励挂钩兑现。

表 F24－1　　　　电费卡售卡员工作业绩考核内容及工作要求

序号	考核内容	工作要求
1	对营业厅终端充值设备的管理和维护	及时全面
2	电费差错	电费差错率≤0.5‰
3	动态是否及时准确	按时限准确完成
4	各类报表质量、及时性	按时准确完成

附录二十五　县供电企业自助缴费系统管理员工作规范

1. 岗位职责

（1）负责组织、指导和监督各单位开展自助缴费终端系统的应用业务。

（2）负责组织、指导和监督各单位开展自助缴费终端设备的管理工作。

（3）负责建立系统运行维护日志记录，并将记录存档，定期组织相关单位和人员开展对系统运行情况的分析总结，积累系统运行维护及故障处理经验，提出系统建设及升级完善的建议及合理方案。

（4）负责应用系统故障、异常情况下的系统恢复的即时启用工作。

（5）按照上级业务应用系统应急预案的预演工作计划，协同开展应急预案的预演工作。

2. 工作权限

（1）有权驳回供电营业所、供电营业厅不符合要求的自助缴费终端设备的使用及改造需求申请。

（2）有权对供电公司自助缴费终端设备和耗材的购置编制计划。

（3）有权处理或制止运行单位发生的自助缴费终端设备被盗或被故意破坏受损情况。

3. 组织结构图

组织结构图如图 F25－1 所示。

4. 岗位技能

（1）具有一定的政策和理论水平，较强的组织协调能力。

（2）具有较强的计算机专业技能。

（3）熟知与电力生产、经营管理有关的法律法规。

（4）熟悉《中华人民共和国电力法》、《中华人民共和国合同法》、《电力供应与使用条例》等相关法律、法规。

（5）熟悉电力市场营销的有关知识。

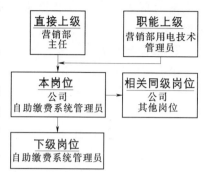

图 F25-1　县供电企业自助缴费系统管理员岗位组织结构图

5. 工作内容及要求

（1）组织自助缴费终端业务界面的设计，及时更新版面信息；组织自助服务终端扣收电费的账务核对工作，协调公司、银行、银联、系统开发商，解决账务差异问题。

（2）组织开展自助缴费终端系统的运行维护工作，确保各应用服务系统稳定运行、保障数据安全和通信网络畅通。

（3）自助缴费终端系统出现故障时，可通过电话方式指导自助缴费系统管理员自行解决故障，若无法通过电话解决，应及时到现场处理，无法在现场处理的故障信息设备，要带回信息服务点维修。送信息服务点维修的自助服务终端设备，如属软件故障的，信息服务点在1～3个工作日内处理完成；如属硬件故障的，并且无法短期解决的，尽量安排备用设备给基层单位作临时使用，待故障设备维修完毕后，基层单位取回已修设备，并退回借用的备用设备。

（4）按时完成上级下达的其他各项工作任务。

6. 与其他岗位的配合工作

（1）自助缴费系统出现故障时，与自助缴费系统管理员协作排除故障。

（2）配合营销部用电技术管理员组织技术攻关，开发自助缴费系统的更多功能，吸引更多客户形成使用自助缴费系统的习惯。

7．检查与考核

（1）本岗位的工作由直接上级和职能上级按月检查与考核。

（2）考核内容：本规范规定的职责、工作权限、工作内容及要求部分，见表 F25-1。

（3）考核依据：上级单位或部门以及本单位制定的各项规章制度和考核办法。

（4）考核方法：分别由本岗位的直接上级、职能上级、被考核者填写本岗位的考核表。

（5）考核结果可与当月、季度或全年的工资、奖励挂钩兑现。

表 F25-1　　　县供电企业自助缴费系统管理员工作
业绩考核内容及工作要求

序号	考核内容	工作要求
1	更新版面信息	及时
2	扣收电费的账务核对工作	按时统计应收日报、汇总日报，并及时核对
3	自助缴费终端系统运行	故障率≤5％
4	处理异常情况	及时准确

附录二十六　自助缴费系统结算员工作规范

1. 岗位职责

（1）按规定开设自助缴费系统专用账户，负责电费资金的安全。

（2）负责准确提供自助缴费系统资金管理的有关信息。

（3）负责保管自助缴费系统资金专户银行印鉴和相关账目。

（4）负责完成领导交办的其他临时性工作。

2. 工作权限

（1）有权退回有错误的银行进账回执。

（2）有权对有错误的电费实收凭证作退单处理。

3. 组织结构图

组织结构图如图 F26－1 所示。

4. 岗位技能

（1）掌握财务会计的基本原理和财务处理的基本操作技能。

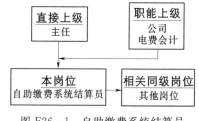

图 F26－1　自助缴费系统结算员
岗位组织结构图

（2）熟悉电力营销管理知识，并能熟练操作电力营销管理信息系统。

（3）掌握财务管理制度规定，熟悉《中华人民共和国电力法》、《供电营业规则》以及电力营销的相关法规、政策和规定。

（4）具有一定的经济分析能力和文字表达能力，并掌握会计电算化的基本知识。

5. 工作内容及要求

（1）自助缴费系统结算员负责将当月营业厅和自助缴费系统

代收点收取的电费存入公司指定账户的监督与检查工作，尤其要确保自助缴费系统代收点的代收资金按时、全额转入供电公司指定账户。

（2）定期到县供电企业财务部门领取各类票据。根据有关票据的管理办法对本所的票据的领用和回收进行登记、管理，并按规定统计和上报票据使用情况报表。

（3）按时对电费清单、应收日报进行审核并制作有关应收电费凭证转交县供电企业财务管理部门。

（4）每月末对电费应收、实收、欠费数据进行统计并制作应收、实收、欠费月汇总报表和凭证并转交县供电企业电费会计。

（5）每月对营销信息管理系统中生成的各类电费应收、实收、欠费数据与县供电企业电费会计各类账目数据进行核对，做到账账相符。

（6）完成领导交办的其他工作。

6. 与其他岗位的配合工作

（1）每日对自助缴费系统的电费发票记账联、银行回单进行审核，审核无误后生成实收日报并制作有关实收电费凭证转交县供电企业电费会计，并办理交接手续。

（2）对跨所收费的数据应该及时向相关电费账务管理人员通报。

7. 检查与考核

（1）本岗位的工作由直接上级和职能上级按月检查与考核。

（2）考核内容：本规范规定的职责、工作权限、工作内容及要求部分，见表 F26－1。

（3）考核依据：上级单位或部门以及本单位制定的各项规章制度和考核办法。

（4）考核方法：分别由本岗位的直接上级、职能上级、被考核者填写本岗位的考核表。

（5）考核结果可与当月、季度或全年的工资、奖励挂钩兑现。

表 F26－1　　自助缴费系统结算员工作业绩考核内容及工作要求

序号	考核内容	工作要求
1	票据管理	有票据领用记录、台账，有票据使用情况统计报表
2	报表管理	按时制作各类报表，并及时装订和传递
3	应收账款管理	按时统计应收日报，汇总日报，并及时传递和装订
4	实收凭证管理	审核实收凭证，并根据审核无误的凭证制作传递实收日报，做到账证相符
5	账务核对	及时核对有关账目，做到日清月结、账账相符

附录二十七　自助缴费系统管理员工作规范

1. 岗位职责

（1）贯彻执行《中华人民共和国电力法》、《电力供应与使用条例》、《供电营业规则》以及用电营业管理的各项规章与制度。

（2）负责保管自主缴费系统终端设备，确保终端设备的完整及正常使用。

（3）加强宣传引导，让更多的客户了解并使用这种新型的缴费方式。

2. 工作权限

（1）有权根据应用情况做好本单位的自助缴费终端设备的使用及改造需求申请。

（2）有权对故意损坏、偷盗自助缴费系统终端的行为进行制止，如果出现自助缴费终端设备被盗或被故意破坏受损情况应及时向有关部门汇报。

（3）有权结合各基层单位的应用情况提出系统功能完善方案，并跟进系统功能升级改造进度。

3. 组织结构图

组织结构图如图 F27－1 所示。

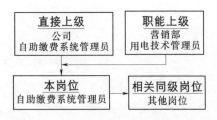

图 F27－1　自助缴费系统管理员岗位组织结构图

4. 岗位技能

（1）具有较强的计算机专业技能。

（2）熟知与电力生产、经营管理有关的法律法规。

（3）熟悉《中华人民共和国电力法》、《中华人民共和国合同法》、《电力供应与使用条例》等相关法律、法规。

（4）熟悉电力市场营销的有关知识。

5. 工作内容及要求

（1）如果要在下一年度申请增加自助缴费终端设备，须在局规定的营销资本性支出项目申报结束期限前，把下年度自助缴费终端设备使用计划申请提交给供电公司营销部。

（2）及时将自助缴费终端系统发现的问题和功能完善需求向公司营销部反映，营销部结合各基层单位的应用情况提出系统功能完善方案，并跟进系统功能升级改造进度。

（3）编制客户服务中心营销业务应用系统的运行维护计划，对计划落实情况进行考核。

（4）负责客户服务中心营销业务应用系统的现场安全管理工作。

（5）按时完成上级下达的其他各项工作任务。

6. 与其他岗位的配合工作

（1）与其他人员配合进行自助缴费系统宣传引导，让更多的客户了解并使用这种新型的缴费方式。

（2）自助缴费系统出现故障时，与县供电企业自助缴费系统管理员协作排除故障。

7. 检查与考核

（1）本岗位的工作由直接上级和职能上级按月检查与考核。

（2）考核内容：本规范规定的职责、工作权限、工作内容及要求部分，见表 F27-1。

（3）考核依据：上级单位或部门以及本单位制定的各项规章制度和考核办法。

（4）考核方法：分别由本岗位的直接上级、职能上级、被考核者填写本岗位的考核表。

（5）考核结果可与当月、季度或全年的工资、奖励挂钩兑现。

表 F27-1　　自助缴费系统管理员工作业绩考核内容及工作要求

序号	考核内容	工作要求
1	申请新增自助缴费终端设备	及时合理
2	扣收电费的账务核对工作	按时统计应收日报、汇总日报，并及时核对
3	自助缴费终端系统运行	故障率≤5%
4	处理异常情况	及时准确

附录二十八　县供电企业 POS 机管理员工作规范

1. 岗位职责

（1）负责组织、指导和监督各单位开展 POS 机缴费的应用业务。

（2）负责组织、指导和监督各单位开展 POS 机缴费业务的管理工作。

（3）负责建立系统运行维护日志记录，并将记录存档，定期组织相关单位和人员开展对系统运行情况的分析总结，积累系统运行维护及故障处理经验，提出系统建设及升级完善的建议及合理方案。

（4）负责应用系统故障、异常情况下的系统恢复的即时启用工作。

（5）按照上级业务应用系统应急预案的预演工作计划，协同开展应急预案的预演工作。

2. 工作权限

（1）有权驳回供电营业所、供电营业厅不符合要求的 POS 机设备的使用及改造需求申请。

（2）有权对供电公司 POS 机终端设备和耗材的购置编制计划。

（3）有权处理或制止运行单位发生的 POS 机终端设备被盗或被故意破坏受损情况。

3. 组织结构图

组织结构图如图 F28-1 所示。

4. 岗位技能

（1）具有一定的政策和理论水平，较强的组织协调能力。

（2）具有较强的计算机专业技能。

（3）熟知与电力生产、经营管理有关的法律法规。

（4）熟悉《中华人民共和国电力法》、《中华人民共和国合同法》、《电力供应与使用条例》等相关法律、法规。

（5）熟悉电力市场营销的有关知识。

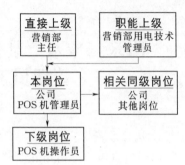

图 F28-1　县供电企业 POS 机管理员岗位组织结构图

5. 工作内容及要求

（1）组织 POS 机服务终端扣收电费的账务核对工作，协调公司、银行、银联、系统开发商，解决账务差异问题。

（2）组织开展 POS 机终端系统的运行维护工作，确保各应用服务系统稳定运行、保障数据安全和通信网络畅通。

（3）POS 机终端系统出现故障时，可通过电话方式指导 POS 机操作员自行解决故障，若无法通过电话解决，应及时到现场处理，无法在现场处理的故障信息设备，要带回信息服务点维修。送信息服务点维修的自助服务终端设备，如属软件故障的，信息服务点在 1～3 个工作日内处理完成；如属硬件故障的，并且无法短期解决，尽量安排备用设备给基层单位作临时使用，待故障设备维修完毕后，基层单位取回已修设备，并退回借用的备用设备。

（4）按时完成上级下达的其他各项工作任务。

6. 与其他岗位的配合工作

（1）POS 机出现故障时，与 POS 机操作员协作排除故障。

（2）配合营销部用电技术管理员组织技术攻关，完善 POS 机的功能，确保客户使用 POS 机的安全性。

7. 检查与考核

（1）本岗位的工作由直接上级和职能上级按月检查与考核。

（2）考核内容：本规范规定的职责、工作权限、工作内容及要求部分，见表 F28-1。

（3）考核依据：上级单位或部门以及本单位制定的各项规章制度和考核办法。

（4）考核方法：分别由本岗位的直接上级、职能上级、被考核者填写本岗位的考核表。

（5）考核结果可与当月、季度或全年的工资、奖励挂钩兑现。

表 F28-1　县供电企业 POS 机管理员工作业绩考核内容及工作要求

序号	考核内容	工作要求
1	扣收电费的账务核对工作	按时统计应收日报、汇总日报，并及时核对
2	POS 机终端系统运行	故障率≤5%
3	处理异常情况	及时准确

附录二十九　POS 机结算员
工作规范

1. 岗位职责

（1）按规定开设 POS 机缴费专用账户，负责电费资金的安全。

（2）负责准确提供 POS 机资金管理的有关信息。

（3）负责保管 POS 机缴费资金专户银行印鉴和相关账目。

（4）负责完成领导交办的其他临时性工作。

2. 工作权限

（1）有权退回有错误的银行进账回执。

（2）有权对有错误的电费实收凭证作退单处理。

3. 组织结构图

组织结构图如图 F29－1 所示。

4. 岗位技能

（1）掌握财务会计的基本原理和财务处理的基本操作技能。

（2）熟悉电力营销管理知识，并能熟练操作电力营销管理信息系统。

（3）掌握财务管理制度规定，熟悉《中华人民共和国电力法》、《供电营业规则》以及电力营销的相关法规、政策和规定。

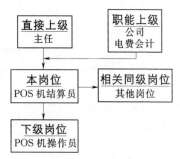

图 F29－1　POS 机结算员
岗位组织结构图

（4）具有一定的经济分析能力和文字表达能力，并掌握会计电算化的基本知识。

5. 工作内容及要求

（1）POS 机结算员负责将当月营业厅和 POS 机代收点收取

的电费存入公司指定账户的监督与检查工作，尤其要确保 POS 机代收点的代收资金按时、全额转入供电公司指定账户。

（2）定期到县供电企业财务部门领取各类票据。根据有关票据的管理办法对本所的票据的领用和回收进行登记、管理，并按规定统计和上报票据使用情况报表。

（3）按时对电费清单、应收日报进行审核并制作有关应收电费凭证转交县供电企业财务管理部门。

（4）每月末对电费应收、实收、欠费数据进行统计并制作应收、实收、欠费月汇总报表和凭证并转交县供电企业电费会计。

（5）每月对营销信息管理系统中生成的各类电费应收、实收、欠费数据与县供电企业电费会计各类账目数据进行核对，做到账账相符。

（6）完成领导交办的其他工作。

6. 与其他岗位的配合工作

（1）每日对 POS 机缴费的电费发票记账联、银行回单进行审核，审核无误后生成实收日报并制作有关实收电费凭证转交县供电企业电费会计，并办理交接手续。

（2）对跨所收费的数据应该及时向相关电费账务管理人员通报。

7. 检查与考核

（1）本岗位的工作由直接上级和职能上级按月检查与考核。

（2）考核内容：本规范规定的职责、工作权限、工作内容及要求部分，见表 F29－1。

（3）考核依据：上级单位或部门以及本单位制定的各项规章制度和考核办法。

（4）考核方法：分别由本岗位的直接上级、职能上级、被考核者填写本岗位的考核表。

（5）考核结果可与当月、季度或全年的工资、奖励挂钩兑现。

表 F29 - 1　　　POS 机结算员工作业绩考核内容及工作要求

序号	考核内容	工作要求
1	票据管理	有票据领用记录、台账，有票据使用情况统计报表
2	报表管理	按时制作各类报表，并及时装订和传递
3	应收账款管理	按时统计应收日报，汇总日报，并及时传递和装订
4	实收凭证管理	审核实收凭证，并根据审核无误的凭证 制作传递实收日报，做到账证相符
5	账务核对	及时核对有关账目，做到日清月结、账账相符

附录三十　POS机操作员工作规范

1. 岗位职责

（1）认真执行《中华人民共和国电力法》、《电力供应与使用条例》、《供电营业规则》及国家电价政策和各项规章与制度。

（2）负责运用POS机收取电费，并受理客户有关POS机缴费方面的咨询。

（3）保管缴费凭条存根联，并对收费金额进行每日统计，上交到承担管理的供电营业所或供电营业厅管理专责。

2. 工作权限

（1）有权以所在供电营业所的名义收取电费。

（2）有权对POS机系统的安全性和稳定性提出改进意见。

3. 组织结构图

组织结构图如图 F30－1 所示。

4. 岗位技能

（1）熟悉《中华人民共和国电力法》、《供电营业规则》以及营销管理、财务管理工作中的各项法规、政策和有关规定。

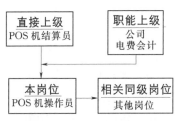

图 F30-1　POS机操作员
岗位组织结构图

（2）熟悉各类用电类别的电费计算方法，能正确处理用电业务中较复杂的问题，掌握各种业务费收费规范。

（3）熟悉营业、抄、核、收各环节的基本程序，具备一定的协调能力。

（4）熟悉文明服务行为规范，具备相应的服务技能。

5. 工作内容及要求

（1）每位POS机操作员下班时将本日各自的收费金额、收费笔数进行统计，并上交到承担管理的供电所或供电营业厅管理专责。

（2）每位 POS 机操作员需要保管好收费时终端打印的缴费凭条存根联，于交班时进行统计，管理人员根据各网点上交的缴费凭条存根联进行操作员及网点的收费日统计。

（3）每位 POS 机操作员通过终端的"对账"功能查询各自的收费金额与收费笔数，与缴费凭条存根联进行比对，如有异常则向网点管理人员通报。

（4）按照文明服务行为规范运用 POS 机收取电费，并受理客户关于 POS 机缴费的相关咨询。

6. 与其他岗位的配合工作

（1）与 POS 机结算员协作对账，保证电费收费金额的准确性。

（2）如果 POS 机系统出现异常，应与县供电企业 POS 机管理员取得联系，及时排除故障。

7. 检查与考核

（1）本岗位的工作由直接上级和职能上级按月检查与考核。

（2）考核内容：本规范规定的职责、工作权限、工作内容及要求部分，见表 F30－1。

（3）考核依据：上级单位或部门以及本单位制定的各项规章制度和考核办法。

（4）考核方法：分别由本岗位的直接上级、职能上级、被考核者填写本岗位的考核表。

（5）考核结果可与当月、季度或全年的工资、奖励挂钩兑现。

表 F30－1　　POS 机操作员工作业绩考核内容及工作要求

序号	考核内容	工作要求
1	按抄表日程下装抄表信息	严格按抄表日程提前一天完成
2	电费差错	电费差错率≤0.5‰
3	动态是否及时准确	按时限准确完成
4	POS 机缴费方式掌握程度	全面、准确
5	各类报表质量、及时性	按时准确完成

参 考 文 献

［1］ 国家电力公司农电工作部. 供电所规范化管理读本［M］. 北京：中国水利水电出版社，2002.

［2］ 国家电网公司. 城市供电营业规范化服务窗口及示范窗口标准［M］. 北京：中国电力出版社，2005.

［3］ 中华人民共和国国家经济贸易委员会. 电力行业标准编写基本规定（DL/T 600—2001）［M］. 北京：中国电力出版社，2002.

［4］ 山西省电力公司. 供电企业营业电费管理工作标准［M］. 北京：中国电力出版社，2006.

［5］ 刘振强. 电价与电费管理［M］. 郑州：河南科学技术出版社，1987.

［6］ 王抒祥. 供电所管理［M］. 北京：中国电力出版社，2002.

［7］ 王相勤，丁毓山. 电力营销管理手册［M］. 北京：中国电力出版社，2002.

［8］ 符国群. 消费者行为学［M］. 北京：高等教育出版社，2006.

［9］ 王学军. 电力市场营销学［M］. 北京：中国水利水电出版社，2002.

［10］ 闫刘生. 电力营销基本业务与技能［M］. 北京：中国电力出版社，2007.

［11］ 天津市电力公司. 电力营销工作导读［M］. 北京：中国电力出版社，2004.

［12］ 中国华北电力集团公司. 供电客户服务中心工作标准［M］. 北京：中国电力出版社，2002.

［13］ 陈怀奎. 基于 IC 卡电能表的预付费系统设计［D］. 合肥工业大学，2008.

［14］ 凌菁. 基于 RFID 的预付费电能表管理系统研究［D］. 湖南大学，2007.

［15］ 张琼华. 浅谈我国商业银行代收费业务的现状及发展［D］. 北京邮电大学，2007.

［16］ 崔静安，黄莹. 银电实时联网代收电费系统［J］. 电力信息化，

2005，(6)：46-49.

[17] 王关荣. 手机移动支付的业务模式及其发展 [J]. 中国金融，2008，(8)：64-66.

[18] 王英建. 移动支付技术在银行缴费系统中的应用 [D]. 沈阳工业大学，2007.

[19] 卓尚慧，曾宪定. 关于农村电费社会化代收的探讨 [J]. 农村电工，2006，(2)：17.

[20] 天津市电力公司. 电力营销工作导读 [M]. 北京：中国电力出版社，2004.

[21] 闫刘生. 电力营销基本业务与技能 [M]. 北京：中国电力出版社，2007.

[22] 赵振东，张念瑜. 收费理论与收费管理 [M]. 北京：中国物价出版社，1995.

[23] 肖力. 抄表核算收费 [M]. 北京：中国水利水电出版社，2004.

[24] 周华. POS 机代收电费新模式初探 [J]. 农村电工，2009，(10)：16.

[25] 刘维民. 八项措施应对电费回收风险 [J]. 中国电力企业管理，2009，(7)：50-51.

[26] 邓子文. 采取多元化缴费方式规避电费回收风险 [J]. 农电管理，2009，(3)：40-41.

[27] 李桂涛. 常见电费回收方式的利弊分析 [J]. 湖南电业，2008，(02)：42-44.

[28] 陈可钰，杜淑勤. 常见电费回收方式的浅析 [J]. 供用电，2009，26 (4)：84-86.

[29] 舒旭辉. 电费回收的经济学分析 [J]. 中国电力企业管理，2007，(6)：30.

[30] 冯青吉. 电费邮政储蓄存在的问题及对策 [J]. 农村电工，2007，(7)：18.

[31] 李钊. 基于 J2EE 的电力实时收费系统的设计与实现 [D]. 山东大学，2008.

[32] 赵长斌. 浅析在半自动化收费模式下的高速公路收费管理 [J]. 交通科技与经济，2004，(2)：51-54.

[33] 梁建. 人性化电费预存解决农村电费回收难题 [J]. 国家电网，2009，(1)：86-87.

[34] 王培无. 收费模式转变带动业务创新 [J]. 中国电信业，2009，

（4）：64-65.

[35]　李清涛，袁学重. 移动 POS 机在电费管理中的应用［J］. 农电管理，2008，（12）：32-33.

[36]　俞善洵，彭坚. 高速公路收费管理［M］. 武汉：湖北科学技术出版社，2006.

[37]　邢敏. 公路收费模式研究［D］. 长安大学，2007.

[38]　杨占孟. 青岛供电公司多渠道电费收费系统设计［D］. 华北电力大学（保定），2009.

[39]　天津市电力公司. 电网企业管理规范使用手册［M］. 北京：中国电力出版社，2005.